ANÁLISE, TEIMOSIA DO SINTOMA E MIGRAÇÃO

Série Escrita Psicanalítica

Clínica psicanalítica: testemunho e hospitalidade, de Marcio Giovannetti
Alma migrante, de Plinio Montagna
Uma imagem do mundo: realidade e imaterialidade, de Walter Trinca
A posteriori, um percurso, de Marion Minerbo
Passado e presente, de Ana Maria Andrade Azevedo
Psicanálise: de Bion ao prazer autêntico, de Cecil José Rezze
Análise, teimosia do sintoma e migração, de Daniel Delouya

Blucher

ANÁLISE, TEIMOSIA DO SINTOMA E MIGRAÇÃO

Daniel Delouya

Série Escrita Psicanalítica

Coordenação: Marina Massi

Análise, teimosia do sintoma e migração
Série Escrita Psicanalítica

Editora Edgard Blücher Ltda.

Publisher Edgard Blücher
Editor Eduardo Blücher
Coordenação editorial Jonatas Eliakim
Produção editorial Bárbara Waida, Bonie Santos, Isabel Silva, Luana Negraes
Preparação de texto Ana Maria Fiorini
Diagramação Negrito Produção Editorial
Revisão de texto MPMB
Capa Leandro Cunha
Aquarela da capa Helena Lacreta

Blucher

Rua Pedroso Alvarenga, 1245, 4º andar
04531-934 – São Paulo – SP – Brasil
Tel.: 55 11 3078-5366
contato@blucher.com.br
www.blucher.com.br

Segundo o Novo Acordo Ortográfico, conforme 5. ed. do *Vocabulário Ortográfico da Língua Portuguesa*, Academia Brasileira de Letras, março de 2009.

Dados Internacionais de Catalogação
na Publicação (CIP)
Angélica Ilacqua CRB-8/7057

Delouya, Daniel

Análise, teimosia do sintoma e migração / Daniel Delouya. – São Paulo : Blucher, 2021 (Série Escrita Psicanalítica / coordenação de Marina Massi).

344 p.

Bibliografia
ISBN 978-65-5506-311-0 (impresso)
ISBN 978-65-5506-312-7 (eletrônico)

1. Psicanálise 2. Luto I. Título

20-4266 CDD 150.195

Índices para catálogo sistemático:
1. Psicanálise

Sobre a Série Escrita Psicanalítica

O projeto de uma série com livros de autores da Sociedade Brasileira de Psicanálise de São Paulo (SBPSP) é fruto da pesquisa de doutorado *Trinta anos de história da Revista Brasileira de Psicanálise: um recorte paulista*. Nessa tese, abordei os artigos publicados na revista, de 1967 a 1996, por psicanalistas da SBPSP.

Entre os vários aspectos que pude observar, destacou-se a necessidade de organizar a produção psicanalítica dessa instituição, de seus primórdios aos dias atuais, divulgada em revistas especializadas, atividades científicas ou aulas ministradas nos institutos de formação, com influência sobre diversas gerações de profissionais ligados à International Psychoanalytical Association (IPA).

A Série Escrita Psicanalítica tem justamente a ambiciosa proposta de reunir, organizar, registrar, publicar, divulgar e consolidar a produção dos pioneiros e das gerações posteriores da SBPSP. Busca também retratar, para a própria instituição, o que nela foi construído de importante desde a sua fundação. Conta, assim, a história da SBPSP pelo veio da produção e da criação psicanalítica.

Esta série lança um olhar para o passado, pois organiza o que de melhor já foi feito, e um olhar para o futuro, pois transmite a fortuna da SBPSP não só como memória, mas como um importante material de estudo para os diferentes institutos de formação psicanalítica e cursos de pós-graduação no Brasil, além de para o público interessado.

Ao promover uma leitura da história das ideias psicanalíticas – uma leitura crítica, comparada – e, ao mesmo tempo, permitir que os psicanalistas aqui apresentados sejam considerados enquanto autores, produtores de ideias e teorias, a série possibilita sair do campo transferencial institucional e passar ao campo das ideias, da reflexão, do debate, para além da pessoa do psicanalista.

A ciência e a arte necessitam de organização (ou curadoria) da contribuição que o ser humano foi e é capaz de oferecer. Espero que esta série cumpra o objetivo de ser a história das ideias de muitos colegas brasileiros no âmbito da IPA, alguns infelizmente não mais entre nós, outros ainda em plena produção.

Marina Massi

Coordenadora da Série Escrita Psicanalítica

Para os gêmeos Bernardo e David,
brotos de uma idade tardia

Agradecimentos

Meus agradecimentos aos colaboradores diretos na montagem deste livro. À Marina Massi, que idealizou o projeto da série de livros de membros da Sociedade Brasileira de Psicanálise de São Paulo (SBPSP), me convidou e me estimulou a fazer parte deste projeto. Ao meu amigo e colega Rodrigo Lage Leite, que se dedicou a ler, pensar e redigir o prefácio para o livro. À minha amiga Mara Selaibe, com quem discuto, há décadas, o nosso pensar/fazer psicanalítico, entre outras questões, e que se dispôs a redigir a orelha do livro. Aos meus colegas do intenso trabalho na SBPSP (participantes de meus seminários, supervisionados, colegas de grupo de estudos, entre outros espaços). E, finalmente, aos meus pacientes, parte dos quais me estimulou a apresentar algumas das ficções de nossa travessia em vários capítulos desta obra.

Sumário

Prefácio

"Reunir, organizar, registrar, publicar, divulgar e consolidar" a produção psicanalítica da Sociedade Brasileira de Psicanálise de São Paulo (SBPSP), por meio do resgate de seus autores, é a proposta descrita na Apresentação da série *Escritas Psicanalíticas*, idealizada por Marina Massi e publicada pela Editora Blucher. Esse árduo trabalho de reconstituição de percursos e pensamentos ecoa a convicção do autor contemplado neste volume, o psicanalista Daniel Delouya, de que é na "insistência do trabalho psíquico *après-coup*" (Capítulo 14) que toda produção psicanalítica, desde Freud, se dá.

Prefaciar esta obra é um desafio. Diferentes linhas de força estão presentes e na tentativa de considerá-las, ainda que limitadamente, ciente da vastidão do material reunido (16 trabalhos e uma Introdução), parto de algo que desde o início chamou minha atenção: o modo como o "autor Daniel" capta e compartilha com o leitor a movimentação psíquica e emocional do "homem Daniel", na relação com aqueles que o procuram para travessia analítica (Capítulos 1, 2, 7 e 8).

É por uma "ideia absurda, ao modo de um mando obsessivo", que decide escrever sobre o percurso com uma paciente, mesmo sem ter "nada de especial" a dizer sobre ela, que está encerrando um longo e intenso trabalho com ele, de quase 13 anos, portanto, há de se registrar alguma coisa disso tudo (Capítulo 1). O absurdo de algo que aparentemente não guarda "nada de especial" e que lhe exige uma palavra é acolhido por ele, que passa então a vasculhar no espaço intersubjetivo que se forma os lutos vividos por ambos – analista e analisanda.

Será também na tormenta, na disponibilidade do homem atormentado pelo próprio luto e pelo luto de sua paciente, que Daniel vai escutar e escrever. Trabalham em uníssono teoria e clínica, ou melhor, teoria e encontro, o que remete à paixão de Freud ao apresentar sua – ele diria "minha" – psicologia a Fliess. Daniel parece encampar a paixão e o método, e assim escreve sobre os diálogos entre Freud e Fliess:

> *A psicologia é "minha" porque se impõe, desde sempre, como "tormenta", "preocupação", e revela ser "paixão devoradora . . . não reconhece moderação alguma . . . Ela se abateu sobre mim desde tempos imemoráveis, e, agora, ao me deparar com as neuroses, sinto-me mais perto dela". (Capítulo 14)*

Absurdo, luto e palavra: ao meu ver, os ingredientes que atravessarão toda a coletânea.

Em "O menino, meu amor", escreverá:

> *O trabalho de luto – que constitui o eixo central da psicanálise . . . – visa . . . a uma recuperação que se efetua*

> *sobre o pano de fundo do reconhecimento de uma perda incontornável, e a instauração da marca desta falta.*

Se reconhece o luto como eixo central da psicanálise, adiante Daniel escreverá que "todo o esforço da nova ciência, segundo Freud, consiste em devolver às palavras o seu poder mágico" (Capítulo 5), desenlutá-las!

Daniel persegue a palavra, o feitiço da palavra freudiana. E o faz com o escrutínio obsessivo da teoria. A origem e o desenvolvimento das noções de representação-coisa e representação-palavra, desde os textos inaugurais (correspondências entre Freud e Fliess, "Projeto de uma psicologia", "A concepção das afasias"), avançam em "Entre o design da letra e o corpo invisível da palavra", quando, então, justapõe a afirmação de que "são as vozes e os gestos do adulto que dotam o grito e a agonia do bebê de designs" à conclusão de que este primeiro "continente narcísico de fusão . . . é preciso destruir (Winnicott) e negativar (Green) para dele se separar, e, depois, voltar a investi-lo junto a outros, como objetos externos separados".

A palavra como elemento de constituição primeva do humano e instrumento de separação, portanto, duplamente "salvadora". Uma compreensão da palavra freudiana que se oferece ao nosso meio psicanalítico de maneira viva e potente, para além do mero interesse histórico, mas, ao contrário, prenhe de consequências clínicas.

É este o trabalho psíquico *après-coup* de Daniel – marcado por uma posição pessoal e clínica de acolhimento do inusitado e de aposta na palavra freudiana –, trabalho que se adensa ainda mais no intenso debate que estabelece com diferentes autores e escolas psicanalíticos. Um *après-coup* que "faz trabalhar" a psicanálise em nosso meio.

Winnicott, Bion, Green, Fédida são alguns autores que participam dessa articulação, permitindo reconhecer uma fértil contribuição ao debate institucional, sobretudo se pensamos a SBPSP como escola heterogênea e plural. Artigos como "Entre representação e experiência emocional: contribuição para um diálogo" e "Simbolismo e construção: o analista como porta-voz da cultura" são expoentes deste procedimento.

Finalmente, gostaria de realçar o modo como a travessia do luto é pensada ainda na cultura, com ênfase especial aos fenômenos de migração.

> *A partir de vivências próprias que remontam aos períodos de migração . . . pude distinguir – novamente sob o prisma do tempo, no* après-coup *– um duplo movimento: um, privilegiado . . ., de frescor de abertura sobre novas e infindáveis possibilidades de inserção; outro, mais penoso, e talvez mais duradouro, de luto, entre nostalgia e desenlace das origens. (Capítulo 16)*

À duríssima separação no trabalho do luto juntam-se os inevitáveis impasses identificatórios. Em seu mergulho pessoal e teórico sobre este processo, Daniel agrega novas possibilidades a um antigo, mas atualíssimo tema na interface entre psicanálise e cultura.

Há algo ao mesmo tempo vívido e sutil na viagem a que somos conduzidos por Daniel, enquanto retoma seus caminhos de Marrakesh à Marseille, da França a Israel, e finalmente de lá a esta "Terra Brasilis". É neste trânsito, que se dá em uma espécie de ponte móvel de referências, anseios e frustrações, que a originalidade de seu pensamento se constrói. Um pensamento menos aferrado à verdade, e mais propenso à vertigem e à curiosidade.

Convenhamos que tal qualidade não poderia ser mais apropriada àqueles que se arvoram, como ele, em uma aproximação de fato daquilo que Freud chamou de inconsciente.

Rodrigo Lage Leite

Psicanalista e membro associado da Sociedade Brasileira de Psicanálise de São Paulo (SBPSP)

Introdução: questionando as metas da psicanálise na clínica e na cultura

Os textos que recolhi para este livro perfazem alguns trechos de minha trajetória como psicanalista. Representam, portanto, aspectos de meu pensamento dentro de meu ofício. Procurei, assim, atender ao convite da Marina Massi, que vem organizando uma coleção de livros para deixar registrado o pensamento de alguns membros da Sociedade Brasileira de Psicanálise de São Paulo (SBPSP). As instituições psicanalíticas não exigem a publicação de textos. A necessidade de escrever, como eu a percebo em mim, parte de uma certa urgência de apropriação mediante testemunhas, interlocutores, os outros: leitores. A apropriação diz respeito ao pensar. O pensar, como objeto de reflexão, ocupa uma parte considerável da obra de Freud. Freud contextualizou, muito cedo, o pensar dentro da faculdade do juízo ou do julgamento, dos processos implicados nessa atividade. O julgar como comparação entre percepção e representação ou julgando a percepção pelo repertório das representações encerra várias modalidades em diferentes níveis. O julgar se refere, portanto, a uma experiência.

Quero me deter aqui sobre as percepções dos próprios pensamentos que se efetuam pelo aparelho da linguagem, pois é disso que se trata na fala da associação livre, bem como na escuta da atenção flutuante no analista. Quando Freud "prometia" ao paciente que, ao se entregar aos pensamentos e dizer tudo que lhe viesse a mente, ele poderia "*ver*" alguma coisa ou "*lembrar*" de uma cena, ele se referia a um modo de julgamento primário que se baseia não numa simples comparação de superfície, mas num *annahme* ou *aufnahme* (que Mezan traduziu como in-quecer, em oposição ao es-quecer), que designam um movimento de um "cair-se para dentro da cena da lembrança", banhar-se nela, admiti-la e assumi-la. Em todo pensamento pré-consciente essas cenas existem, e são implicadas no julgamento, mas sem que se adentre nelas, sem que haja o movimento de queda para dentro delas, e é isso que Bion e seguidores designam como "pensamentos oníricos da vigília", ou seja, onde a cena como experiência está ocultada. Quando nos dirigimos à escuta, à atenção flutuante no analista, o julgamento se efetua também por uma via regressiva, uma abertura da linguagem sobre aquilo que é evocado, transferido "de dentro" no analista a partir da escuta do paciente.

Não há dúvida sobre a importância daquilo que Ferenczi designou, a este respeito, como segunda regra fundamental, que se refere a contrapartidas das transferências no analista que se colocam também como impasses, marcam sua escuta e devem ser elaboradas no tratamento. No entanto, a tradução, a interpretação e a construção que eventualmente são oferecidas ao paciente resultam de um julgamento a partir daquilo que a linguagem acessa, percebe, dessas evocações, transferências próprias do analista durante a sua escuta. Nesse processo, ocorre que o analista cai para dentro das cenas que atravessa e para dentro das próprias lembranças. Vários analistas, a começar pelo próprio fundador, e seguido por

Ferenczi e sobretudo Reik, Stein e Renik, entre outros, se deram ao trabalho de relatar esse material para os seus leitores.

Vale citar aqui a famosa obra de Theodor Reik *Listening with the third ear* (New York, Jove/HBJ, 1948). Reik adotou em várias obras esse estilo peculiar de pensar. Em certos momentos de minha escrita me vi impelido – embora com certa resistência, por razões óbvias – a incorrer nesse estilo de narrativa. O texto que abre e também o texto que fecha essa coletânea revelam explicitamente esse modo de escrever a experiência do analista. Parece-me que a ideia de apropriação como característica e motivo da escrita implica sempre esse gênero que é próprio da escuta do analista, embora a escrita possa, o que é quase a regra, ignorar ou passar ao largo dessa narrativa em grande parte recalcada.

Meus textos pretendem apreender algo da essência da análise, de seu trabalho. Entres as manifestações do inconsciente – lapsos, atos falhos, chistes, sonhos e sintomas –, apenas os últimos, os sintomas, teimam em permanecer, ao passo que todos os outros são transitórios. O sintoma é o tesouro do sujeito, o que levou Lacan a afirmar que o "*sinthome*" sustenta aquilo que compreende o sujeito, o nó borromeano constituído pelo imaginário, o simbólico e o real. O novo termo designa uma transformação na cura, em que o sintoma passa a ser admitido, assumido e utilizado em proveito da vida. Insisti, sobretudo em meu texto "Eu, sintoma e análise", sobre essa *migração* como a finalidade de nosso trabalho, da cura analítica.

Como o livro pretende registrar um pensamento de um analista da SBPSP, inclui o texto "Entre obediência e orgulho", o mais antigo deles, que foi apresentado como trabalho de passagem para membro associado da SBPSP em 2004. Quanto aos outros, não saberia precisar por que os selecionei entre tantos outros que deixei de fora, escritos no período de 2004 a 2017. O leitor talvez encontre a chave para esse fio de pensamento.

1. "O menino, meu amor"[1]

Prefácio

Deitada ao seu lado, ela lhe dirige um olhar peculiar, estranhamente familiar, de ternura, enquanto seus dedos passeiam vagarosos, delicados, sobre a cabeça dele, desde a nuca, lugar em que começam a aparecer os cabelos mais finos, e para cima até as bordas de sua testa. "Ela me ama", notifica-se ele, surpreso, da cena que o envolve. Só mais tarde, quando a memória desse instante voltou a indagá-lo, ele pôde reconhecer nessa certeza amorosa, veiculada pelo olhar e o mover dos dedos dela sobre sua cabeça, os ecos de um ingrediente de ternura de outrora: a pena. Pena e dó da mãe pelo menino por não poder (mais?) poupar-lhe as provas da vida.

---

1 Trabalho apresentado e discutido numa reunião científica da Sociedade Brasileira de Psicanálise de São Paulo (SBPSP) em maio de 2010, tendo como comentadores os colegas Osmar Luvison e Raya Zonana. Minha gratidão a eles. Posteriormente, uma versão deste capítulo foi publicada em *Alter, 29*(1), pp. 49-68, Brasília, 2011.

Estas que atravessa e aquelas que ainda o aguardam, longe dela, fora de seu alcance. É o amor da mãe pelo menino!

O reconhecimento doloroso de que está descoberto, devendo abdicar de uma garantia imaginária de proteção da mulher, do refúgio junto a ela, engaja esse homem em um luto que convoca o amor da mãe, que ecoa nela a noção dos limites do seu poder sobre os destinos do menino. Isso imanta o amor da pena – "Ah, se eu pudesse; se isso estivesse ao meu alcance" –, e a ilusão de garantias amorosas infantis é substituída pela companhia a distância, velando pelo filho em sua luta inexoravelmente solitária.

É, também, por meio de um toque que se testemunha o amor do pai ao menino como companhia, embora de diferente ordem. Um homem atinge um clarão sobre uma cena que o habita há várias décadas: "Quase tudo que herdei dele se resume nesse instante do leve e caloroso toque de sua mão sobre minha nuca". Caminhava ao seu lado, um passo à sua frente. Ele, de costume, quieto, e eu, também, silencioso e cabisbaixo – calando em mim, frustrado e raivoso, a revolta. Não contra ele, mas contra uma injusta e discriminatória lei – "por ser menino... deveria!" –, que me arrancava do doce aconchego junto a minha mãe e minhas irmãs. Porém, o seu toque, de uma misteriosa força, dissolvia, aos poucos, a amargura, encorajando-me a vislumbrar a promessa escondida na nova realidade, ao acordar e aguçar meus sentidos para a tomada de consciência do ambiente ao redor e da paisagem do caminho, além de insuflar, de repente, um anseio curioso pelo lugar e pelas atividades que nos aguardavam.

Meu pai não me explicava de antemão a razão de nossa missão ou a que serviria. Ele apenas aguardava perto da porta, assistindo complacente – embora com um rosto plasmado de um discreto sorriso de ironia – o último trato que minha mãe dava na minha aparência (para que ela "não passasse vergonha aos olhos de todo mundo"), ao cabo do qual ele anunciava em voz baixa e afável, "vamos". Eu era ainda pequeno para entender aquilo que eu viria a saber mais tarde a partir dos outros, quando ele já não estivesse mais: ele almejava que eu pudesse me beneficiar, com esse seu investimento, de algo que ele próprio não tivera condições de realizar quando jovem. Ele depositara essa esperança em mim, mas logo partiu, não havendo mais tempo para esse diálogo! Porém, nesse toque de segundos reconheço hoje um patrimônio inestimável: a companhia viva do amor do pai por mim, pelo seu menino.

Introdução

Um sonho em seguida a um marco, o dia de aniversário da morte do meu pai, celebrado, há algumas décadas, em uma espécie de ritual privado (clarão que obtive só a partir do sonho),[2] confrontou-me, novamente, com as manifestações de meu trabalho de luto, bem como lançou nova luz sobre as dificuldades do momento na escuta de uma paciente. Tive, assim, a oportunidade de retomar um trecho recente, anuviado e moroso, de um longo trajeto junto a uma paciente, para o exame de seu cruzamento com alguns fragmentos de elaboração do meu luto.

Quando surgiu o título em minha mente, eu sabia que estava pronto para escrever algo sobre ela e o trabalho com ela. Estranho, fazia um tempo que essa ideia havia se imposto. Por que isso? Não havia nenhuma descoberta ou ideia especial a expor que me incitasse a usar o material do nosso trabalho. E, no entanto, algo

2 Como se eu me orientasse e me antecipasse a essa celebração por um sinal de comoção, semelhante àquele que impregna um público e o impele a se aprontar para a passagem de uma comitiva, enxergando de longe seus figurinos e seguindo-os com o olhar, sem parar, até desfilarem à sua frente, momento após o qual inicia sua volta para sua casa e sua rotina.

vinha e voltava, atravessando a mente e formulando-se, por vezes, em forma de injunção: "ela está encerrando um longo e intenso trabalho contigo, de quase treze anos, e, portanto, há de se registrar alguma coisa disso tudo!". Uma ideia absurda, ao modo de um mando obsessivo, que emergia e submergia ao longo do ano – sobretudo no segundo semestre de 2009 –, e que hoje identifico como uma formação de compromisso entre a pressão de algo em direção à consciência e outra força que se opunha a ela. A vinda do título, na sequência do meu sonho, anunciava certa liberação deste recalcado. As palavras (agora no título), ao surgirem, carregavam, trêmulas, o sabor agridoce da evocação da voz de um adulto de outrora, da minha infância: "*mon fils, mon chéri*"; e que, como se pode notar – aliás, para meu espanto, já que fico muitas vezes indignado com a traição na tradução de títulos de livros e filmes –, sofreu certa mudança na tradução para o português. A língua impõe, a despeito de nós, suas invisíveis regras.[3]

Em meu sonho, Lula (o presidente) anunciava a construção de um monumento em homenagem ao amor a seu filho, abrindo o local à visitação do público. O lugar e a obra estavam ainda em fase de experimentação, para a avaliação do público. Eis o preâmbulo, sem imagens, do sonho. Na primeira cena, lá estava eu, sobre as rochas, em uma altura considerável acima do nível do mar, apreciando a obra de bronze, a partir da única perspectiva possível – pelas costas do pai e do filho: os dois sentados, um pouco curvados, um ao lado do outro, a uma pequena distância de 20 a 30 centímetros,

3 Posteriormente, dei-me conta do aspecto defensivo dessa afirmação. O menino, o fascínio que gera na mente dos pais, dos adultos, situa-se no campo de especularidade amorosa do narcisismo originário (Freud, 1914/2010a), ao passo que o "filho", citado em francês (da lembrança), insere-se em certa linhagem das gerações (filho de...), marcada pela ordem da castração, e é este, o filho, que foi recalcado na tradução. Eis um ato de busca de reforço e restauração do narcisismo originário, do amor incondicional.

o filho um pouco adiantado em relação à linha de frente, pela qual ambos avistam o mar, enquanto o pai toca, de leve – abraça – com a mão direita, pelas pontas dos dedos, as costas do menino. Essa é a primeira parte do sonho, que interrompo aqui para levantar os pontos que me interessam.

O porte, a postura e as formas – das costas e cabeleira – do pai e do filho correspondem fielmente aos meus e do meu filho, com seus evidentes traços de semelhança, bem como se superpõem aos que existiam entre meu pai e eu criança.[4] O contexto político relaciona-se a um fato inédito na minha trajetória profissional, ocorrido cerca de dez dias antes do sonho, quando fui eleito para a Comissão de Ensino da Sociedade Brasileira de Psicanálise de São Paulo (SBPSP). Pareceu-me que o sonho se aproveitou desse resto diurno, elegendo-o como apoio para a seguinte realização: o ato de prestar homenagem torna o ritual privado – de cunho obsessivo, e prensado nas contrações de um longo luto – passível de transformação e de transição para o âmbito público, cultural, configurando certa cura alcançada pela análise e que se reflete, também, no presente ato de comunicação junto aos meus colegas. Mas talvez o ponto nodal desse processo esteja no resgate ou recuperação, neste caso, do amor do menino.

O trabalho de luto – que constitui o eixo central da psicanálise, desde seus inícios, quando de sua invenção, e ao longo de toda a história de sua prática – visa, como atestam os fragmentos no prefácio, a uma recuperação que se efetua sobre o pano de fundo do reconhecimento de uma perda incontornável, e a instauração da marca desta falta. Resgate e recuperação, portanto, da libido, do amor, do corpo; em soma, daquilo que os realiza e os representa:

---

4 A diferença das idades (do meu pai para mim e de mim para meu filho) é, também, quase idêntica, sendo que alcancei em 2010 a idade com que meu pai faleceu.

a fala, a palavra da linguagem, instalando-se sob o novo regime da ausência. Resgate que impõe todo um trabalho, o do luto, pois fadado a lidar com as ambivalências do amor e do ódio situadas no bojo do conflito, e de toda a dor de separação que se encontra aí em jogo.

Amar o menino, o amor ao menino e o amor do menino são todos elementos interligados, longamente revisitados na psicanálise freudiana, vinculados ao luto e inerentes à instauração do singular desejo no homem e na mulher. Não obstante, o foco de nosso exame é um dos trechos finais do caminho junto a uma paciente, quando nos encontramos sob fortes neblinas, em meio às quais se vislumbravam vestígios familiares, mas sem ter a noção acurada desses vestígios. Tudo ocorria - assim viemos a saber depois - em função do trabalho de luto no analista, enlaçado ao da paciente, ao redor de algo que denominei de amor ao (do) menino, sobre os quais um *insight* é alcançado após certa batalha vivida em surdina.[5] Talvez qualquer *insight* no analista sobre algum trabalho feito junto ao paciente ocorra de modo semelhante, atingindo a consciência *après-coup*, característica do trabalho do luto, em função da interlocução entre os "materiais" do paciente e do analista.

Tempo I - Temer pelas "crianças"

O temor dela pelas "crianças" desencadeou uma procura pela terapia. Perto do fim do período escolar dos filhos, e, depois, no vestibular e com a entrada deles na faculdade, surge nela um temor apoiado nos tempos de suas baladas noturnas. "Eles correm um

5 A ideia da batalha sob nuvens e neblinas foi evocada do seminal trabalho de Winnicott (1963/1990). Foi a partir do valor da depressão que Fédida (2001) desenvolveu em grande parte o tema da depressividade, que retoma o amplo universo ao qual pertence o trabalho do luto nas obras de Freud e Klein.

perigo, podem sofrer um assalto fatal, morrer", o que a impede de pegar no sono antes de eles voltarem para a casa e se deitarem. As proporções desta preocupação, comum nos pais de adolescentes, aumentaram de tal modo que ela invadiu o seu dia como um todo, mesclando os temores em uma marcante reação depressiva. A consciência crescente de sua suspeita de que algo que ela carrega desde sempre consigo – a bolinação pelo pai quando criança e púbere – pudesse ter alguma relação com o grau de sofrimento atual a levou a se dirigir, pela primeira vez, em busca de uma ajuda. Porém, o desenrolar da narrativa a partir do referido indício traumático, que ofereci ao leitor como passo de abertura do seu "caso", nunca se constituiu como tal em seu relato; a história teve de ser reconstruída pela junção dos destroços de sua fala.

Uma intensidade continuamente desperta, à espera de realização, e cuja essência permanece até hoje, emanava de seu corpo. Intensidade que a emudecia, introduzindo cunhas que desviavam as correntes oriundas da nascente das palavras. Um ar tenso de silêncio – que eu me esforçava em conter, segurar, aguardando atento pelas imagens das cenas em jogo – era interrompido por palavras rachadas e, depois, por frases cortadas, dilaceradas, lançando-me, de início, em fantasmas em que "alguém" encostava-a contra a parede, e em outros de assédio e assalto, nas quais o agente nem sempre se fundia a mim, embora se confundisse, por instantes, comigo. As consequências de tal invasão, configurando a violência do corpo e da fala, instrumentaram-me, com o tempo, a ajustar as distâncias de nossa intimidade. Pude, assim, atingir alguma escuta como um helicóptero que consegue resgatar em sua câmera o desenho do curso do rio ou o de uma estrada principal, em meio às suas rupturas e aos destroços deixados pela catástrofe natural. Frações e migalhas de palavras e outras inteiras, mas desconexas de suas vizinhanças, além de frases órfãs, telegráficas, cindidas de seu contexto, puderam reencontrar as figuras e as cenas de origem de seu trauma, mediante o esforço paciencioso da escuta em acertar os focos de seu olhar. Essa remontagem, digna da comparação freudiana com a investigação arqueológica, não podia contar, como essa última, com as referências da história documentada, embora emitisse sinais de sua existência por detrás de uma rígida censura.

As palavras, no ato de sua realização alucinatória, ao tocar e impactar, revelam seus efeitos hipnóticos como extensão da moção centrífuga e polimorfa do corpo sexual sobre o mundo: é o que Freud observa desde o início, em 1886, e sintetiza no belo ensaio "Tratamento psíquico (tratamento da alma)" (1890/2002), e amadurece no livro magistral de 1913, *Totem e tabu*. Porém, para se tornar linguagem, a palavra deve ser cravada, também, pela marca do posterior reconhecimento da falta, da perda e do luto – ou seja, da separação –, para que seja dotada do poder de ligação e de comunicação como se figura na narrativa do herói mítico do assassinato do pai, sendo ele o primeiro poeta que traz a palavra aos homens (Freud, 1921/2011). Palavra nascida no e do luto, sob depressividade, necessária à aquisição da linguagem, do psíquico, e que Bion acrescenta à posição depressiva de M. Klein. A violência na paciente, assistida ao vivo (no primeiro ano, face a face) – no ataque desferido à junção dos fonemas em palavras, e depois à sua conjugação em frases e a articulação destas em narrativa –, devia-se, no meu entender, ao trauma do horror do gozo do incesto do encontro. Ela não teria como descrever (como outras pacientes) – justamente pela carência do trabalho depressivo sobre o corpo e a palavra – uma cena de sua bolinação.

Uma hipótese geral e corriqueira surgia de imediato nos primeiros encontros: a aproximação da vida adulta de seus filhos, o prenúncio de sua partida de casa, a defrontaria, insuportavelmente, com o marido, ou seja, com o casamento e o seu desejo. Um dia conta-me em voz baixa e com frases cortadas, entremeadas por longas pausas: "casei muito jovem, queria me livrar daquilo... mas o namorado [futuro marido] não foi diferente [dele, do pai]... Quando lhe contei, ele logo... [ficou excitado] virou-me de costas, tirou minha calcinha e...". Com o passar dos dias, surgem sonhos que aos poucos traçam os horizontes do caminho da análise, e que descrevi no Capítulo 8, sobre simbolismo e construção. Eis a sua reprodução:

> *Uma paciente relata no período inicial de sua análise que tem tido sonhos com a cena recorrente de se encontrar em casarões de estranhos onde se engaja, aflita, na limpeza e na remoção de lixo. Na véspera sonhou que, ao varrer o chão, aproximava-se da porta da entrada, avistando, lá fora, seu falecido pai, que se dirigia a ela em tom irônico e de zombaria: "limpando, né?", como se dizendo, penso eu, "pode limpar que vou sujar novamente". Ela foi bolinada pelo pai desde sua tenra idade. A casa como símbolo do próprio corpo vem, imediatamente, à minha mente, conferindo um sentido ao campo da transferência: neste início da análise ela mal conseguia falar, havendo certo esforço para concluir as frases. Uma tensão angustiante, de um temor misturado a uma excitação, permeava o nosso ambiente. Após dias, uma lembrança irrompe em seu tenso silêncio: a vivência nítida de estranheza na escola, junto às crianças (como se estivesse "suja"), após o pai retirá-la de madrugada do quarto no qual dormia com as irmãs, para se consolar da morte de seu pai (o avô da paciente), ocorrida na véspera. Embora eu nunca lhe houvesse explicitado o elo entre casa e corpo, ele constituiu o*

> *fio condutor do trabalho da análise nesta via regressiva da transferência. Os sonhos de casarões nos acompanharam por alguns anos, transformando-se em imóveis próprios, inicialmente com espaços vazios, limpos, mas visitados pelos raios de sol e adquirindo compartimentos, móveis em que ela passa a encontrar e ordenar suas posses e receber estrangeiros...*

O último trecho dessa citação descreve uma evolução ao longo de alguns anos, durante os quais havia outro sonho típico, desencadeando uma série análoga. Nela, ela estava fadada a perambular, virando um andarilho. No início dessa série, uma senhora brava a tira da companhia das crianças, e ela, adolescente, se vê, descalçada e seminua (na parte de cima, seios expostos), obrigada a vagar, sem direção, pelas margens da cidade. Esse quadro, de rejeição, desalojamento e abandono, transforma-se, com os anos, como na evolução dos sonhos de casarões, em incursões, expedições nas quais prova os prazeres dos passeios e assume sua curiosidade quanto aos meios e às potencialidades reservadas no mundo, no estrangeiro. No estágio avançado dessa série, há o sonho da noiva - fugindo do altar, pula a janela em direção a um campo esverdeado -, cuja narração nos diverte ao veicular-se por raros e inusitados tons joviais, de excitação rebelde, contestação e comemoração.

Tempo II - O trauma, o belo e a tristeza

Vou me deslocar dessa visão panorâmica - que só pretendia indicar os horizontes do andar da análise - para o chão da própria cena e sua trama. Uma espécie de retiro ao universo estético começou a se deslindar a nossa frente. Não só na maneira infalivelmente combinada de seu vestir (entre as cores da roupa, sapato e bolsa, tudo em um estilo discreto), mas em seu apego, no início da sessão, aos estímulos e objetos do ambiente: as cores do amanhecer, o tempo dos dias, o estado das plantas da nossa varanda e o canto dos pássaros e outras vozes que ecoavam de fora. O que me levou a tomar consciência do que circundava o prédio do consultório: sua fauna natural, os choros de pequenos que ela identificou, dando apoio à noção de existência de uma escolinha, o latido de cachorros e a imaginação das dimensões das casas e seus moradores. Ainda no terreno estético, mas com enfoque muito mais demográfico, demonstrou, em certos dias, a capacidade de retratar, como um fotógrafo sensível, situações e pessoas avistadas no caminho para a sessão. No prédio do consultório, manobrista, porteiro e faxineiro e alguns dos transeuntes, da porta da entrada e do elevador, foram captados, em dias diferentes, pela lente sutil de seu compadecimento. Nessa abertura íntima de luz da câmera de sua psique, revelou-se a beleza humana da miséria, da tristeza, da aflição e do sentimento de insuficiência que algumas dessas pessoas experimentam em relação a si mesmas.

Juntei duas séries distintas de vivências que considero estéticas – uma associada à imersão no espaço e tempo de formas do ambiente, a segunda vinculada à configuração do objeto pela identificação piedosa com ele –, na ordem de seu aparecimento, mas logo ambas viriam a se intercalar neste segundo tempo da análise. A imersão estética é uma nova edição do modo defensivo de lidar com o traumatismo sexual do encontro, também comigo. Ao invés do passeio para dentro de si, há uma fuga para o fora. A regressão almejada no trabalho analítico em que, nas palavras de Fédida (2001), se negativa alucinatoriamente a presença do encontro para se retirar, a partir dele, ao sonhar da linguagem e da memória, requer certa solidez narcísica do eu. Caso contrário, a moção regressiva da situação analítica ameaça desmontar e decompor a estrutura narcísica do eu. O trauma, neste caso, parece ter afetado o eu, introduzindo fissuras e rachaduras na sua estrutura, como descrevem Ferenczi (1931/1974b, 1933/1974c) e Freud (1934-1938/2014, 1939/2018). Aqui, a imersão estética se junta à tentativa de reconstituição do narcisismo de origem, que Freud identifica na sobrevalorização fetichista dos atributos do objeto com que o sujeito almeja desdiferenciar-se, fundir-se nele (Freud, 1905/2016, 1914/2010a). No entanto, sendo o contato sexual insuportável, esmagador em seu impacto traumático, cria-se uma exasperação em resgatar este eu (purificado e imaginário de origem), alhures, a salvo do contato com o objeto, em desvio do corpo e do rosto do outro.[6] Algo que os cineastas exploram em cenas de estupro, nas quais a vítima deixa de resistir ao agressor, desliga-se do corpo molestado, o próprio, para se lançar, olhar e alma, a distância, fixando-se no céu ou em uma beldade natural, para ali reencontrar o corpo em si. É o que afigura no sonho da paciente em que ela, estando em um ônibus lotado, capta uma exótica paisagem de deserto pela fresta que se abre em direção à janela, entre os corpos vivos amontoados sobre ela, no limite de esmagá-la.

Não é preciso dizer que a sala de análise, bem como o seu guardião - eu, em meu vestir e também nos meus estados de alma -, foram alvo dessas sucessivas vertentes de apreensão estética. A última, a identificação piedosa, centrava-se na atenção ao estado de alma de homens jovens (alguns estranhos e outros do meio familiar). Sendo evoluída, porque situada no terreno intersubjetivo, essa corrente prestou-se, após certa elaboração do contexto traumático (ver a seguir), ao trabalho de memória: ela lembra, então,

---

6 Este desvio narcísico, para se recompor alhures, a salvo ou atravessando o objeto e o seu olhar, é certamente, como indica a experiência com bebês e crianças pequenas, um recurso comum de resguardo de um si diante do impacto do objeto, de sua beleza. Sua importância no autismo tem sido articulada, justamente, no contexto de uma metapsicologia estética, como na obra de D. Meltzer.

de ter sido, desde jovem, atenta ao estado de mente do pai, sobretudo em festas nas quais ele passava a se embriagar – o que a levava a tentar dar fim ao estoque das bebidas alcoólicas e, na noite de Natal, a engolir os restos de bebida deixados nos copos e nas garrafas para evitar cenas constrangedoras em que ele agredia a mãe ou esboçava tentativas de assédio em direção a ela na frente de todos. A tristeza do pai surge ali com força.

Referindo-se a episódios revelados na mídia – moléstia de moças por um maníaco, de pacientes por um médico ou de crianças por sequestradores –, ela comenta, em triste e resignada voz: "difícil saber quem dos dois (molestador ou molestado) é a verdadeira vítima". A configuração estética, relativa a essa identificação piedosa, adquire então um contexto no célebre modelo ferencziano da confusão de línguas, em que a criança passa a se encarregar de uma carência do adulto violador, tornando-se seu psiquiatra (seu médico de alma). Winnicott ampliou o modelo ferencziano para além do explícito assédio sexual da criança pelo adulto. Um dia – para minha surpresa, já que ela não pertencia ao meio psi –, se intriga (a partir de uma matéria de jornal) com o bebê sábio (Ferenczi, 1923/1974a) e pede-me esclarecimentos.[7] Nesse período, ela

7 Os seguidores (sendo alguns deles pacientes) de Ferenczi apressaram-se em batizar a referida identificação piedosa de "identificação ao agressor". Em Ferenczi (e Winnicott), a confusão de línguas e sua consequente tentativa de salvar o adulto, ou estabelecer com ele um conluio (falso *self*, Winnicott), resultam na divisão do eu como medida de sobreviver ao encontro traumático. No final da obra, Freud reconhece, em certos casos, tal eventualidade. Entretanto, na nossa paciente parece haver uma formação intermediária entre essa concepção e uma primeira de Freud. Nesta, o sobrepeso traumático desemboca na piedade com a passagem para a latência e a puberdade, em que a solidão emergente, com a descoberta do objeto externo e a violência sexual que esta acarreta, põe em xeque a sustentação da sexualidade pela ternura infantil adquirida junto ao objeto de origem. A pena pelo adulto carente é pena da criança exposta precocemente, desamparada ante a sexualidade, e que, ao tornar-se adulta, se identifica com o adulto "cuidador" de outrora, retomando,

atravessa uma fase penosa, de uma grande importância, na qual resiste aos apelos do marido, dos filhos e da família como um todo: ela contém, com muito esforço, a aflição ante o refúgio do marido na bebida, no *whisky*, ao fim de cada jornada, que se agrava com sua demissão de um posto de longos anos, bem como afasta os seus avanços sexuais, de caráter quase canibal – isto é, oriundos de uma carência melancólica que atravessa o casal nos longos anos de convívio (consciência que ela passa a adquirir). Os liames que ligam o marido ao pai não nos – a mim e a ela – escaparam.

Nesse momento, ela toma uma decisão que surpreende a todos – depois de ter voltado a trabalhar no terceiro ano de análise, resolve agora completar seus estudos, inicialmente os secundários, para logo arriscar-se a prestar a universidade. Quando consuma a conquista, ela tem de se haver não só com a ironia de muitos – filhos, marido, irmãs e cunhadas –, mas também com suas retaliações no plano econômico (relativo à análise e à faculdade). O filho, o caçula, com quem sempre travou uma relação muito próxima, zanga-se e acusa-a de ser leviana e irresponsável em relação a todos. Porém, na medida em que avança e floresce – encantando-se

---

com isso, as pegadas de origem dessa corrente afetiva na sexualidade infantil junto a ele. Esse trabalho, na segunda elaboração do Édipo, disparado pelas correntes sexuais da puberdade, prossegue em direção à vida adulta. Porém, pode estancar caso o sujeito não houvesse tido, em sua infância, a cobertura narcísica adequada necessária ao apoio da expansão infantil sexual da criança para permitir-lhe o brincar e garantir-lhe o *playground* terno. A insuficiência deste subsídio no adulto de então fez o último recobrá-la da própria criança. Quanto maior a carência do sucedâneo da ternura infantil no adulto, mais a consequência da cisão na criança torna-se inevitável, já que a integridade do eu se deve ao aporte do amor primário, da ternura infantil proporcionada pelo adulto. O novo adulto, carente, repete então o pedido de socorro da "criança no adulto" sem poder dispor de meios de amparo para ela. Considero este desenrolar na paciente desembocando em uma configuração intermediária, entre histeria e *borderline*, não vertendo por inteiro para uma constelação-limite grave como nos pacientes descritos por Ferenczi.

com a vida nova, de estudos (de autores, análise literária e de línguas) e convívio entre jovens (que admiram sua séria dedicação e presteza e a chamam para sair, dividindo com ela seus conflitos e afetos) –, ela se ressente, pena-se em dor da tristeza da perda do aconchego junto aos seus: "algo importante se perdeu", diz ela, "quase tudo que era eu, que era meu". Uma estranha no ninho, no limite do suportável. Incontornável, a mudança a faz acordar, em luto, da imaginada cobertura familiar, na qual corria o perigo de ficar refém de sua dócil disponibilidade a todos, deixando de lado os cuidados de si.

Um conflito doloroso é vivido na travessia da puberdade, sendo a segunda volta da espiral em torno do complexo de castração, quando (última nota) põe-se em xeque a integração do amor primário da ternura infantil, como apoio para o direcionamento aos objetos lá fora. O aprisionamento, quando criança, na carência do adulto, na sua depressão, prejudicou essa capacidade, deflagrando-se nessa saída para a vida adulta. O encobrimento e o amortecimento desse teste pela escolha do parceiro e pelos cuidados despendidos aos filhos mascaram o fracasso na constituição do desejo.

Ocorre que nessa análise, após anos de trabalho, o conflito entre essas correntes, as ternas e as da realização simbólica (sexual, feminina), pode se tecer e se tramar sob novos começos. A paciente persistiu em seu caminho, entregando-se à exigência de seu desejo, a despeito do alto custo em resistir aos agressivos apelos do entorno e de sua carência.[8] Aos poucos, descobre o contraste

8 Sua identificação não se restringia aos homens, dando-se também com as mulheres. Porém, o compadecimento, aqui, era com o destino e a sorte delas, suas fragilidades, desvantagens sociais e frustração matrimonial, manifestando mais resignação e conformação que revolta e protesto. O que se alinhavava com a visão de sua mãe como um ser frágil e indefeso (quase irmã, dizia ela), algo que vários autores, como Bollas, realçam em relação às figuras maternas nos casos de bolinação pelo pai. Ela encontrou um suporte importante em sua

entre as demandas de proteção e de retaguarda de seu filho, de um lado, e, de outro, o corpo dele, um homão,[9] ficando farta de suas queixas. As trocas e seus planos, com marido e filho, tomam outro rumo. Ela passa a explorar suas afinidades com a filha, a primogênita. A dor mitiga-se, mas não some. No enterro da sogra ela não consegue aproximar-se do marido. Composta, porém triste, assiste, a distância, o conforto prestado ao marido pela filha: assim, ela contém, *a posteriori*, o apelo de tristeza do seu próprio pai. Em um feriado, na casa da mãe no interior, a irmã evoca, em meio à dança ao som de MPB, a alegria do falecido pai, junto de quem cantavam e dançavam. A paciente logo contesta, aludindo para o outro lado, obscuro, dele. A irmã irrita-se, menosprezando o seu comentário. Naquele dia, no caminho para São Paulo, a paciente prende-se às áreas queimadas que avista pela janela do carro. As queimadas deixadas pelo pai na sua pele, comprometendo suas referências autoeróticas, simbólicas, tornam-se solo do trabalho depressivo (Delouya, 2002) – com a mágoa e o ressentimento que lhe cabem – para o resgate dessas, o que se assemelha ao fenômeno da sucessão na ecologia, que se refere à série dos vegetais que surgem na regeneração da terra pós-queimada.

Tempo III – O menino e o luto na feminilidade

A reação da irmã fazia parte de uma comunhão feminina em torno do pai, que garantia ao último amor e perdão: caçula, na sequência

---

avó materna, que desde sempre morou junto com sua família, pois havia se separado do avô depois de descobrir, após poucos anos de seu casamento, aos 24 anos, que ele a traía.

9 A proibição do incesto incide neste reconhecimento, bem como sua "leviandade" aos olhos do filho denunciava a quebra, até então entre a mãe e o filho, do engajamento secreto e incestuoso infantil.

de uma série de irmãs, ele era o menino adorado delas. Isso também se refletiu no lugar que ocupou no coração de suas próprias filhas, de seus netos e de sua sogra (a avó da paciente), esta que soube, em primeira mão, de seus avanços sobre sua neta. Embora ficasse claro, a partir da exposição anterior, que a análise permitiu à paciente tomar certo recuo em relação a essa comunhão, no que concerne às demandas afetivas do marido, bem como às do filho – situados, certamente, em um universo mais ameno que aquele do pai, porém não ausentes de problemas (ver adiante) – e às do ambiente familiar como um todo, ela pagava um preço em prol de seu próprio crescimento, havia um caminho mais cerrado ainda nessa elaboração da perda e do luto em torno desse lugar de falo ocupado pelo menino. E isso também incidiu sobre o menino no e do analista. Vou passar a descrever, na medida do possível, alguns elementos dos últimos dois anos do trabalho analítico.

Dois episódios, próximos a sua formatura, a frearam: a gravidez da filha, portanto, a espera do primeiro neto, de um lado, e o surto de pânico do filho, de outro, abalam o eixo de seus movimentos. O filho, que sempre a inseria em sua vida – amizades, namoros e escolhas profissionais –, demonstrou, ao longo dos anos, dificuldades em se adaptar, a despeito de suas habilidades técnicas, ao mundo corporativo para o qual se encaminhava. Após frustrar-se com o projeto da mãe, ensaiou uma última tentativa, sugerindo a ela que largasse o que fazia e o ajudasse a montar o seu próprio negócio. A filha acenava contar com a retaguarda da mãe na gravidez e nos futuros cuidados do bebê, cujo nascimento coincidia com o fim da "aventura" da paciente na vida lá fora, na universidade. O filho logo se deu conta de que a mãe não era mais a mesma e, ante a decepção e a desistência de ambas as partes, passou a mirar e apostar na acolhida da futura sogra e sua casa.

Esses são os dados de fundo deste período. Dias antes do nascimento do neto, ela sonha com um menino que se joga/cai em água funda e escura, e ela, ao pular no lago para salvá-lo, depara-se com embalagens sucessivas que vai tirando, aflita, uma após outra, em busca do menino. Exasperação que evoca a excitação desesperada de crianças pequenas em desembrulhar os seus presentes de natal. Ganhar presente, ganhar um neném! Para ela, a questão é como encarar em sonho um menino suicida; perdê-lo, quando ela está prestes a ganhar um neto. Isso faz lembrar Freud, que conclui que o falo, o desejo (na pulsão autoerótica) se ganha com a perda do objeto; descobrindo-o e reencontrando-o na perda. O neto nasce e nos alegra; ela o acompanha diariamente, e eu recebo notícias a cada três dias, porém o luto prossegue. Poucas semanas após o neto nascer, seu filho sofre no trabalho um ataque de pânico que, curiosamente, coincide com o seu firmamento na empresa e o início de seu MBA. Uma cena impõe-se: depois de atender o chamado do psiquiatra da empresa, ela conversa com ele e, ao sair, observa o filho na sala de espera, fisgado pela tela do *notebook*. "Vi ali um menino, é apenas um menino", e eu complemento: "vulnerável". Sim, responde ela, e se pergunta como se pode querer do menino que vire homem, carregue as coisas, case?! O amor, a pena e a nostalgia pairam no ar de nosso ambiente.

Daí em diante minha memória enguiça-se. Na esteira desta entrada em neblina, ela menciona um livro cujo título eu não conseguia guardar, tendo tido também dificuldades em captar a sinopse e os trechos a partir dos quais ela associava. Guardei só o nome do autor, Philip Roth, por ele ter marcado minhas leituras da adolescência. Nesse momento eu atravesso um período difícil, retomo minha análise, e a paciente, para o meu duplo conforto, se "volta para seus afazeres", imergindo em suas transferências, não notando e/ou interrogando meu estado, como fazia em tempos anteriores (I e II). Ela deixou de se nutrir, ao modo do bebê sábio ferencziano, da carência dos homens, ou de escrutinar, ao modo do bebê winnicottiano, o rosto triste e retirado da mãe. À exceção de um dia em que comenta, como outros, que emagreci consideravelmente, mas logo reflete sobre o meu feitio sanfona, que emagreço para logo ganhar peso. Previsão que se confirmara. Atender a paciente, estar com ela, era perfeitamente tolerável, embora eu estivesse embotado, imerso em luto, não podendo acompanhá-la como antes.

Assim passamos alguns meses, eu "dirigindo sob neblinas" e ela "seguindo seus afazeres" no divã. Curiosamente, continua a fazer referência a Roth, até que, em meados de agosto de 2009, ela manifesta a vontade de adquirir o livro de David Grossman, com cuja sinopse ela se deparara no *Estadão*. Fico impactado, já que eu havia acabado de receber o livro de uma amiga muito próxima de Israel, que passara por São Paulo. Não imaginava que o livro já havia sido traduzido, mas logo entendi a razão do feito relâmpago: o autor, um dos mais significativos em Israel, além de pacifista contundente, perdera seu filho, Uri (que concluía seus três anos do serviço militar), em agosto de 2006, na última batalha do exército israelense contra o grupo Hizbolath, quando ele, Grossman, estava ocupado com as provas do livro. O título, *Mulher foge de notícia* (na edição brasileira, *A mulher foge*), reflete o centro da trama em torno da recusa de uma mãe em aceitar que o Estado tenha o direito de noticiar a eventual morte do filho. Este acabara de encerrar seu serviço militar, mas, como reservista, participa de uma operação militar no Líbano. Eu não tinha a intenção de já ler o livro, mas parece que a evocação feita por ela incitou-me, dias depois, a embarcar na sua leitura, ficando sabendo que ela fizera o mesmo. Nas semanas que se seguiram, imergimos numa troca por meio da qual me percebi, para minha surpresa, emergindo da área das neblinas. O mundo do livro surgiu em nosso diálogo em um ritmo delicioso, embora cada um de nós fosse guiado por outras referências. Eu lia em hebraico, além de ter familiaridade com o ambiente (lugares e paisagens) e a sua mobília cultural (nomes, tradição, história, política e costumes); ela lia em português, tendo talvez a vantagem de ser estrangeira a tais contextos, podendo se entregar, exclusivamente, à narrativa e sua trama afetiva. Fiquei admirado com a sua sensível e apurada leitura, bem como surpreso de sermos pegos, com frequência, pelas mesmas passagens. O autor é sofisticado, e a narrativa, longa (634 páginas em hebraico e mais do que isso em português), e quando fica sabendo que eu terminei de ler o livro antes dela, ela se espanta, se ressente, talvez, e eu fico quase embaraçado, justificando-me...

Delonguei-me sobre este período porque toca o cerne da questão. A narrativa de Grossman, da fuga da mulher ante a ameaça de perder o filho – perdê-lo para a vida e a cultura – é fascinante, desenrolando-se em vários níveis. O romance inicia com o encontro dos adolescentes Avram, Ilan e Orah no decorrer de sua internação num hospital de Jerusalém, durante a Guerra dos Seis Dias (em 1967), devida a uma infecção grave, contagiosa, que os deixa em estado febril crítico, sob um perigo letal. Nessa situação de isolamento, os três acabam criando entre eles uma paixão fervorosa. Essa é a introdução ao capítulo seguinte, que pula trinta anos para focar a ida de Ofer, filho de Orah, para uma operação militar no Líbano. Ofer finaliza o serviço militar e está pronto para comemorar com Orah sua reinserção na vida civil com um passeio pela Galileia, mas, em função do alerta militar, dirige-se à fronteira. A mãe, inconformada, decide seguir seu plano de viagem, fugindo assim da eventual notícia. Orah é recém-separada de Ilan, que está, nesse início de guerra, com o filho mais velho, Adam, em passeio pelas ilhas Galápagos. Avram, pai biológico de Ofer, renegara o filho desde a sua concepção, não querendo ver ou saber dele, porém é ele quem liga para Orah antes de ela fugir, procurando certificar-se da volta do filho à vida civil: ou seja, verifica se está ao abrigo do perigo de vida (medo que os dois compartilham nos três anos do serviço militar), mas obtém a má notícia de que Ofer acabara de voltar para o fronte. Orah cata as duas mochilas de viagem, dela e do filho, e arrasta Avram junto com ela. Na caminhada que os dois empreendem pelas montanhas da Galileia, abre-se ao leitor a história de uma paixão, louca e doída, de mais trinta anos, entre Avram, Orah e Ilan, sobretudo de cada um dos homens com ela e entre os dois homens, de lealdade e entrega, em vista dela, e a história pregressa de cada um até a segunda geração, Adam e Ofer. Tudo, porém, se aglutina em torno do grande trauma da Guerra do Dia do Perdão (em outubro de 1973) quando, na véspera desse feriado, Orah é chamada a escolher qual desses dois amantes, soldados em fim de serviço no canal de Suez, fronteira com o Egito, sairá de folga. Isso acarreta, a partir do massivo ataque surpresa dos egípcios, o ferimento, captura e tortura de Avram pelo inimigo. Quando volta, Avram é outro, fora de possibilidade de circulação no meio humano, não podendo mais recobrar a confiança. A vida entre Orah e Ilan constrói-se na sombra do apagamento de Avram. Este rechaça Ilan e Orah de sua vida, sobretudo quando Orah arranca dele, desafiando seu brochar sexual, uma semente fecundante, gerando Ofer, que cresce entre ela, Ilan e Adam.

Avram, jovem, é todo amor, paixão, dor disparadora de inesgotável e incessante busca pelas palavras, cuja descoberta frenética em série, em meio ao caldo de agonia e dos prazeres de se gerar fonemas e letras, incita a alma, exige mais dela, mais precisão, mais detalhes, para imergi-la em uma infinita cadeia destinada a tocar, cercar e atingir a beleza lá fora, no mundo. Já o Avram do pós-cativeiro, do pós-estupro, é depressão e supressão de toda uma vida, não dando sinal algum da fonte do amor, das palavras: soterraram-se, secaram-se, ou perderam-se para sempre? Ele é só mudez, um marginal dócil da grande cidade, enquanto seu corpo avoluma-se e a alma só almeja fuga, descanso e nirvana, afagando-se, após o perambular-zumbi da vida da vigília, no sono outorgado pelas drogas da psiquiatria. Assim segue anos a fio, 25, talvez, sob a luz fraca da esperança ignorada de que alhures, em outra cidade, sob os cuidados da amada (Orah) e do irmão de coração (Ilan), vicejaria seu menino, ressurgimento daquilo que ele fora para a própria mãe e que talvez possa lhe devolver alguma vida. Filho único, deixado pelo pai aos 8 anos, Avram evoca a mãe (falecida durante o serviço militar dele) em grito, minutos antes de sua captura pelos egípcios: ela era uma daquelas que, ao brincar, parava por último, deixando tal decisão, de dar fim ao jogo, ao menino: "saibam que essa virtude em uma mãe é uma força imensurável no menino para toda a sua vida!".

Foi assim que liguei as coisas, com a força do ofício da escuta; não são explícitas no livro, mas inferidas de sua lógica interna. Ocorre que na viagem Avram cede, aos poucos, disposto a receber notícias do mundo do qual foi amputado: sobre o casal Orah e Ilan e os filhos que criaram, Adam e Ofer, isto é, da vida que jamais imaginara poder voltar a tocar; notícias de Ofer, o filho, seus passos de crescimento na extrema intimidade que travou com a mãe e no amor que cultivou para com o irmão Adam. Nessa viagem Avram está de volta: em analogia à Zoe da *Gradiva* de Jensen, que traz Hanold de volta à vida, ao amor (Freud, 1907/2015), Orah consegue, numa busca de cura própria, devolver palavras e amor a Avram. Ele emagrece, passa a dormir sem soníferos e recupera o desejo e a fala em meio a certa aceitação do amor e à eventualidade da perda do filho que jamais viu ou encontrou.[10]

10 Essa bela trama figura a articulação da febre passional, eufórica e maníaca de Israel após a vitória na guerra de 1967, iniciada pela ameaça de extermínio (intenção declarada dos inimigos: Egito, Síria, Iraque, Jordânia e Líbano), e da cegueira trágica que se instala após a conquista (anexando territórios que duplicam seu tamanho) com o trauma de 1973, quando 1,5 milhão de soldados egípcios e sírios surpreendem Israel, despreparada em virtude da arrogância. A depressão e a recuperação lenta continuam na nação, ao lado de sua cegueira. Porém, esse curso também figura a trajetória da libido, desde a paixão infantil, erguida na contramão do desamparo, passando pela elaboração da

Toda essa sã, porém não dita, preocupação que partilharam, temendo junto, há anos, pelo filho, por esse cervo (Ofer em hebraico) – delicado e terno mamífero –, abriga a intuição de que ele é demasiadamente vulnerável à guerra em vida, pois se encontra, como Avram, aninhado sob os mantos do amor materno, nos invólucros que lhe são ainda indispensáveis. No pós-escrito, Grossman reflete que iniciou a redação do livro em 2003, poucos meses antes do filho Uri se alistar para o exército, talvez com a vontade – melhor dizer, o desejo – de que o livro pudesse proteger o filho. Não deu!

Durante a leitura, a paciente notou a semelhança com *Indignação*, o belo livro de P. Roth, embora menos sofisticado que o de Grossman. Acabei incluindo *Indignação* nas leituras de verão. Ele foi publicado em 2008, como *A mulher foge*, e ambos foram editados no Brasil em 2009. Marcus, o jovem protagonista do conto de Roth, é um estudante judeu, um rapaz aplicado, bem como Ofer e o filho da paciente, mas abandona, em certo momento, a universidade local para continuar os estudos em outro estado. Isso porque o pai, que sempre esteve próximo e atento a ele, parece ter enlouquecido – louco de medo e apreensão pelos perigos da vida adulta, do mundo, que vê cercarem o filho querido por todos os lados. Tal premonição de uma má notícia (sentida aqui apenas pelo pai) confirma-se: por uma "única mancada", um "único erro", conforme o tocante lamento da paciente, Marcus é afastado da universidade, o que, na época, significava o alistamento para a Guerra da Coreia, onde morre em 1952. Marcus fez tudo certo, direitinho, mas não era capaz de se embrenhar na maldade, da qual a castração nos inteira, e que a vida impõe à inserção no universo social. Essa falta de imunidade da qual sofre o engajamento comunitário, em franco contraste com o da individualidade na esfera social (Max Weber),

---

sexualidade, em formação sob a depressão, até o ressurgimento deste torno da espiral na adolescência e ao longo de toda a vida.

torna o ser vulnerável, desprevenido dos meandros e males do comércio cultural.

Para interromper, finalizando

A violência é passível de convocar, na situação favorável, a depressão, que, em função de seu resguardo e de sua garantia de meio de elaboração da sexualidade, suprime e silencia, por décadas a fio, as palavras, a fala. O resgate desta, consequência dessa elaboração depressiva, é sempre parcial, como o é no caso da paciente e de Avram. A sexualidade, com sua estruturação em torno do falo e a prova da castração que impõe, tem sido marginalizada nas discussões clínicas atuais em prol da vigilância da maquinaria de relações - operações e objetos - e da ocupação excessiva, obsessivamente incestuosa, com o vaivém das movimentações ditas transferências e seus contras. Preocupa-nos este ímpeto que pede domínio, insistindo em flagrar o inconsciente - concessão ao trabalho de morte da pulsão - para ofuscar a carência em atentar para a vida, para o desafio do sexual ante a castração, a alteridade.[11] Neste caso, trata-se do desejo feminino. Ao expor parte do roteiro da travessia analítica junto à paciente, espero ter tornado clara sua conquista sublimatória. Freud traça o trajeto penoso da feminilidade, travado entre a moção concêntrica (Schaffa, 2009), de identificação, em direção a mãe (e desta com a menina, "puxando-a para o fundo de si"), e a força contrária - centrífuga -, para fora, oriunda do movimento estruturante do falo: assim, a feminilidade, como identificação, articula um polo de recuo a um outro, estrutural progressivo, em que a menina passa a ocupar, imaginariamente, o lugar de falo para a mãe, o pai e o objeto, e a reivindicá-lo para

---

11 Crítica já feita há anos em nosso meio, com outras palavras, pelo consagrado Fábio Hermann.

si – o falo deslocando-se para o outro, o homem e o filho – e aceitar poder perdê-lo.

Convenhamos, não é coisa fácil! Ainda mais quando todo esse trabalho é ministrado sob os auspícios do inconsciente do adulto, e de suas carências sexuais e infantis. Caso estas o impeçam de enxergar e velar pela criança, a última recorre, em parte, ao refúgio da morada narcísica primária, estética – terreno defensivo de idealização alucinatória –, do qual se recorta, pela identificação imaginária, o falo, destacando-se como apoio ao investimento de amor e sua sobrevalorização imaginária; estágio, fonte da grade terna sexual, que é indispensável à trajetória fálica em direção à castração. O pai carente fixou a paciente em tal sobrevalorização, e, de um lado, ela se tornou prisioneira da demanda insaciável de ternura da "criança no adulto", e, de outro, tal cobertura privou em parte sua prole dos benefícios da castração, ampliando uma série geracional de sujeitos comunitários que sociólogos e antropólogos (Weber, Lévi-Strauss etc.) focaram em grupos, e que para nós revelam uma espécie de insuficiência imunológica psíquica. Marcus e Avram, os respectivos personagens de Roth e Grossman, são seus exemplos, bem como o marido e o filho da paciente. Orah, de *A mulher foge*, recusa, desde o início, eleger Avram como seu amante prioritário, optando por Ilan, pois Avram ocupa o lugar de alma gêmea, confidente sensível absoluto, substituto da amiga Ada, seu vaso comunicante amoroso de seus anos de latência e puberdade, que morre atropelada aos 14 anos. Intimidade em fascínio fálico especular que se desdobra entre Orah e Ofer (o filho dela com Avram), bem como na relação da paciente com o filho.

Penso que a paciente teve maior simpatia pela trama de Roth porque é o pai que se apavora, delira, ante a eventualidade de perder o filho. Ela já havia me dito que jamais conseguiria gostar de um homem que não traria visivelmente a marca de um menino.

Certa noite, na volta do teatro, ao se prepararem para dormir, o casal assiste pela janela, no prédio de frente, um homem que ensaia um gesto de se jogar janela abaixo, enquanto a mulher, "sua mãe ou sua esposa" (diz ela), discute com ele. O marido pede que ela abaixe a cortina e reclama que ela tem o dom de atrair tais desgraças.[12] Semanas depois, ela reclama que não entende por que o marido, como outros homens, tem dificuldade em admitir a preocupação com o próprio filho. "Seu filho não chegou ainda", exaspera-se ele junto a ela, quando o filho atrasa à noite. Essa delegação da admissão do amor e da preocupação com o filho/falo assinala uma cura.[13] O que me obriga a responder, no que me concerne, sobre como isso tudo reverbera em mim, seu interlocutor/analista, homem (e seu menino). Antes, porém, e associado a essa expectativa, vale completar, em relação à abertura dessas considerações, que o valor do falo se divide de modo diferente entre menina e menino, mulher e homem.

A moção centrípeta, da fuga, do narcisismo primário, é comum à situação primária do homem ao nascer em violência do corpo em falta. Porém, a identificação concêntrica da mãe à menina coloca uma variante no trabalho em torno do falo. Como tentei ilustrar no Prefácio, na mulher o falo tende, predominantemente, a uma elaboração narcísica centrípeta – "trazê-lo até mim, para dentro de mim" –; já no homem, o alvo fálico, de defesa narcísica, esse movimento é, em grande parte, centrífugo: erguê-lo alhures,

12 O que me põe a rir, pois, obviamente, não é ela que atrai essas situações, mas são tais cenas, contendo essa precisa ambiguidade entre mãe ou mulher, que a absorvem e instigam.

13 A passagem de uma angústia narcísica, de temer pela "criança no adulto", ao invés de o adulto temer pela criança, por poder perdê-la, configurando uma angústia de desejo, em torno da castração, assinala uma mudança central e significativa na paciente: ela reivindica, como afirma Lacan, a *père-version*, a perversão própria ao pai, versão que desloca o eixo narcísico em direção ao desejo, à castração.

ali, lá fora. Sei que essa discussão toca no barril de pólvora. Contudo, a título de ilustração de tal constelação, trago o belíssimo livro *O amor dos começos* (1986), que inicia Pontalis em um gênero psicanalítico que, até sua última obra (sobre a amizade), abriga o seguinte mote: "meu pai me deixou cedo [com 10 anos], mas não a sua companhia. Esta persiste em meu mundo junto aos outros, e a isto credito o fato de ter me dado razoavelmente bem ['*pas mal*'] na vida, ao passo que minha mãe era, em parte, alheia a mim; marcou meu erotismo de uma nostalgia inquietante, perene". A diferença do lugar do menino na mulher e no homem ilustra-se em uma cena recente que a paciente traz: os homens (avô, filho e genro) estão na sala em volta de uma mesa, enquanto o neto, com pouco mais de um ano, roda entre eles, quando esbarra, bate a cabeça, na mesa e chora. Ela, aflita, corre para socorrê-lo, e sua filha vem logo atrás, enquanto eles, os homens, acolhem o menino com uma afável "bronca": "o que é isso, menino?! Homem não chora, corintiano...".

A paciente interroga então o homem/pai – a responsabilidade dele sobre a assunção do menino e sua perda –, marca de cura anunciada, e me reivindica, como se diz, na transferência: "E você, como está? E quanto a minha alta? O que me diz?", despertando meus contras, ou – na precisa tradução de Pontalis (1990, *A força de atração*) – meus *com*-transferências.[14] Poucos meses antes do nascimento de seu neto, eu adentrava uma crise que incidia, como passei a reconhecer, no amor ao menino. No final de 2009, teriam se passado quatro décadas desde a morte do meu pai... Seguindo essas dicas, passo a descrever o final do meu sonho: na saída da exposição das estátuas do pai e filho frente ao mar (sob céu encoberto), deparo-me com um precipício que se abre entre as rochas,

---

14 Pontalis destaca no termo alemão de contratransferência (*Gegenübertragung*) a contraparte (no analista) da transferência do paciente, ou seja, o estar *com*, acompanhar, porém *estando do outro lado*.

sobre as quais me encontro, e lá embaixo, na areia da praia ensolarada, uma bela e atenciosa mulher, curadora do lugar, acena-me para a saída; ela empurra, de lá de baixo, uma coluna móvel, cuja extremidade, que devo agarrar para deslizar sobre o eixo (da coluna) em direção à areia, é feita da maquete das figuras do pai e do filho, os dois fechando-se e unindo-se um sobre o outro. Acordo com e na angústia! A junção entre pai e filho, como amor/apoio ante o abismo que me separa de uma figura feminina familiar – associada a uma das belas e bondosas de minha infância –, traz o sol para a cena. Uma esperança, quem sabe, diante do precipício do terror no fantasma de uma mãe, a minha, da ameaça da perda de seu último menino numa série de filhos (perda que, de fato, acometeu só meninos) e que lançou uma sombra, ao que tudo indica, em meu caminho, que é, como o de todos, e sempre, o do amor.

Orah leva Avram para uma viagem semelhante a que a paciente nos impõe embarcar:[15] assumir o menino dele/nele e encarar a sua eventual perda. Orah lamenta para Avram: "nós, que demos nascimento aos filhos, cuidamos, sofremos, amamos, conhecemos... Por que, antes mesmo de tê-los por inteiro, estamos prestes a perdê-los para o Estado, para a cultura, para a vida?".

Poderia a vida ter outro sentido senão que o mais precioso, apesar de jamais inteiramente alcançável, encontra-se em perigo de se perder? Assim, o falo e a castração movimentam-se, subjetivam a vida e lhe dão valor!

15 Sua cura, aqui, restabelece a troca entre o adulto e a criança onde antes havia confusão (Ferenczi, 1933/1974c), refletindo-se na transformação do terror e do susto (*Schreck*) pela perda da criança em um sinal de angústia, que coloca em marcha a rede simbólica às voltas com a falta na castração (Freud, 1916-1917/1976).

Referências

Bion, W. R. (1967). Notes on the theory of schizophrenia. In W. R. Bion, *Second thoughts*. London: Heinemann. (Trabalho original publicado em 1953)

Bollas, C. (2000). *Hysteria*. London: Routledge.

Delouya, D. (2002). *Depressão, estação psique: refúgio, espera, encontro*. São Paulo: Escuta.

Fédida, P. (2001). *Des bienfaits de la dépression*. Paris: Odile Jacob.

Ferenczi, S. (1974a). Le rêve du nourrisson savant. In S. Ferenczi, *Oeuvres complètes* (Vol. 3). Paris: Payot. (Trabalho original publicado em 1923)

Ferenczi, S. (1974b). Analyses d'enfants avec des adultes. In S. Ferenczi, *Oeuvres complètes* (Vol. 4). Paris: Payot. (Trabalho original publicado em 1931)

Ferenczi, S. (1974c). Confusion de langue entre les adultes et l'enfant. In S. Ferenczi, *Oeuvres complètes* (Vol. 4). Paris: Payot. (Trabalho original publicado em 1933)

Freud, S. (1976). Introductory lecture XXV: Anxiety. In S. Freud, *Pelican Freud Library* (Vol. 1). London: Cox and Wyman. (Trabalho original publicado em 1916-1917)

Freud, S. (2002). Mental treatment [Soul treatment]. In S. Freud, *Psychoanalytical treatment essays, 1890-1938*. Tel-Aviv: Am Oved. (Trabalho original publicado em 1890)

Freud, S. (2010a). Introdução ao narcisismo. In S. Freud, *Obras Completas* (Vol. 12). São Paulo: Companhia das Letras. (Trabalho original publicado em 1914)

Freud, S. (2010b). Luto e melancolia. In S. Freud, *Obras Completas* (Vol. 12). São Paulo: Companhia das Letras. (Trabalho original publicado em 1915)

Freud, S. (2011). Psicologia das massas e análise do eu. In S. Freud, *Obras Completas* (Vol. 15). São Paulo: Companhia das Letras. (Trabalho original publicado em 1921)

Freud, S. (2012). Totem e tabu. In S. Freud, *Obras Completas* (Vol. 11). São Paulo: Companhia das Letras. (Trabalho original publicado em 1913)

Freud, S. (2014). *O homem Moisés e a religião monoteísta*. Porto Alegre: L&PM. (Trabalho original publicado em 1934-1938)

Freud, S. (2015). O delírio e os sonhos na *Gradiva* de W. Jensen. In S. Freud, *Obras Completas* (Vol. 8). São Paulo: Companhia das Letras. (Trabalho original publicado em 1907)

Freud, S. (2016). Três ensaios sobre a teoria da sexualidade. In S. Freud, *Obras Completas* (Vol. 6). São Paulo: Companhia das Letras. (Trabalho original publicado em 1905)

Freud, S. (2018). A cisão do eu no processo de defesa. In S. Freud, *Obras Completas* (Vol. 19). São Paulo: Companhia das Letras. (Trabalho original publicado em 1939)

Grossman, D. (2009). *A mulher foge*. São Paulo: Companhia das Letras. (Trabalho original publicado em 2008)

Klein, M. (1975). A contribution to the psychogenesis of manic--depressive states. In M. Klein, *Writings of Melanie Klein* (Vol. 1). London: The Hogarth Press. (Trabalho original publicado em 1934)

Meltzer, D., & Williams, M. H. (1988). *The aprehension of beauty*. Perthshire: Clunie Press.

Pontalis, J-B. (1986). *L'amour des commencements*. Paris: Gallimard, 1994.

Pontalis, J-B. (1990). *La force d'attraction*. Paris: Seuil.

Roth, P. (2009). *Indignação*. São Paulo: Companhia das Letras. (Trabalho original publicado em 2008)

Schaffa, S. (2009). Medeia, o feminino. *J. Psicanálise, 42*(76), 51-63.

Winnicott, D. W. (1988). A reparação em função da defesa materna organizada contra a depressão. In D. W. Winnicott, *Da pediatria à psicanálise*. São Paulo: Francisco Alves. (Trabalho original publicado em 1948)

Winnicott, D. W. (1990). The value of depression. In D. W. Winnicott, *Home is where we start from*. New York: Norton. (Trabalho original publicado em 1963)

2. Os gostos e os dias[1]

Após termos renunciados ao gozo, não mais
podemos nos iludir em esperá-lo.
Esperar sem esperança (o que seria prudente) é impossível.
Marcel Proust, *Os prazeres e os dias*, 1896

Introdução

"Aqui é o lugar para se tratar, mas para mim as coisas mudaram. Hoje, só venho aqui porque gosto de você, porque (que loucura, meu deus!) passei a amá-lo. Isso é insustentável, tenho que ir embora!".

Essa paciente, como outros, não concorda com a constatação de Freud de que as pessoas que procuram um analista não vêm "para fazer análise, para se conhecer melhor", como declaram

---

1 Trabalho apresentado e discutido em reunião cientifica na Sociedade Brasileira de Psicanálise de São Paulo (SBPSP) em junho de 2007. Posteriormente, uma versão deste capítulo foi publicada em *Reverie, Revista de Psicanálise, VII*, pp. 119-131, 2009.

frequentemente, mas buscam, sem exceção, o amor; almejam ser amados e poder amar (ver os trabalhos sobre a técnica de Freud, 1912/2010a, 1912/2010b). O amor, aqui, deve ser entendido no sentido mais amplo, e me arrisco a designá-lo – na falta de uma melhor palavra – como inclusão: o sujeito tendo uma noção de estar presente, ser percebido, na sua singularidade e desejo, para os outros significativos. Na falta considerável dessa noção no paciente, ele recorre a um modo primitivo de funcionamento narcísico, marcado pela sobrevivência.

Assistimos, durante a análise dessa paciente, a uma recorrência digna de nota: ela vencia com facilidade concursos para postos públicos e, logo, após alguns meses, os seus superiores a demitiam, a despeito da lei. Ela nunca recorria; recolhia, simplesmente, seus pertences, tendo o cuidado meticuloso de não deixar qualquer rastro de sua passagem por ali, e nunca mais reaparecia no local. Era evacuada e se evacuava rapidamente dos lugares. No trabalho, ela exercia com perfeição as suas tarefas, mas se mostrava crítica aos atrasos e à ineficiência dos funcionários, bem como às imprudências de seus superiores. Aos poucos era excluída dos momentos sociáveis da repartição e, após uma nova cobrança de sua parte, disparava o processo de seu desligamento do trabalho.

Algo parecido ocorria quando decidia entrar em sociedade com uma colega ou amiga. Nesses casos, qualquer discussão em função da discordância sobre um modo de execução do trabalho a fazia desistir da sociedade e se retirar. Na análise, ela esboçava movimentos análogos, os quais conseguimos reverter, retomando o trabalho. Já na vida amorosa, ela teve apenas um relacionamento, aos 17 anos de idade, que "foi um desastre" e, a partir daí (mais de trinta anos atrás), decidiu retirar-se definitivamente desse terreno.

Neste quadro, a vergonha passou a chamar minha atenção; revelava-se em sonhos com cenários idílicos, por vezes junto a uma pessoa próxima com a qual acabara de romper uma sociedade, mas se desenrolavam principalmente com a mãe. Nesses sonhos, o cenário era idílico, mas ela acabava sendo repreendida ou, na maior parte das vezes, ignorada. A ofensa dava lugar à vergonha, que me parecia ser uma espécie de consciência da desilusão amorosa: entregava-se inteira, mas não era considerada, não poderia ser compreendida e não merecia ser gostada ou manifestar seus gostos.[2] Em outros sonhos, o reencontro com o namorado da juventude, e com outras figuras importantes, era evitado. Neles, ela estava conscientemente envergonhada, embora "na história real" fossem eles, e não ela, os agentes dos suplícios e dos rechaços que motivavam o seu desligamento deles.

Sua mãe dizia-lhe que ela era esquisita, pois se recolhia no silêncio. Não havia esperança de ser validada e compreendida em seus desejos e vontades, e por isso não havia sentido de ela falar ou reclamar. Ela se limitava a ser prestativa, e assim também escolheu sua profissão e seu papel de assistente, de auxiliar, no qual se revelava tecnicamente extremamente eficiente. A esse respeito, chocava-me a ausência de qualquer expressão de um projeto para a sua vida: o que buscava? O que esperava realizar? O que gostaria de receber do mundo, dos outros? Quando era questionada a esse respeito, e eu a interrogava em função de certa agonia frente à mesmice de suas contendas com o mundo, ela me respondia: "isso não existe para mim, não pertence a meu vocabulário". Para ela, a questão central era: "estou certa ou errada, executo direito ou não a minha função?".

2 Desilusão que, segundo Fairbairn (1952), se deve a uma genuína entrega amorosa, mas, ao perceber que esta foi criada sobre o terreno vazio do objeto (de "sua resposta"), dá-se lugar à vergonha ("onde eu fui me meter?!"), ao sentimento de humilhação e, por fim, à vivência de engodo e futilidade.

Quando o desejo não transparece no sintoma, isto é, às avessas e via sofrimento, mas é impedido de nascer, para resguardar a sobrevivência, por vezes sob o modo sadomasoquista, a análise defronta-se com graves impasses.[3] Freud, desde o início do seu trabalho, sobretudo em "Projeto de uma psicologia" (1895/1995), condicionava a configuração do desejo na atenção, na concessão de direito pelo outro, pelo adulto. Como mostrei em trabalhos anteriores (Delouya, 2007), esse respaldo do plano narcísico, espécie de *playground* proporcionado pelo outro como espaço de inclusão, é imprescindível para a trajetória do sujeito de desejo. Pretendo, a seguir, introduzir, por meio do trabalho com essa paciente, a questão dos gostos, bem como da relação do gostar com o ser gostado. O título parafraseia o do livro da juventude de Marcel Proust (1896), *Os prazeres e os dias*, uma alusão irônica ao poema do grego Hesíodo (século VIII a.C.) "Os trabalhos e os dias". Em "A negativa" (Freud, 1925/1991h) e "Nota sobre o bloco mágico" (Freud, 1925/1991g), Freud ergue o pensar, isto é, o trabalho e os dias de cada sujeito, para o degustar e os gostos, porém estes – e é esta a novidade em "A negativa" – não são dados de antemão, mas concedidos pelo outro, constituídos e construídos junto a ele.

Os gostos e sua condição de possibilidade

Os modelos dinâmicos e estruturais, como os de Melanie Klein, sobre as condições da introjeção do objeto primário, e os de Ronald Fairbairn, sobre os destinos da cisão do eu central, bem como as descrições winnicottianas da privação e da desesperança

3 O desejo irrompia por vezes nessa paciente em sonhos, nos quais ela me implicava, em forma de situações de perigo de crime, roubo, assassinato; no discurso consciente da paciente, aparecia às avessas, pela moralidade (Bion), pela atenção extremada às injustiças sociais e aos delitos políticos.

congênita, são ferramentas bastante úteis, na dimensão narcísica, para a compreensão deste quadro clínico, porém eles não me animam por inteiro, não satisfazem meus gostos. Como ilustração, lancemos um olhar rápido para o desenho engenhoso de Fairbairn (1952, capítulos III e IV): um eu-boca, ideal e fusional, do narcisismo primário do bebê depara-se, em certo momento, com a "maldade das coisas" (Ferenczi), da ausência e do desenlace do objeto. Instala-se, então, um estado agudo de desapontamento no bebê ao sentir que seu genuíno amor não era considerado: o objeto vinha seduzindo-o e excitando-o, mas deixando de enxergá-lo como "alguém", como um ser inteiro (*in his own right*), para se voltar ao seu próprio bem (do objeto). Inseguro, e sujeito ao engodo e aos possíveis suplícios do objeto, o eu (eu central) divide-se em um eu libidinal e uma instância denominada sabotador interno, com os respectivos objetos, libidinal e rejeitador. A força relativa dessas cinco partes da personalidade dependerá, *a posteriori*, dos cuidados no período pré-ambivalente, fusional, que constituem os subsídios da confiança no ambiente, quando for enxergado como tal. Pois a questão que se coloca é: a maldade está "em mim" ou está no objeto, no ambiente? Se no período inicial a provisão for suficientemente boa, o presente hiato permitirá ao bebê identificar-se com a própria maldade, tornando-se responsável por ela, assumindo o desejo nela implícito para confiar no ambiente e se comunicar com os outros. Caso contrário, a divisão interna se acirra em virtude de uma desconfiança básica relativa à genuína bondade do ambiente, podendo acarretar desde o embate histérico, o enclausurar esquizoide, a perversão, até a franca psicopatia.

Eis um exemplo de uma descrição constante em vários aportes da psicanálise, em que uma alteridade e a assunção de um ato autêntico de si junto ao outro – o desejo, o gostar, o ato espontâneo, a agressividade etc. – são condicionadas por uma genuína atenção, pelo cuidado, pela presença do outro primordial dos inícios. De contrário, predominarão a defesa, o retraimento, a projeção e até a reação criminosa. Esse seria talvez o resumo superficial do que se pode concluir de partes significativas das obras de Freud, Klein, Lacan, Fairbairn, Winnicott, entre tantos outros. Contudo, ao considerar a questão dos gostos, preferimos deixar de lado, neste momento, o eixo narcísico (como em Klein, Fairbairn e Winnicott etc.), e nos focar nos derivados pulsionais dos afetos e das representações como se encontram em Freud e talvez em Bion.

O tema dos gostos surge desde o início da psicanálise, notadamente no cerne do sintoma histérico, predominantemente oral. O desgosto, característico do gozo autoerótico da conversão histérica, que se gera em consequência de uma decepção amorosa (ou seja, no plano genital), foi explorado amplamente por Freud em todos os casos dos "Estudos sobre a histeria" (Freud & Breuer, 1895/1974) até o caso Dora (Freud, 1905/1977a), o que nos transpõe para o campo dos afetos. O ataque histérico foi concebido por Freud, muito cedo, como figura da linguagem de um afeto (dificuldade de "engolir alguma coisa" = insulto; dor como se "apunhalado no coração" = menosprezo). O que levou Freud a pensar numa fonte comum tanto para a linguagem como para o afeto cujo protótipo seria o ataque histérico: se o estado afetivo é gerado pela enervação motora e sua descarga, os sentimentos são a percepção e a figuração desta enervação, ação e descarga no largo escopo das qualidades de prazer e desprazer. Apoiado em Darwin, Freud encontra o molde de tal inervação na via reflexa - uma reação, à semelhança do ataque histérico, e a inscrição desta experiência na pré-história da espécie, porque serviu à preservação. Munir-se de "expressão das emoções" (Darwin) foi o modo de defender-se de um perigo. De que forma? Justamente pela comoção do outro, pela identificação deste com a dor e a angústia da criança ante o assalto dos estímulos objetais, sensoriais e pulsionais. Enervações, portanto, que engendram expressões corporais a serviço da comunicação (emoção & linguagem), convocando um ser próximo (*Nebenmensch*). A percepção (linguagem & consciência) dos afetos (e gostos) seria a apropriação desta ação específica proporcionada pelo adulto. Vemos, então, por que Freud postula no final do caso Elizabeth (Freud & Breuer, 1895/1974) uma origem comum à linguagem e aos afetos e por que acaba encontrando no estado de nascimento o protótipo da situação de perigo (desamparo) e da convocação do adulto como uma reiteração – modelo da história da espécie –, sendo a dor e a angústia desta situação as sementes das quais brotarão as emoções (Freud, 1916-1917/1976, 1926/1993).

Neste desenho esquemático, existem vários desdobramentos em Freud em relação ao trajeto que se inicia com a dor (e a angústia), passa pela identificação do e no objeto, até a apropriação dos afetos (pensamento e gostos) pelo sujeito. Gostaria de retomar um deles para voltar ao problema que nos ocupa e ao trabalho com a referida paciente.

Em "A negativa", Freud (1925/1991h) assinala que existe, no início, ao lado da busca de prazer, uma tendência negativa primordial. Em outras palavras, o bom e o mau existem antes de serem apropriados enquanto tais por um eu incipiente do sujeito; eles o precedem. Isso contrasta com suas afirmações anteriores, nos textos "Os dois princípios do funcionamento psíquico" (Freud, 1911/1991a) e "As pulsões e seus destinos" (Freud, 1915/1991c),[4] nos quais afirma que o bebê não tem de início interesse no mundo exterior, mas se enclausura num narcisismo autoerótico. Organização que repousa sobre a ilusão de que é ele quem dispensa o seu

4 Traduzimos *Trieb* por pulsão, não seguindo as traduções inglesas e brasileiras que preferem o termo instinto, que nos parece equivocado e é utilizado por Freud em distinção radical a pulsão, que explicitamos no decorrer do nosso texto.

próprio bem, e não a mãe, que o provê de fato. O bebê engloba a mãe nos efeitos de sua onipotência, já que não reconhece a sua existência separada. O mundo é "indiferente" para o bebê, porém ocorre um "novo desenvolvimento", no qual o eu coloca para dentro os objetos fontes de prazer e expulsa para fora aquilo que lhe causa dor. O ódio aparece com a descoberta do objeto ao qual o bebê era consubstancialmente ligado. O objeto é descoberto no ódio, com o mau objeto. Observa-se, então, que, em 1915, o ódio e o afeto que acompanham o "mau objeto" são secundários e tardios, pois é preciso atingir a diferenciação entre o eu e o objeto para que o mau seja reconhecido. Já no trabalho sobre "A negativa", o mau e o bom fazem parte da "sopa originária"[5] da existência, antes que o eu brote dela. Sabemos a razão desta sutil transição: a pulsão de morte! O bom e o mau são consequência da disjunção do arranjo entre pulsões de vida e morte, disjunção que é, ela mesma, obra da pulsão de morte. Trata-se de um desenho que Freud empresta em 1920 da biologia, em que o processo metabólico de uma célula gera produtos de excreção que, se não forem removidos, comprometem a vida, comprometem o nascer do eu.

Como nasce um eu, capaz de se tornar proprietário dos gostos, do que é bom e mau, e suas infinitas variedades? O eu, conclui Freud, nada mais é do que um "eu corporal", a projeção de sua superfície (Freud, 1923/1991e). O eu/corpo, continua ele, é

5 A "sopa originária" é mais bem precisada em "O problema econômico do masoquismo" (1924/1991e), quando Freud, apoiando-se no trabalho de Barbara Low, postula um estado originário de gozo, o nirvana, em cujas fundas águas reside o masoquismo primário como entrelaçamento de pulsões de vida e morte em que se detecta certa disjunção basal, obra da pulsão de morte, responsável pela criação de uma via de secreção de elementos "ruins". Entende-se por que Freud deriva desse gozo do nirvana uma tendência negativa de retração, característica da pulsão de morte, e, por outro lado, uma libido e o princípio de prazer que a caracteriza, mas que se modificará, em parte, pela realidade da ausência, para outro princípio, o da realidade.

adquirido pelo "contato", em que "a dor parece tomar parte, e a maneira pela qual tomamos conhecimento de nossos órgãos durante as doenças dolorosas é, talvez, o modelo do caminho pelo qual alcançamos a representação de nosso corpo". Uma peça essencial falta nesta hipótese, a qual será retomada (em relação ao "Projeto de uma psicologia", 1895/1995) dois anos mais tarde, no Adendo C de "Inibição, sintoma e angústia" (Freud, 1926/1993). Trata-se do trabalho do objeto, pois a possibilidade de se obter uma representação do corpo e seus órgãos pela dor é obra do jogo entre presença e ausência da mãe. Aqui, os movimentos do órgão – "respiração" incitada pela dor de seu anseio pulsional – entram em sintonia com os movimentos de aparecimento e desaparecimento da mãe. Ao se sensibilizar (pela identificação) e nomear as dores, ela dota o bebê de representações de si mesmo, de seu corpo e seus órgãos psíquicos, permitindo, em consonância com o livrar o bebê de seus incômodos (a fralda suja), projetar para fora o excesso dos estímulos sensoriais e pulsionais, bem como lhe facilita incorporar a dor e representar, por meio dela e do prazer resultante, os seus gostos, suas percepções internas. Os gostos se constroem junto ao nascimento do eu e à aquisição de suas funções. "A negativa" (Freud, 1925/1991h) e "Notas sobre o bloco mágico" (Freud, 1925/1991g) descrevem como o degustar e os gostos adquiridos fundam – via trabalho do objeto – a percepção, o julgamento e o pensar. Os gostos condicionam, portanto, os dias, a vida psíquica e a relação com os outros.

Na ausência, ou melhor, na falha do trabalho do objeto, a dor deixa de ser utilizada para a transformação em afetos, gostos e pensamentos, e os estímulos sensoriais e pulsionais, geradores de dor, submetem-se à tendência negativa generalizada da pulsão de morte. O mal que circunda e contamina a alma torna-se insuportável, e a tendência em se livrar dele e evacuá-lo acaba predominando na conduta do sujeito. Ofertas do ambiente que poderiam suplantar as falhas do objeto são encaradas com suspeita, dando lugar, por vezes, a uma fuga persecutória. A desconfiança dita o tom do encontro, e o retraimento não tarda em se manifestar. Bion mostrou nos seus primeiros artigos como a *rêverie* do analista no trabalho com o psicótico pode se tornar insuportável para o último, defrontando-o com uma ameaça atroz de enlouquecimento.

Algo análogo ocorreu com nossa paciente depois de certo tempo de trabalho. Quando eu manifestava um interesse sobre algum cuidado da sua vida cotidiana (já que ela era completamente solitária, pois perdera seus pais e seu único irmão), ela ficava em alerta, banindo meu envolvimento e insistindo em demonstrar que sabia se virar sozinha. Quando nos aproximamos de algo significativo e ela ficou mais próxima – afetiva –, afloravam então vários sonhos em que eu a enganava, armando, junto a um time de mulheres que invadia a sessão, um cenário em que ela era seduzida a adquirir um produto de minha empresa, que ela descobriu no andar de baixo do meu consultório, bem como surgiram várias desconfianças, na vida da vigília, de que eu usaria seu caso para fins científicos etc. Ela se retraía ou tomava a postura de confronto, "flagrando", de forma persecutória, a partir de detalhes da mobília do meu consultório ou de meus gestos, a grande farsa que eu era.

Um dia, há um ano, ela resolve se sentar na poltrona, à minha frente. "Lá", no divã, "sentia-se quase nada", revela, pela primeira vez. Em paralelo, nota que eu mudei, fiquei "mais fácil". "Você também", reajo, sem pensar. Tudo isso me surpreende, proporcionando-me certo alívio. A partir daí, começamos "a bater papo e a nos divertir". Sempre suspeitei de uma docilidade velada e uma ternura secreta por detrás de sua postura rígida de "generala" e burocrata inveterada. Fiquei atento aos sutis prenúncios da paixão, aos quais atribuí a sua passagem do divã para a poltrona. Surgia em mim uma imagem, relativa a um relato seu do início da análise: naquele período ocorria, em algumas de suas solitárias andanças, de ela ser assaltada pela imagem e pela sensação aterrorizadoras de um buraco abrindo-se embaixo, no chão e entre suas pernas. O que me parecia ser uma súbita percepção de si, de sua solidão e desejo – o feminino –, mas o qual ela não poderia sentir e pensar, tampouco assumir, em virtude de um buraco bem mais fundo junto ao objeto primário. Associação esta que anunciava, dou-me conta hoje, o impasse dessa peculiar situação em que ela começou a sentir que gostava de mim. Ela não se apercebeu disto, no início, apenas o ambiente ficou mais leve. Logo, porém, se tocava que "não fazia a coisa certa": ela relaxou, imergindo no papo comigo, e se esquecendo de levar à análise "os problemas e analisá-los", no sentido de "querer verificar" se estava certa ou não. Afinal, "é para isto que serve a análise", que já transcorria havia alguns anos. Mas, não, isso não tinha mais importância, descobriu que gostava de mim, as coisas ficaram difíceis: era difícil encarar os encontros.

Antes desta descoberta, ela me trouxe um presente. Confesso que gostei, agradeci. Porém, um dia, ao chamá-la para entrar, cometi um lapso, troquei seu nome. Ela me perguntou: "Você achou que eu era outra paciente?". Respondi que não e que jamais tive uma paciente com tal nome. "Então por quê?", perguntou desconfiada, suspeitando que seria, talvez, o nome que eu teria inventado para um trabalho que escrevia sobre ela. Respondi que não sabia, e que precisava pensar. Após alguns minutos, disse-lhe que o lapso refletia uma mudança nela, ela não era mais a mesma. Ela ficou perplexa. (O nome trocado, percebi após dias, era de uma colega que, no passar dos anos, perdeu certa rigidez, ficou mais relaxada, afetiva e feminina, mudança que atribuí à análise da colega.) Voltei a cometer o lapso nos contatos seguintes. Quando ela me vê embaraçado, comenta que fiquei sem graça, mas diz que, de fato, sente-se mudada. Daí em diante o lapso não se repetiu.

Apesar da dificuldade, sequências regressivas ocorrem, talvez em função de uma cirurgia à qual ela é submetida. Ela fica, surpreendentemente, aconchegada quando eu manifesto preocupação sobre quem a acompanhará nos períodos da cirurgia e pós-operatório. Ela encontra um jeito de voltar logo às sessões, apesar da limitação física em se locomover. Volta a trazer sonhos. Em um deles está cuidando de um bebê seu, e acompanhada por uma senhora velha. O bebê está muito doente. Ela discute com a médica, discordando de seu diagnóstico, e insiste em obter um remédio adequado.[6] Ela se emociona, e eu fico, também, comovido. Há uma atenção ao bebê e, nos dias seguintes, ela evoca seu irmão. Após a morte deste, num período de relação ruim entre eles, ficara durante meses sem poder dormir, o que a levara à análise. O irmão nascera na Europa, os pais o deixaram com a avó para se estabelecerem no Brasil, onde ela veio a nascer. Quando ela contava com 3 anos de idade, ele se juntou à família. Ele estava com 10 anos de idade. Ela ficava emocionada ao falar disto, culpada pelo abandono do irmão no exterior, já que ela obtivera uma injusta vantagem sobre ele. No entanto, havia uma intimidade grande entre o irmão e a mãe, falavam entre eles num dialeto que a paciente não compreendia.[7] O irmão, como o pai, era poupado de responsabilidades. Ambos eram bem servidos. Tudo ficava a cargo das mulheres, e as cobranças, vindas da mãe, caíam sobre ela. Lembrei, naquele instante, do filme *O clube da sorte e da felicidade*, no qual, numa situação semelhante, em uma família chinesa, a filha, nascida nos Estados Unidos, é alvo das cobranças e do descontentamento da mãe, cuja mente estava voltada para as filhas gêmeas que deixara

---

6 Em relação às três gerações do sonho, deve-se acrescentar que sua avó era prostituta na Europa e, com o nascimento de mãe da paciente, teve de se mudar, já que o "avô" era casado e respeitado na cidade. As relações entre sua mãe e a avó foram sempre tumultuadas.

7 Em vários sonhos, a paciente é ignorada por esse casal (mãe e irmão), que se encontra envolvido em forte sedução, quase em via incestuosa.

na China, idealizando-as em relação à filha que vivia com ela. Esta se sente falha e inadequada no amor e no trabalho. Interpretei, portanto, que a desatenção (os cuidados ruins com o bebê do sonho, do qual se encarregava agora) se devia a algo análogo, que a fez sentir-se desmerecedora, como se desfrutasse, injustamente, de uma posição à qual o irmão teria prioridade. Por essa falta da mãe com ela, ela foi levada a adotar um modo de vida marcado pela sobrevivência: fazer tudo certo, conforme os ditames da mãe. Ela concordou com essa construção.

Dias depois, ela assiste a um atropelamento de cachorro na rua, que é logo socorrido pelos transeuntes. Ela desata a chorar, e se dá conta, de repente, que nos últimos tempos, enquanto conversava comigo, sentia que era acompanhada de um cachorrinho sentado ao pé da sua poltrona. O que me remete a um sonho idílico seu, em que ela se depara com um belo jardim de uma charmosa casa na qual morava uma senhora na companhia de um cachorrinho. Quando a paciente tenta brincar com ele, ele morde sua face. Penso que esse apelo, alucinado, pelos subsídios maternos pode ser visto como defesa ante o desejo e as moções amorosas na transferência. No entanto, são as falhas do objeto que lançam uma luz sobre sua dificuldade em sustentar o desejo.

Tal carência pela proximidade da mãe converte-se, após dias, num sonho que considero importante: no posto de saúde, ela fica indignada por não ser chamada, enquanto os outros são atendidos. Acredita que pularam sua ficha. Ela resolve roubar todas as fichas e fugir. Na rua, assiste a um tumulto de carros e gente. Resolve, porém, se arriscar e devolver as fichas. Ao acordar, se espanta com a sua coragem de voltar ao lugar do crime. Brigar pela sua ficha, pelo seu desejo junto aos outros é algo novo nessa paciente. Ela que se retirava em silêncio quando era ignorada ou demitida dos lugares. O tumulto revela o medo de se colocar em evidência, voltar ao lugar e reivindicar seu direito de reconhecimento pelos outros. Quando digo isso para ela, ela se retrai, sente-se exposta. Eu fui rápido demais. Talvez ela se sentisse assaltada, ou como uma criança despreparada que é empurrada ao palco, para se apresentar ao público; ela fica ressentida, também, por eu "deslegitimar" suas atuações anteriores, em que se retirava dos lugares. A dor e a mágoa são visíveis em seu rosto. Reconhecendo sua dor, digo-lhe que minha fala foi forte demais para ela. Ela se consola apenas parcialmente e tenta me perdoar.

Os dias passam, e me inteiro de seu desconforto na poltrona, o que me preocupa. As insônias voltam à cena, e, a partir do meu comentário de que a sobrecarga no trabalho era ignorada pelo seu chefe, ela sonha com a pele descamada em seus ombros e as palmas das mãos francamente rachadas. Quando encontra o pai na sala, esconde de sua vista as mãos rachadas. Ele a acode, passando um creme em seus ombros, enquanto ela deita a cabeça no seu colo e enxerga, então, triste, através da janela, o céu azul e distante. O azul é "tão forte que chega a doer". O sonho sugere um cenário adolescente, de consolo pelo pai. Motivo de certa esperança, já que ela se referia sempre aos homens com desconfiança e desprezo, a não ser quando são empreendedores, de ação, casos nos quais, entretanto, são suspeitos, porque manipulam e travam conchavos, embora sejam dignos de admiração pela sua ousadia. De resto, são, como o pai e o irmão, acomodados, "bananas". Evoco esses elementos pois, no sonho, ela se arrisca em se apoiar no pai, mesmo que de leve, já que não mostra as mãos rachadas – o que indica certo relaxamento na transferência. No entanto, os bens e a beleza do mundo (o anseio pela mãe idealizada) estão distantes, inalcançáveis, o que a faz declinar do desejo feminino[8] e da apropriação de seus gostos.

8 A alusão que fiz anteriormente sobre a cena do sofrimento adolescente e do apoio no pai se relaciona ao fato de que a paciente teve uma demanda por um

Discussão

Concluo, aqui, os comentários sobre o trabalho com a paciente. No meu entender, a raiz da sua dificuldade se encontra nas falhas do trabalho da dor junto ao objeto primário, a mãe. Neste sentido, gostaria de tecer algumas considerações finais relativas ao problema que me levou a escrever esse trabalho.

Quando me refiro ao trabalho do objeto, destaco a função reflexiva da identificação por parte do objeto em dois e entrelaçados planos. O primeiro, bastante propalado, situa-se no terreno do narcisismo primário, da continência, e que Freud denomina de "valor da compaixão" (Freud, 1895/1995). É reflexivo, pois a dor e o despreparo do bebê evocam no adulto, em via reflexiva, o seu próprio grito de origem, junto ao auxílio proveniente do seu objeto primário. O segundo plano é tributário do "valor imitativo", da condução e da companhia (nas quais se incluem a sedução materna). A refletividade se faz entre os movimentos dos corpos do bebê e da mãe, e é a este valor que Freud retorna no livro de 1926/1993, "Inibição, sintoma e angústia". As imagens próprias de movimento (dos órgãos) se erguem na e pela dor, com a participação do objeto, justamente em função do hiato que se cria entre o apelo pulsional e a falta, a ausência. O objeto assim fornece os sentidos e as significações ao bebê nessa relação entre os movimentos dos corpos e entre os sons (do bebê) e as palavras do adulto. Essa aquisição lenta de referências próprias, dos gostos, depende da atenção, da companhia estrita do adulto e se deve, também, a uma refletividade em que o adulto lança mão de suas próprias aquisições, cuja origem se situa no mesmo jogo que travou com seu próprio objeto primário.

---

analista homem após ter tido uma experiência relativamente longa de terapia com uma mulher.

Vemos então uma forte analogia entre esses valores do objeto, segundo Freud, e as funções de *rêverie* e da preocupação materna primária, delineadas, respectivamente, por Bion e Winnicott. O que abre uma discussão interessante quanto à natureza da propriedade psíquica. Um dos elementos estipulados, o mais destacado da função alfa, foi esclarecido com a publicação das notas pessoais de Bion (1992), *Cogitations*: refiro-me à ideogramatização (Junqueira Filho, 1995, 2003, 2004). Vimos em Freud que a origem da representação se encontra na formação de imagens de movimento, frutos do "valor imitativo" da função reflexiva que articula os movimentos entre os corpos, em função da dor, que se deve à urgência pulsional diante da realidade, da ausência. Em Bion, os ideogramas, junto a outros elementos, como os da elaboração da posição depressiva etc., permitem "sonhar" a experiência emocional, tornando-a adequada para o armazenamento da experiência no inconsciente e sua posterior utilização para o pensamento. A analogia do caminho que se abre com a dor, passa pela função do objeto e chega à aquisição do pensar é muito próxima entre Freud e Bion, embora o último não especifique o modo e a origem da formação dos ideogramas, como faz Freud em relação às análogas imagens de movimento. (A comunhão entre Freud e Winnicott é mais aparente.)

Entretanto, o debate mais interessante encontra-se no que é considerado como a função propriamente psíquica adquirida, a função alfa.[9] O foco da atenção bioniana é a experiência psíquica, que é, por excelência, do sonho. Os elementos alfa se articulam em tela, gerando uma barreira de contato, estrutura-função que determina e diferencia qualidades conscientes e inconscientes, instaurando, também, uma espécie de membrana seletiva de passagem

---

9 O volume 29, número 1, da *Revista Brasileira de Psicanálise*, publicado em 1995, com o tema "Sonhos na prática clínica hoje", se centra, na sua maior parte, nesse debate.

de elementos em ambos os sentidos, entre consciente e inconsciente. O manifesto em Freud, seja do sonho propriamente dito, seja da narrativa e do sintoma que o paciente traz à sessão, é marcado pelo recalque, por essa barreira sobre a qual Bion se detém. Dito de outro modo, quais seriam as condições de possibilidade da associação livre, cerne da análise, senão o fato de os elementos manifestos constituírem "os ganchos sobre os quais são transferidos" (Freud, 1900/1988) elementos inconscientes, bem como o fato de os restos diurnos só comporem o elemento manifesto porque investem pensamentos inconscientes: eis, então, o trânsito pela membrana seletiva do recalque. O trabalho do sonho, em que podemos abrigar grande parte das molas da função alfa, é determinado pela barreira e pelas vias transitivas entre o material inconsciente e consciente. Nesse sentido, a ideia de que o sonho, o psíquico, tem o "importante papel de barreira protetora que permite ao indivíduo uma consciência da experiência emocional em curso, na medida em que o isola de suas ideias e emoções inconscientes" (Junqueira Filho, 2003, p. 186) está em grande consonância com a visão de Freud sobre o sonho e a experiência psíquica.

A despeito das diferentes formulações, uma focada na experiência (Bion) e a outra nos mecanismos em voga (Freud), não me parece haver uma diferença essencial entre ambas: elas se complementam. Porém, não há consenso entre bionianos sobre tal semelhança. Alguns veem em Freud a separação estanque entre o manifesto e o latente, o primeiro resultando do disfarce do segundo e havendo apenas uma relação de sinalização e de simbolização entre consciente e inconsciente; outros entendem o trabalho freudiano como um modo de decifração (ideia que Freud abominava) de significados inconscientes. Minha compreensão é diferente: os sentidos e os significados infantis do sonho e do psíquico são apenas a história de construção da vida psíquica, sempre retomada na experiência, no pensamento, aliás, como em Bion, quando este se refere ao armazenamento e ao seu uso pelo pensar. O essencial do sonho em Freud é *a realização* que é determinada pelo único modo em que a pulsão busca satisfação: a *alucinação*[10] (essência do sonhar reiterada com maior ênfase nas Conferências de 1916-1917).[11] Entretanto, para que essa semente se torne experiência psíquica, é preciso haver uma mediação do objeto que permite assimilar a dor – "culpa" da ausência –, transformando-a em imagens de movimento. Aquisição que passa a constituir as referências simbólicas do corpo, tributárias de elementos que propiciam os gostos do futuro sujeito.

Essa tarefa de "conserto" do trabalho do objeto de origem, ao qual se propõem certas análises, não se realizou, infelizmente, de forma satisfatória no caso de nossa paciente. Impossibilidade dela ou falhas no manejo devidas à minha inabilidade? Tendo a dar mais peso à segunda opção. Após cinco anos de trabalho, ela se retirou da análise – uma notícia que recebi por meio de um cartão que ela anexou a um belo presente, deixado na portaria do prédio na véspera de sua sessão: um livro ilustrado de Militão Augusto de Azevedo, *Visões do Brasil 2* (Rio de Janeiro, Capivara, 2001). Trata-se de visões de São Paulo.

---

10 Em 1900, a alucinação parece ser a consequência da urgência pulsional ante a frustração, que a faz percorrer as rotas traçadas pelas vivências reais de satisfação. Isso explica o roteiro da cena, mas não o fenômeno da alucinação em si. Por isso, Freud postula no *Projeto...* que a alucinação é o modo primitivo de satisfação, próprio ao movimento da pulsão: é anterior a qualquer registro de vivência de satisfação. Portanto, alucinação é o modo de satisfação da pulsão, ou a pulsação equivale à satisfação pela alucinação.

11 A realização alucinatória é intrínseca ao sintoma e a qualquer manifestação da vivência e da ação, como Freud mostra em *Totem e tabu* (1913/1986) acerca do sintoma obsessivo e dos tabus dos primitivos, em que essa realização está ocultada por trás de uma reação manifesta contra ela. Ambas, portanto, são sujeitas às transformações, que podem ser vistas como consequência de elaboração, pela cura analítica e pela experiência, que consiste nessa passagem e nessa interação entre os elementos através da barreira de recalque que os separa.

Na carta, escreve:

> *Daniel, deixo para você este livro sobre a cidade na qual nós vivemos, mas existe um outro lado dela que é pouco conhecido e que você vai poder apreciar...*
>
> *Vou embora!*
>
> *Não é a melhor maneira de encerrar nosso trabalho, mas é o que me foi possível. Obrigada por tudo.*

Precisei de ajuda, por conta da sua caligrafia, para decifrar o que estava escrito, bem como para identificar o seu nome na assinatura da carta. O sentido surgiu de imediato em minha mente, junto a um grande pesar pela interrupção do trabalho. Não obstante, esperei alguns dias para ligar para ela. Quando liguei, ela me atendeu com uma voz afetiva. Agradeci o presente e acrescentei que estava de acordo com sua mensagem, de que existe um outro lado da história de sua "cidade" psíquica que não adentramos e que nos é, parece-me, pouco conhecido. Portanto, deixava as portas abertas para uma futura exploração desse outro lado. Ela me escutou, compreendeu, acho, o que eu disse, e nos despedimos com seu agradecimento pela nossa caminhada.

Pós-escrito

A paciente voltou a me procurar no segundo semestre de 2007, dois meses após a apresentação do trabalho. Voltamos a caminhar juntos por mais um ano, em que pudemos avançar até um limite possível.

Referências

Bion, W. R. (1989). *Elements of psychoanalysis*. London: Karnac. (Trabalho original publicado em 1963)

Bion, W. R. (1991). *Learning from experience*. London: Karnac. (Trabalho original publicado em 1962)

Bion, W. R. (1992). *Cogitations*. London: Karnac.

Delouya, D. (2007). Entre representação e experiência emocional: contribuição para um diálogo. *Jornal de Psicanálise, 72*, 193-214.

Fairbairn, W. R. D. (1952). *Psychonalytic studies of personality*. London: Routledge.

Freud, S. (1976). Introductory lecture XXV: Anxiety. In S. Freud, *Pelican Freud Library* (Vol. 1). London: Cox and Wyman. (Trabalho original publicado em 1916-1917)

Freud, S. (1977a). A fragment of an analysis of a case of hysteria. In S. Freud, *Pelican Freud Library* (Vol. 8). London: Cox and Wyman. (Trabalho original publicado em 1905)

Freud, S. (1977b). Three essays on the theory of sexuality. In S. Freud, *Pelican Freud Library* (Vol. 7). London: Cox and Wyman. (Trabalho original publicado em 1905)

Freud, S. (1986). Totem and taboo. In S. Freud, *Pelican Freud Library* (Vol. 13). London: Cox and Wyman. (Trabalho original publicado em 1913)

Freud, S. (1988). The interpretation of dreams. In S. Freud, *Pelican Freud Library* (Vol. 4). London: Cox and Wyman. (Trabalho original publicado em 1900)

Freud, S. (1991a). Formulations on the two principles of mental functioning. In S. Freud, *Pelican Freud Library* (Vol. 11). London: Cox and Wyman. (Trabalho original publicado em 1911)

Freud, S. (1991b). On narcissism: an introduction. In S. Freud, *Pelican Freud Library* (Vol. 11). (Trabalho original publicado em 1914).

Freud, S. (1991c). Instincts and their vicissitudes. In S. Freud, *Pelican Freud Library* (Vol. 11). London: Cox and Wyman. (Trabalho original publicado em 1915)

Freud, S. (1991d). Beyond the pleasure principle. In S. Freud, *Pelican Freud Library* (Vol. 11). London: Cox and Wyman. (Trabalho original publicado em 1920)

Freud, S. (1991e). The ego and the id. In S. Freud, *Pelican Freud Library* (Vol. 11). London: Cox and Wyman. (Trabalho original publicado em 1923)

Freud, S. (1991f). The economic problem of masochism. In S. Freud, *Pelican Freud Library* (Vol. 11). London: Cox and Wyman. (Trabalho original publicado em 1924)

Freud, S. (1991g). Notes upon the "Mystic writing-pad". In S. Freud, *Pelican Freud Library* (Vol. 11). London: Cox and Wyman. (Trabalho original publicado em 1925)

Freud, S. (1991h). Negation. In S. Freud, *Pelican Freud Library* (Vol. 11). London: Cox and Wyman. (Trabalho original publicado em 1925)

Freud, S. (1993). Inhibition, symptom and anxiety. In S. Freud, *Pelican Freud Library* (Vol. 10). London: Cox and Wyman. (Trabalho original publicado em 1926)

Freud, S. (1995). *Projeto de uma psicologia*. Rio de Janeiro: Imago. (Trabalho original publicado em 1895)

Freud, S. (1998). Nouvelles remarques sur les névropsychoses de defense. In S. Freud, *Oeuvres complètes* (Vol. 3). Paris: PUF. (Trabalho original publicado em 1896)

Freud, S. (2010a). Dinâmica da transferência. In S. Freud, *Obras Completas* (Vol. 10). São Paulo: Companhia das Letras. (Trabalho original publicado em 1912)

Freud, S. (2010b). Recomendações ao médico que pratica a psicanálise. In S. Freud, *Obras Completas* (Vol. 10). São Paulo: Companhia das Letras. (Trabalho original publicado em 1912)

Freud, S. & Breuer, J. (1974). Studies on hysteria. In S. Freud, *Pelican Freud Library* (Vol. 3). London: Cox and Wyman. (Trabalho original publicado em 1895)

Junqueira Filho, L. C. U. (1995). Da esfinge ao oráculo: sobre a função do sonhar na gênese dos pensamentos. *Revista Brasileira de Psicanálise*, *29*(1), pp. 77-92.

Junqueira Filho, L. C. U. (2003). *Sismos e acomodações*. São Paulo: Rosari.

Junqueira Filho, L. C. U. (2004). Alteropoese: sobre a gênese da ideogramatização no trabalho-onírico-alfa. *Revista Brasileira de Psicanálise*, *38*(4), pp. 785-801.

Proust, M. (1986). *Os prazeres e os dias*. Rio de Janeiro: Riografica.

3. Entre obediência e orgulho[1]

Interrupção

Pena que me faltam a inspiração e a capacidade de decompor, captar e transmitir em palavras vários momentos com ele, especialmente os últimos.

Estávamos de pé, a pequena distância. Ao longo de nossa temporada, em torno de 26 meses, essa era a terceira ocasião em que conversávamos face a face, mas dessa vez só por alguns minutos: quando nosso tempo acabou, ele se levantou do divã e dirigiu-se para a cadeira sobre a qual havia deixado sua malha no início da sessão. Em seguida, pôs-se diante de mim, emitindo introvertida e lentamente: "como lhe falei há duas semanas, hoje é a última vez...", fazendo um movimento de mão com a intenção de tirar do bolso o pagamento... "Mas por quê? Por que ir embora se há ainda coisas a trabalhar, a fazermos juntos?", indago-o com sincera ternura,

1 Trabalho inédito, originalmente elaborado em 2004 para a passagem para membro associado da Sociedade Brasileira de Psicanálise de São Paulo (SBPSP).

misturada com certo pesar. Noto meu esforço para recuar, conter uma repentina intenção, afável, de tocar seu ombro num imaginado gesto amigável, mas do qual declino diante do sinal de contração de seu corpo, destacando um busto musculoso que termina em mãos cruzadas – postura esta (como se "encarando" um possível adversário) que se desfaz por um instante, quando ele me explica, com sua típica economia de palavras: "é essa coisa minha, o orgulho... já lhe disse que ia embora; trouxe o dinheiro...", assinalando, com um olhar contraditório que disfarça um triunfo, um sutil reconhecimento desse triunfo e sua impossibilidade de abrir mão desse orgulho. Tocado, digo: "o orgulho nos tem pegado, a ambos, e frequentemente... talvez seja a fronteira sobre a qual nos resta caminhar: vamos enfrentá-lo! Pode ser que seja essa a via de êxito para esse sofrimento. Vimos nas últimas sessões que há meios... não lhe parece? Ou será apenas minha impressão?". "Sim", ele responde, "os últimos dias foram muito bons...", e, fazendo um gesto tímido com a mão, apontando o divã, confessa: "eu adoro, amo esse lugar... mas não posso... é o orgulho!". Antes de apertarmos nossas mãos, de nos despedirmos, insisto mais um pouco na continuação. Ele faz um sinal, como se concordando, mas eu já pressentia que a interrupção fosse irreversível.

Pedir, quase suplicar, para que ele fique – tamanha exasperação minha, muito nítida neste episódio final – refletia, como me dei conta logo depois, o motivo pelo qual escolhi esse "caso" para as presentes reflexão e escrita: a sensação de que ele estava prestes a abandonar a análise, que não voltaria à próxima sessão e, sobretudo, à semana seguinte, acompanhou-me desde o início e ao longo da maior parte do tratamento, embora ele, até a sua decisão de interrupção, não manifestasse ou aludisse, sequer uma vez, nada em relação a semelhante intenção. Comparecia às sessões e avisava-me quando não viria ou era impedido de vir.

Porém, o ponto crucial foi a instalação em mim de certa urgência em "encontrar algum meio" para contornar a eventualidade de tal ameaça. Condição essa (espécie de um fantasma chantagista pairando no ar), na maior parte pré-consciente, que me engajava numa luta interior, buscando conter tal exasperação para poder pensar, recuperar certa liberdade de trabalho. "Por que sinto que ele vai logo embora?", exclamava eu, vez e outra, para o meu supervisor. "Por que isso o torna tão difícil para mim, e, ao mesmo tempo, o trabalho aparenta ser habitualmente 'normal', fluindo?" Após vários meses, meu supervisor faz uma afirmação que soa significativa, mas não inteiramente clara: "este seu pressentimento de ameaça de rompimento vem de algo psicótico nele".

Quando ele interrompeu o trabalho, encontrei-me em um estado de sofrimento singular (se comparado a situações semelhantes). Novamente, não entendi. Não senti culpa ou arrependimentos maiores em relação às minhas intervenções e condutas nessa etapa final. Em vista desse questionamento, passo a relatar fragmentos dessa análise.

Primeiras figuras de intolerância à própria imaturidade

O jovem de uma boa estatura, forte, com um vestir debochado, típico adolescente, apresentou-se certo dia em meu consultório. Fazia um grande esforço para ocultar e domar uma angústia que atropelava, vez e outra, os tons e a expressão das palavras. Para os pais, com quem morava e de quem dependia, justificou essa procura em função do curso universitário, mas os motivos eram, obviamente, outros: uma solidão e um sentimento de futilidade em relação às coisas; certa falta de sentido existencial que se refletia na ausência de clareza, verdadeira dificuldade em julgar e decidir sobre os afazeres diários (se gostava ou não de certa matéria ou atividade de lazer, faculdade etc.). Associava isso, indiretamente, com algo que me pareceu então significativo: uma disjunção e pobreza no ambiente familiar, focando uma mãe abandonada à sua depressão. Tudo isso transmitido ou mais precisamente inferido de poucas frases, emitidas ao longo de um contínuo espaço de silêncio no qual me fitava como se estando à espreita de um possível interrogatório meu. Havia algo na sua postura, costumeiramente atribuído à imaturidade do homem adolescente: uma fachada corpórea adulta "jogada na cara", como se escorando um menininho, uma criança, por detrás dela. No entanto, essa tensa vivência confundia-me, pois me era difícil saber se nessa "cena" pretendia afastar "a criança" do meu alcance ou negar sua existência, insistindo na presença única do adulto.

Creio que essa constelação, que formulo somente agora sobre tal heterogeneidade desarmônica da vivência com ele, representa uma batalha atormentadora e insolúvel nele, mas de cuja clareza ele tentava se evadir porque poderia acarretar uma dor difícil de se suportar. Já na entrevista, quando aludi à sua sensibilidade com o estado da mãe, ele reagiu de imediato, enrijecendo os músculos dos braços e do busto, como se dando conta de ter sido flagrado tentando manter oculta a intimidade com a mãe. Conluio que não poderia, em hipótese alguma, escapar-lhe e se deflagrar ao olho estranho e estrangeiro. Fingi não ter visto nada, embora tais momentos e movimentos tenham me acompanhado ao longo de todo o nosso convívio.

O seu sofrimento surgiu nítido; portanto, prossegui e propus um contrato. Ele concordou com a frequência das sessões, pressupondo, no entanto, meu aceite de um valor módico, semelhante àquele pago pela amiga que empreendia uma análise com uma colega. Essa colega, cujo nome ele ignorava, o indicara a mim em função da nossa comum pertinência institucional. Não insisti sobre o preço, já que intuí que um pedido de valor maior do que já fora acordado com o pai significaria, inconscientemente, a exposição a suspeitáveis moções incestuosas com a mãe. Entende-se, também, que era preciso aguardar para obter qualquer informação que fosse sobre seus relacionamentos, existentes ou imaginados, de sua vida amorosa.

O que eu desenhava para mim naquele momento era, *grosso modo*, um rapaz sofrido que necessitava ser escutado e se escutar para atravessar o crescimento e emergir da adolescência. Sentia que seria prudente guardar meus próprios passos, não intervir demasiadamente, para que ele pudesse sentir-se, com o tempo, livre para vir e surgir.

Contra a inutilidade desse imaginado preparo, fala a experiência corpo a corpo e do dia a dia da análise. Neste caso, uma dificuldade pairava no ar: eu acreditava que uma entrega e até certa docilidade que eu pressentia em germe nele logo cederia, pelo menos por alguns momentos, dando lugar à "cooperação". Mas não, um fio de tensão peculiar permanecia. Já nos passos de início, no pequeno corredor de 3 a 4 metros, da sala de espera até o consultório, seu andar - lento, contendo a tensão e frisando o corpo - dava impressão de que ele imitava a marcha de domínio ou de um meter-medo à qual se entregavam (na minha lembrança) os garotos valentes, durante o recreio ou no fim da jornada, no pátio da escola dos meus já longínquos tempos de ginásio. Chegando até mim, mostrava um idiossincrático gesto: jogava a mão, de mole aperto, na minha palma, enquanto inclinava seu corpo, lançando-o em direção contrária, para trás.

Fui-me habituando a esta cena de *big-boy*. Parecia-me que ele necessitava desse ato defensivo e não toleraria qualquer interpretação que visasse desmascará-lo. Não havia igualmente lugar para outra atitude, mais "relaxada", que empreendemos espontânea e ludicamente, com outros adolescentes, até mais jovens ("e aí... falou!"). Aguardei! Aos poucos, a tensão se manifestava, acrescentando ao conhecido ritual a necessidade de ir ao banheiro antes e depois da sessão. No divã, novo repertório: jogava-se sobre o móvel, deitando estatelado por um tempo, numa postura que parecia resultar de uma tentativa de esticar e estender horizontalmente as partes do corpo em todas as direções. Após os silêncios, de tempos variáveis, mexia-se e começava a esboçar uma fala...

Como analistas com certa e crescente experiência, apuramos o contato com a riqueza do peculiar âmbito humano que é o silêncio: tesouro inesgotável da linguagem, potencialidade do que poderia ser apreendido e dito naquele instante único, e daquele singular sujeito com quem partilhamos certo momento da escuta. O acervo do silêncio abriga talvez todos os sons e melodias possíveis do mundo, maiores talvez em número que todas as espécies e formas biológicas que a biosfera criou ou que ainda criará. Como então poderia eu descrever sua pausa de início, tão característica à maior parte de suas sessões? Lidar com seu silêncio talvez tenha sido o desafio maior e o acréscimo pessoal mais significativo que obtive nesse trabalho. O silêncio foi-me especial e surpreendentemente penoso; parecia cercear o essencial, ameaçava em mim o brotar das palavras, do pensar. Eu sofria, precisando, com frequência, interromper o silêncio, "convidando-o" a falar...

Nesses comentários, detive-me nas formas e figuras que imprimem as forças vivas do que se denomina de campo da transferência. Antes de passar para o "material", justifico a exposição acima pela intenção de ilustrar essa espécie frequente de controle, de olhar vigilante dele. Onde se colocava esse olhar e sobre quem? Naturalmente, sobre mim, embora não se tratasse da simples câmera do *Big Brother*, pois ele a projetava sobre mim. Havia um controle sobre uma suposta vigilância da minha parte sobre ele... Para impedir o quê? Bem, tudo isso passava, evidentemente, pelos corpos...

O corpo[2] e o pai

Ele expressou, desde o começo, uma grande aversão à família do pai, avós e tios ("gente grosseira, briguenta, desajustada"), embora essa tivesse melhor ascendência social do que a da mãe. O pai não fugia deste quadro de sua linhagem, mas com a diferença de ter certa cultura, várias faculdades concluídas.

Num sonho, está sentado à mesa, almoçando com o pai e amigos do pai, sob o olhar perscrutador de estranhos ao redor, incômodo que se acentua ao se dirigir a um banheiro todo envidraçado, não encontrando canto para urinar que estivesse livre de olhares alheios. Associou este mal-estar com situações reais nas quais se sente exposto a olhares estranhos, ao passar perto de ponto de ônibus ou outro local público. Inferimos que sua dificuldade em poder "dividir a mesa com os homens" (o que figura uma moção estruturante de desejo) devia-se ao embaraço em "colocar seu corpo em evidência".

A conjectura de um impasse estrutural significa que se trata de uma dificuldade que ultrapassa a timidez passageira com o próprio corpo que assalta jovens adolescentes. Para esclarecer este ponto, crucial a toda nossa trajetória, vou me servir de outros momentos deste período inicial, tecendo-os em conhecidas teias da teoria.

---

2 Conforme Freud, a sexualidade e sua trajetória, marcada pela castração simbólica, colocam – como tento mostrar teórica e clinicamente – o corpo como área de assento das representações inconscientes no percurso de construção e de emergência do sujeito para a alteridade.

Intervalo: breves notas sobre sexualidade e adolescência

O que tem o corpo a ver com a estrutura, com a castração simbólica? No seminal terceiro ensaio sobre a sexualidade, Freud (1905/1977a) discorre sobre as transformações na puberdade e adolescência em direção à vida adulta, em que se atinge "uma organização genital com um objetivo sexual associado a um objeto externo" (p. 116). Fim esperado no ressurgimento da sexualidade, depois do período de latência. Nesta última são elaboradas as aquisições de dois estágios precedentes, articulados um ao outro, como se fossem situados numa espiral, para condicionar o seu terceiro estágio, o da organização genital voltada para o objeto externo. O estágio intermediário refere-se ao processo de abandono dos investimentos de objetos internos da cena edípica, outrora erigida pela e em concomitância à fase fálica. Tal desistência não é sinônima de uma repressão, mas da dissolução e destruição da constelação edípica, à semelhança, afirma Freud, da caída de dentes de leite e sua substituição por algo duradouro (Freud, 1924/1977c). O que se substitui, e é este o ponto que destacamos, é o corpo, que retoma os investimentos autoeróticos infantis, mas sob novos auspícios, em nova organização. Morada própria, lançada e assumida (após seu preparo em latência e seu teste na adolescência) nesta saída ao mundo em que se instaura a alteridade - o investimento e o endereçamento ao objeto externo. Para entendermos esse devir do corpo, vou focar o primeiro estágio que condiciona este segundo, o da castração.

Freud observou que as primeiras descargas pré-genitais obtêm satisfação autoerótica (da sexualidade infantil perversa-polimorfa), porém geradas em relação a objetos parciais, como se transcorressem em terreno indistinto, de fusão com a mãe. Em certo momento, o seio, ao qual a criança se dirigia (até então), é percebido como pertencente a um corpo, a um outro.[3] Trata-se do esboço do objeto total e, concomitantemente, de si, do corpo próprio. Nesse momento, as moções pulsionais são, por assim dizer, "apropriadas", percebidas como oriundas de si, autoeróticas. Aqui se instaura o estágio do narcisismo, o secundário. O sucesso deste depende, como frisa Freud, da sedução materna, dos investimentos amorosos primários - da corrente terna estabelecida pela atenção do adulto às necessidades da criança - que estimulam e permeiam toda a atividade sexual pré-genital infantil.

A futura dissolução do complexo de Édipo depende da referida demarcação entre os corpos, já que a configuração edípica implica, em função da primazia do falo, a transposição do narcisismo sobre ele (Freud, 1923/1977b): "salto mortal" (Lacan), já que a dissolução incide sobre este "investimento colossal do pênis" (Freud). Entretanto, essa "morte" do Édipo não permite ainda lançar o corpo "em público". Para tanto, para que o corpo - criado e montado, na origem, sob o teto do objeto, em terreno indiferenciado do narcisismo primário - possa sair ao mundo, ele precisa se equipar apropriadamente. A latência é o preparo para a entrada na cultura: processo de aquisição de sentimentos sociais (Freud, 1905/1977a) no qual investimentos pulsionais cedem lugar às identificações e às sublimações em torno de ideais, constituídos e manejados pelo supereu, herdeiro dos agentes ("mortos") da lei edípica. Internalizar a interdição acarreta inibições dos fins das pulsões, tributárias de formações reativas (vergonha, nojo), passando a integrar o caráter nascente, moldado pelos rearranjos - agora sob a égide da ameaça de castração - dos cortes precedentes (nascimento, desmame, higiene anal) que foram aplicados, na história da criança com os

3 "Eu sou o seio. Somente mais tarde, eu o tenho, isto é, não o sou" (Freud, 1938/1991c, p. 364). Formulação final sucinta ao que tem sido sustentado por mais de 40 anos, sobretudo no terceiro ensaio do livro de 1905.

adultos, sobre as organizações pré-genitais centrais da libido (oral, anal etc.).

O corpo está, então, pronto para ser lançado. Não há como postergá-lo, já que as presentes ondas intensas da sexualidade insistem. Estamos na esteira da adolescência, e a ideia de um teste não é apenas metafórica. A psiquiatria e a psicanálise assistiram nessa passagem à eclosão das psicopatologias. O corpo que vinha sendo constituído pelas coordenadas arquitetônicas da lei edípica se vê, progressivamente, obrigado a abrir mão da morada parental, de seus afagos e, em última instância, dos andaimes imaginários da trama edípica, para se defrontar com os objetos externos. O corpo nasce, então, estonteante, submetido ao teste da diferenciação sexual – sobre o fundo da bissexualidade originária – e suas implicadas ambiguidades, verificando-se, também, a sustentação das novas correntes sensuais pelas e sobre as afetivas,[4] ternas, dos amores primitivos.[5]

Os impasses e fracassos na emergência do corpo devem-se aos traumas em estágios precedentes, que se denunciam em função dos pontos de fuga, da regressão. Essa pode vir a se manifestar tanto no regime corporal (como na histeria – na zona oral) como no da fantasia, por meio das teorias sexuais infantis e dos romances familiares e o universo afetivo que lhes é implícito. A histeria ilustra esse recuo e a hesitação em "botar o corpo no mundo, para fora". Os casos clássicos (Anna O., Lucy, Katarina e Elizabeth) revelam o

4 Sobre os destinos malsucedidos da articulação do amor primário, da ternura, na sensualidade nascente, imperando a dissolução do complexo, ver os três ensaios de Freud sobre a psicologia de amor (1910/2013b, 1912/2013c, 1917/2010).

5 Traçamos o percurso da sexualidade no eixo espiral, isto é, numa dialética de retomada constante dos *spires* dos estágios precedentes: na famosa operação do binômio freudiano por apoio e *a posteriori*. O que é insuficiente, pois notamos haver um tempo misturado, explodindo (Green) de e em várias direções.

refúgio nas ternas correntes infantis (Anna O. e Lucy) ou na glória familiar de outrora (Katarina e Elizabeth), diante das emergências sensuais, do desejo, do corpo.[6]

Outras concepções psicanalíticas sobre a passagem pela adolescência convergem com o recorte freudiano; elas acentuam o renascer do corpo, da alteridade, da oposição dos sexos. Por exemplo, em Winnicott, o "botar-se fora" efetua-se com a ajuda do pai, pela pulsão de destrutividade, que dissolve os envelopes do recinto projetivo e subjetivo do objeto.[7] O sujeito acorda, então, em um âmbito objetivo, compartilhado, sentindo-se real em meio a seres reais. Cavar o caminho ao universo real resulta, segundo essa descoberta, da colaboração entre a moção destrutiva e o vislumbre do pai, como *molde* (*blueprint*) exterior ao recinto materno do narcisismo primário. Um processo turbulento, ao termo do qual nasce o autêntico *amor* a um verdadeiro *outro*.[8]

Na obra de Meltzer (1967, 1973, 1992, 1994), a adolescência é um tema central. Meltzer anda em paralelo com Freud, porém em diferente meio: o autoerotismo é visto por ele sob a ótica claustral e geográfica do corpo. As organizações pré-genitais figuram territórios demarcados de regimes instaurados pelas modalidades operativas da libido (futuras relações de objeto), definidas por Abraham (1924/1977b). O palco kleiniano inicial da trama edípica (a "briga" entre os bebês e o pênis do pai) ocorre no interior do ventre materno.[9] Em Meltzer, esta área do narcisismo primário torna-se geogra-

---

6 Razão pela qual Freud apontara o caráter por excelência histérico da adolescência (II parte do *Projeto de uma psicologia*, 1895/1995), embora hoje ela seja articulada entre os casos-limite e a contemporaneidade.

7 O "pai" aqui aponta para aquele que desponta, sobretudo, na mente da mãe.

8 Cf. os capítulos sobre o *uso do objeto* em Winnicott (1989). Sobre isso, ver também Delouya (1997).

9 A volta mítica ao útero é uma das fantasias centrais que nutrem as teorias sexuais infantis em Freud. A diferença entre Klein e Freud é uma inversão. En-

fia de zonas pré-genitais, as quais o sujeito habita e nas quais reside. A identificação projetiva intrusiva[10] é o modo regressivo, de fuga, para voltar a habitar essas regiões quando do teste da emergência turbulenta do corpo no mundo, ao se defrontar com a alteridade e a oposição dos sexos.[11] Os fracassos neste trajeto da libido denunciam-se pelas confusões de zonas, entre objetos parciais e totais, entre objetos internos e externos... A analogia com o desenho freudiano de 1905 é visível.

Vou encerrando essas breves e áridas notas em torno do sofrido surgir do corpo, quando este, segundo Freud, se embrenha e se impregna, em imagem e investimentos, das referências simbólicas; como na tragédia do Édipo, quando ele toma consciência do corpo envolto tanto no leito incestuoso da mãe como no sangue derramado do pai. Já no nosso rapaz, o corpo não se sustenta entre os homens. O olhar gera, projetivamente, dúvida sobre a diferenciação sexual. O temor e a excitação, sobretudo em banheiros – tão característicos em homens adolescentes –, acerca da masculinidade/ homossexualidade voltará ao palco de seus sonhos durante um bom tempo da análise.

Em outro momento diz: "gosto quando falta luz; todos ficam, então, ao redor, na sala, à luz de velas. É o único momento em que me sinto em família". Fico tocado, sendo evocado o ar rarefeito da família, mãe deprimida e pai afastado (mencionados na entrevista).

---

quanto a trama edípica de Klein (que ela denomina pré-edípica) se desenrola no ventre, no âmbito narcísico primário, o ápice da cena freudiana, a ameaça de castração, incide sobre o investimento fálico, seu valor narcísico, levando à dissolução do complexo.

10 A identificação projetiva opera, aqui, não para dentro de um objeto externo, mas para dentro de si, para dentro do corpo materno da fantasia, o interno (a cisão é implícita aqui).

11 Essas fugas e esses recuos Meltzer engloba nas patologias de pré-maturidade, análogas às de *falso self*, de *como-se*, fazendo parte dos conhecidos *casos-limite*.

Se, no entanto, pontuo sua solidão e necessidade de ternura, de "família" – que ele não parece poder sentir e abrigar de outro modo (isto é, internamente) –, ele recua, reage, "se faz de adulto". Seria este movimento uma defesa à ameaça de penetração ou reação à deflagração de uma carência, de demanda infantil junto à mãe? Neste período, traz outro episódio: "fiquei com uma menina", mais velha, mas logo se decepciona com seu "papo": ela é superficial, inferior. Quando ela tenta chegar mais perto, lhe parece vulgar, lasciva. O contato o deixa, no dia seguinte (no feriado), enojado. Seu humor cai, e ele se enclausura no apartamento da praia, onde fica ruminando em pensamentos e em desespero diante da figura, fixada na parede da sala, da Santa Maria e do menino Jesus.

Essa sequência ilustra o recuo, discutido anteriormente, à simetria da roda familiar ("quando falta luz") e aos afagos e ternuras maternos (análogo ao que Freud descreve nas histéricas), diante da dessimetria (oposição dos sexos) do significado genital. O que fica enigmático é a sua reação comigo: solicita, parece, minha compreensão, mas, quando me aproximo, levo patada – ele corta. Padrão que sugere certa prontidão a adentrar a posição depressiva, mas que logo se desfaz, vertendo-se para a desconfiança esquizoparanoide. Suspeito, contudo, de uma ambivalência entre, de um lado, o desejo e, de outro, a defesa, opondo-se à penetração pelo pai. Seja qual for a opção teórica, suspendemos o entendimento deste encadeamento pela dificuldade de manejo desta situação.

O pai transparece bruto: é grande, gordo e o trata no grito, portanto, indisponível à escuta. Porém, algo o desperta (sinto eu) no pai; algo que ele desdenha, mas que, veladamente, admira. O pai provê as coisas, e é só com este que ele e a irmã viajam, vão aos concertos e aos museus. Pude deduzir que é na ampla biblioteca do pai que vem "fuçando" em livros de filosofia, literatura e poesia (Nietzsche, Hesse, Pessoa, Assis, Rosa etc.), dos quais ele cita trechos para dar vazão aos protestos existenciais: "nos ensinam a ler jornais, cumprir horários e provas... não somos mais do que uma fabricação. Eu desisto desta bosta de civilização". Como Zaratustra, queria se refugiar, sem volta, na montanha onde escreveria um livro que concluiria com uma longa gargalhada sobre a medíocre vida dos homens. "Tudo que eu queria era alcançar um estado constante de desprezo a tudo, sobretudo a mim". Seu lema é, como seu ídolo Brás Cubas, rir dos vivos, estando morto...

Esses jorros discursivos enunciavam-se em voz triunfante, de desprezo, mas sem deixar de fazer transparecer a mágoa e a decepção com alguém. "Ele [o pai] deve ler Nietzsche e Schopenhauer como lê essas bostas da *Folha de São Paulo* no café da manhã", reclama um dia... O pai, culto, dedicou-se à área de educação, mas na última década se tornou fiscal, portanto, com "mãos sujas", como explicita um dos sonhos do segundo ano de análise.

Parece-nos que ele nutria a fantasia de um pai forte e incólume que os levaria protegidos (a ele e à irmã, como nas viagens) ao belo e farto mundo, podendo esquecer terem deixado nos fundos a mãe deprimida e convalescente. Se esta teoria infantil – que, segundo Freud (1927/1985b), se resguardava na psicose grupal da proteção divina – nos era trazida com certa candura (como uma realidade familiar), era a impossibilidade de abrir mão dela, de desmontá-la, que se colocava ali no drama desse jovem que já alcançava os seus 20 anos. Pois, ao contrário de suas fabuladas metas, estava longe de realizar o estilo do estudante que vaga divertido e despreocupado ("que não tá nem aí"), ou o do militante social de nossos anos de faculdade. Tinha todas as condições sociais e econômicas para relaxar, mas, a despeito de sua vontade, havia essa "merda do corpo", palco teatral de dores e tensões musculares – que o acompanhavam, como vai lembrando, desde seus 8-10 anos –, além de insônias e ansiedades, surgindo diante das pressões do tempo, para comer e estudar, e de outras tarefas como as provas. Aspectos que trazia quando conseguia se aproximar, se aterrissar do medo que o fazia desprezar, fugir e voar no arrogante e debochado discurso das vontades de poder...

A impossibilidade de levar a cabo o emergir do corpo no mundo o impelia a recuar para a ilusão infantil de proteção pelo pai. Mas a urgência das pulsões tornava o pai – projetivamente – cruel, culpado do mal sexual, verdadeiro pai da horda. Havia o medo, a impotência em não conseguir sobreviver à morte simbólica do pai. Reconhecia esse impasse, sentindo-se prostrado diante da incapacidade em se imaginar saindo de casa e vivendo às próprias custas. Para poder "assassinar" o pai, dissolver a trama edípica e tornar-se portador da palavra, da conversa com os homens – situar-se entre eles –, é preciso, afirmava Freud, ter sido protegido ternamente pela mãe, verdadeira mensageira da castração.[12] Caso contrário, as reverências e medos infantis ao pai transformam-se em embate imaginário, especular e impotente, entre o autoritarismo paterno e a mania onipotente, de deboche e revolta, do grupo adolescente. Não poder enfrentar, encontrar e conversar com o pai tornava o último velho, gordo e grosseiro – "bom" só para liberar o carro, as horas (de sair e entrar) e os "chequinhos". Medo e contrariedade silenciados – bastante notáveis conosco, embora disfarçados –, deixavam pouca área permeável ao brincar e à intimidade. Algo da ordem da passividade (penetração pelo pai), que era preciso negar ou afastar, pois convergindo com "aspectos maus" infantis, identificados como pertencentes à mãe (deprimida, desvalida e

12 No mito freudiano (1912/2013c), ampliado em 1921, em "Psicologia das massas e análise do eu", a revolução do regime da horda para a sociedade fundada em lei é feita pelo "primeiro poeta", assassino do pai que desce para conversar com os irmãos, instaura a lei do pai morto e cuida das divisões dos bens e das mulheres. Foi cultivado, incentivado e capacitado para tanto pelos cuidados, ternura e amor das mães, das mulheres.

desvalorizada por todos).[13] Demandas ternas e afetivas secretas que ele negava, porque estavam prestes a deflagrar as moções inconscientes incestuosas com a mãe – o que de um lado, acarretava amores platônicos com as amigas e, de outro, imantava o desejo pelas mulheres com a marca incestuosa conversiva: tornava-as bobas, superficiais, nojentas... A seguir, passamos a ilustrar parte desta trama.

A mãe, ou o seio entre a luz e a sombra

Nas fronteiras de batalha encontram-se: (1) as "meninas": os risos soltos de belas estudantes que o fitam cochilando na poltrona do centro acadêmico. Desperta assustado. "Foi apenas um sonho, mas fiquei bravo": baixou a guarda, e elas, mulheres, flagraram sua suposta expressão infantil; (2) ser "penetra": curioso pela filosofia, vai à palestra de M. Chauí. Sentado, observa estudantes procurando assento... e ele, com tensão crescente e infundada, teme ser pego, ocupando lugar indevido; (3) o casal do sonho: no amplo terraço de um arranha-céu, em noite de lua cheia, sua professora e J. Lacan aplicam-lhe testes, figuras de Dalí, nos quais fracassa. São, então, três cenas de exclusão sucessivas, cada qual remetendo à outra: das mulheres, entre os "homens" e do casal.[14] Havia mais um abrigo, além da reclusão na imaginada montanha, no qual poderia se refugiar: a moçada. Beber, fumar, zoar. Zoar – gíria para a mania do grupo adolescente, desfazendo, festivamente, qualquer

13 O complexo de Édipo invertido, a penetração pelo pai, uma identificação com a posição da mãe na cena primária, retoma e ressignifica a passividade originária ao objeto primário, a sedução primária ao objeto, conforme Freud voltara a enfatizar nos trabalhos finais sobre a feminilidade (1931/1977e, 1933/1975).

14 Imitando, curiosamente, as três protofantasias freudianas: sedução, castração e cena primária. Porém, em Freud, são moldes de inclusão na vida, e não de exclusão como na fantasia originária de Klein.

vestígio de consciência nascente, separada. Ele ia longe nisto, até ser barrado e repreendido pelos colegas: "tu tá exagerando". O que sugeria a imagem do rodopiar hilariante de crianças, demandando uma intervenção.

Por que se sente assim? Por que essa atmosfera tensa, pouco amigável conosco? "Me senti um fiasco na sessão passada, mas hoje assisti *Nelson Freire* e vi que alguém, apesar de esquisito, pode se tornar notável". O "fiasco" produziu um sonho cuja lembrança gerou nele um nojo: beijava, no início de uma transa, a barriga deformada de uma grávida. Ele se sentia, pensei, um feto deformado, mas que devia se tornar notável. Disse-lhe que ele pensa ter gerado, na transa da sessão passada, algo deformado...[15] Triunfante, corrige-me: "o filho não é meu, ela já estava grávida". Passei (herdei dele), então, a me sentir um "fiasco". Porém, essa recusa de acasalamento ("não dou para você; você não vai me engravidar") teve "efeitos". Na sessão seguinte, sonha com policiais que emergem das ondas do mar e com cães treinados, fechando seus caminhos de fuga. Antes que eles o alcancem, ele se joga no chão e arremessa para longe o "baseado", vendo-o se molhar nas poças de água da rua. Revistam-no, mas ele se recusa a tirar as cuecas, pois teme o toque anal; eles passam as mãos sobre suas genitálias; ele protesta. A seguir, uma colega se aproxima, enfia o dedo no seu ânus e degusta. Ele tenta beijá-la, mas ela se recusa, "não partilha" algo que, afinal, lhe pertence. Na noite seguinte, chora, em sonho, a perda do avô e sente que belas vivências passam. Falei-lhe do seu temor em ser revistado e penetrado e de perder os seus pertences. Ele reage: "odeio ficar melancólico, sentir falta de coisas que não me pertencem... Não quero me apegar a nada: é coisa besta da sociedade". As ligações, digo-lhe, implicam a dor de separação.

---

15 Tive em mente a ideia de o nojo ser a consciência de incesto em meio a um casal parental "deformante".

Nas sessões seguintes, os assuntos intercalam ligações platônicas com algumas amigas, girando em torno de temas culturais, com outras perigosas, ligadas ao suplício do desejo. Ele tenta, então, confiar em minha inofensiva presença: sonha que dialogamos, deitados lado a lado, em divãs paralelos. Digo-lhe, no sonho, que levei algo que ele me disse para meu analista, o que o torna importante para mim. Porém, a dessimetria ameaça voltar: sonha que vai com um amigo "desencanado" ao banheiro. Este urina sentado, como menina, enquanto ele fica aflito com uma possível invasão do lugar. O que está em jogo é a atração por uma colega bonita, que o atiça, mas na qual não confia ("é fácil, mas se faz de santa"). Há, então, um recuo: desperta de um sonho em que quatro homens entram no banheiro em que estava urinando. Cansado, volta a Nietzsche, ao ideal de ser "inútil como minha cachorra que só come e dorme, e que considero o ser mais importante da casa. Quieta, chega para receber um carinho e depois se retira, sobretudo quando volto bêbado". "Como criança que não sabe de nada", reajo. "Sim", concorda ele.

Apesar deste recuo, ele retorna à zona intermediária nesta gangorra sofrida em que o desejo, genital, lança-o de volta para a ambiguidade anal. Sonha estar lanchando no Bob's, "primo pobre do McDonald's". A atendente cobra dele um absurdo pelo sanduíche minúsculo. "Grito com ela, como faz meu pai." Ela lhe dá um desconto, mas o preço continua altíssimo. Na sequência, outros sonhos, reiterando cenas da infância: procura a prima no quarto (cheio de seus bebês) e vê o primo, loiro e bonito ("ninguém diria que somos primos"), brincar com ele, enfiando, como na puberdade, o dedo no seu cu. (Parece que ele se compara – "fiquei para trás" – com os primos – bonitos e já com bebês. O desejo sexual lhe é absurdamente caro, além do mais ele recebe oralmente muito pouco num endereço pobre – Bob's, primo pobre do McDonald's.) No último sonho, o avô o ignora em uma rua de prostitutas, onde encontra a moça negra da lanchonete da USP. No fim desta série, ele associa com a gíria "conseguir um 'Bob's' com ela", que significa sexo anal. Eu o remeto à conduta do avô, e ele, animado, reage: "é, eu queria que ele fosse natural comigo, alegre; que fôssemos juntos ao prostíbulo".

A sequência acima sugere um elo possível entre o quadro clínico e sua atitude conosco. Como busquei ilustrar, ele nos desautoriza, não aceita de nós o falo que ele parece, neste sonho, solicitar à linhagem paterna. Trata-se, talvez, de algo com que Freud e Abraham tiveram de se haver, em torno da analidade, na árdua diferenciação (Freud, 1915/1991b, 1923/2011; Abraham, 1911/1977a, 1924/1977b) entre a neurose obsessiva e as narcísicas. Freud deparou-se com um tipo de resistência no Homem dos Lobos (1917/2010), que é diferente de uma negação oriunda da repressão: trata-se da recusa (*Verleugnung*), do desengajar-se (Green) ou da desautorização [em duplo movimento, desautorizando-se, cf. Figueiredo (2003), ao não autorizar a penetração do outro – o pai]. Cisão que nos remete à descrição da analidade primária (Green, 1993), uma rígida e veemente guarda de território, sobretudo sobre os "pensamentos";[16] espécie de morada ou retenção anal no objeto primário, indicado neste sonho pelos motivos orais (lanche...).[17]

Referimo-nos à cisão, inicialmente no sentido fenomenológico – como um corte que vivenciamos na sua conduta conosco –,

16 A relação entre recusa, desautorização, desengajamento e caso-limite foi levantada, além de Freud, por Green (1993) (onde também anexa a analidade primária) e Figueiredo (2003).

17 A hipótese da ação da *Verleugnung* nos deixa inconfortáveis, já que a semelhança com casos-limite não nos tranquiliza. Por outro lado, não podemos assimilá-lo a uma problemática obsessiva, como a do Homem dos Ratos, que nosso paciente pode, eventualmente, evocar. Entretanto, já nos deparamos com dificuldades de maturidade – em que a *Verleugnung* é transitória –, situadas entre constelações obsessivas e narcísicas.

mas que converge com certa rachadura no eu, uma divisão gerada pela *Verleugnung*, como Freud insiste em uma série de artigos (1923/1977b, 1927/1977d, 1938/1991c). Aponta para uma tentativa de se desvincular da dependência infantil ao objeto primário, o que, paradoxalmente, só a faz aprofundar e aumentar, alargando o isolamento e desespero dele, em vez de abrir essas necessidades primárias da libido ao desejo, ao objeto externo – o que vai sendo revelado nos seguintes meses de trabalho que passo a descrever.

A dialética entre a fuga ao poder da moçada ou às palavras de filósofos e poetas, de um lado, e, de outro, o encontro com as próprias fraquezas do corpo nascente é observada no cotidiano, sendo explicitada em sonhos. A análise acontece, prossegue. O sonhar o conforta, confessa-me, dando-lhe trégua em meio a esta dureza toda. O sonhar, dizia Pontalis (1974), é um objeto ou o esforço de manter a união impossível com a mãe.

Assim, ele está, em sonho, na Arábia, entre homens condenados ao corte da mão;[18] amputam a mão dele, mas, como se não fosse com ele (sem dor, nem medo), refugia-se com um amigo na floresta. Comento: "parece que tá pouco se lixando". Intrigado, confirma, "tô!".[19] O fim de semana chega, e na segunda-feira ele narra um sonho em que parece ter havido um acidente na rua, a mãe some na confusão, e ele sobe com a tia para a casa, onde os dois, em silêncio, andam preocupados com o paradeiro da mãe. A tristeza nos toca. Ele se intriga com o silêncio carregado entre ele e a tia. Após minutos, narra mais sonhos: o amigo lhe compra, após a Páscoa,

---

18 Este sonho vem na sequência de outros em que aparece a tendência da masturbação e o medo de reconhecimento ou de condenação por parte de um amigo ou do pai.

19 Evocando-nos as correntes psíquicas da infância em relação à castração: "será que ela existe" e "não tô nem aí", das respectivas recusa (*Verleugnung*) e rejeição (*Verwerfung*) da castração, que Freud destaca em meio ao brincar do pequeno Hans e do Homem dos Lobos, persistindo na vida adulta do último.

o ovo de chocolate Lacta de que mais gosta, e eles – incluindo a "menina" na qual não confia – caminham, comendo e zoando, até a piscina. Lá, no alto, enxerga, impressionado, Nietzsche acorrentado e enjaulado. No último sonho, há um vilarejo de casas, onde só é permitido acender uma luz, num só compartimento. Ele está em uma das casas e numa sala acesa, junto ao pai e à irmã.

Acidente, mãe ausentada, dúvidas sobre seu paradeiro: eis as vivências – depressões e internações da mãe na infância e a angústia de estar à sua espera – que adentramos, delicadamente, nesta ocasião. Esta carência (chocolate Lacta branco evocando lactente) que tenta compensar pela companhia dos amigos. Até Nietzsche, mestre do poder na solidão, fica acorrentado se não reconhecer o lugar da mãe para o trabalho da ausência. "Por que só confio nos homens?", pergunta, mostrando-se próximo. Pôde então ligar a desconfiança da moça, que o atrai, com a ausência da mãe, com a insegurança que ela gerou nele. O "gosto quando falta luz" foi evocado pelo último sonho. Dei-me conta que representei a luz de seu pitoresco sonho como formada por um lustre que desce do teto e gera "um cone de luz como de um seio". A "mãe" só ilumina a "sala". Tal dependência – a "família" (interna) sustentada apenas pelo seio-luz concreto (que não migra, simbolicamente, aos quartos, para fornecer luz ao próprio aposento) – certamente encerra uma fragilidade do ambiente materno de origem. Da mesma forma que deixaram para trás (ele, o pai e a irmã) a mãe deprimida – embarcando em viagens e diversões –, ele tende a se distrair da sua fragilidade (passividade, "aspectos 'maus'"), voando e zoando junto à moçada. A percepção atingida, neste instante, é prenhe de dor, tendendo a se desfazer nas semanas seguintes. Por exemplo, logo após essa série, ele conta, zoando, numa roda da faculdade, que acabou de receber nota zero na prova de recuperação (face ao estudo para esta prova sofreu de fato insônia, tensão e mal-estar físico) e lhes narra, também, o sonho da noite em que "comi o Brad Pitt", imitando com gestos obscenos, em cima da mesa, a cena – todos, em volta, adorando o "show". O sonho ilustra a referida negação e recusa da passividade. No final dessa semana, volta a ameaça de contaminação depressiva: vai com um amigo "à zona" e, na transa, o preservativo rasga, o deixando "com noia"!

Focamos, a partir de algumas sequências clínicas do primeiro ano de análise, o movimento oscilatório entre alguns pontos de condensação e seus retraimentos, e a retomada constante de tais ciclos, cada vez em outro patamar – nem sempre perceptível –, do que parece constituir essa espiral em que gira a vida psíquica: elaboração, segundo Freud; oscilação bidirecional entre posições, segundo Klein e Bion. A seguir, pretende-se traçar os movimentos mais gerais do segundo ano de trabalho até sua interrupção.

O casal, seu lugar no fracasso do desejo

Os sonhos de banheiros e as angústias que suscitaram deram-nos folga; voltam-se, neste momento, aos dramas dos casais. Roteiro onírico que se realiza, muitas vezes, ao longo do trajeto escolar, da escola primária à atual universidade. Em um trecho onírico deste gênero ele atravessa uma academia e se depara com um cão buldogue, à guarda de uma mulher gorda em treino, e que ele reconhece como a bela e jovem moça do pôster fixado na entrada do lugar. Ele comenta, então, que "Marcela" ("menina" suplício) "é Mar e Cela, ou seja, prisão – não é confiável", e eu acrescento que mar é como mulher, origem da vida, promessa de prazeres, mas, para quem adentra, pode vir a ser encrenca.[20] "Todas as mulheres são assim", reage ele, entusiasmado com nossa sintonia, mas me

20 Cela é, também, na nossa associação, homofônica a sela, ou seja, com seu desejo e a sua grande dificuldade em se equipar de algo para poder domar e desfrutar da vida amorosa e sexual, conforme, aliás, a imagem conhecida de

repreende, quando comparo o mar e a mãe e digo que, na evolução, este meio migrou do exterior ao interior do corpo. Não obstante, conta, no dia seguinte, ter sonhado com uma situação que se alastra desde sua infância: ele está deitado de bruços, lendo e comendo bolachinhas na cama. Aí, toma, do nada, bronca do pai; chora e soluça. A mãe apressa-se a consolá-lo, trazendo-lhe água (figurando uma dependência ao meio afetivo materno, portanto ainda concreto, situado no exterior). No preâmbulo desta recitação, ele explica que o quarto da irmã se encontra entre o dos pais e o dele. Como a irmã está, nesse momento, no exterior, a mãe ocupa o quarto dela, do meio, entre o quarto dele e o do pai. Fica claro, então, por que (afirma ele após intervenção nossa) não sabe dizer o que é pior: a bronca do pai ou o consolo da mãe. Na segunda parte do sonho, vê na rua o buraco do ânus de alguém, que associamos ao seu próprio (deitado de bruços), alvo da arbitrária ("do nada") penetração do pai.

O que é pior? O conluio da mãe - e dele com ela (como ilustra a bronca que ele nos aplica) - ou a impossibilidade de conversar e enfrentar o pai? Na semana seguinte (antes das férias) sonha com a corrida entre três carros: um da Fórmula 1, outro velho (no qual ele está com o motorista) e o terceiro despencado. No meio do caminho, os dois últimos dão uma parada, e os motoristas descobrem, pelos emblemas nas chaves de seus carros, serem irmãos gêmeos, separados desde a infância. As associações destacam os gêmeos (imaginários, Bion) - ele e a mãe (despencada - desvalida). Após o encontro, seu carro ultrapassa o do pai, da Fórmula 1. O conluio com a mãe parece abrigar uma "promessa" e talvez seja a causa preponderante da impossibilidade de lidar com o pai. Por que a mãe se coloca "no meio"?

Freud em que assemelha o cavaleiro sobre o cavalo com a relação do eu com o isso.

A sequência acima precisa ser descondensada, pois o pivô desta trama é a sofrida e sôfrega relação com Marcela. Ela não sai da cabeça dele, embora ele não queira saber dela. Bonita e sedutora, e gostando muito dele, ele, por seu lado, acha-a hipócrita. Por quê? Não só porque ela "ficou" com outros rapazes, e até com os imprestáveis, mas porque em certo momento, na intimidade, a dois, ela se mostra próxima, compartilha interesses e problemas pessoais, até chora. Mas logo depois, estando num bar, sentada ao lado de amigas, ele a observa mergulhada em banalidades, "merdas burguesas": "Ela é fútil"! Aí, não dá para aguentar, ele se manda bronqueado, prostrado e decepcionado. Este ciclo não para de se repetir. Enquanto isso, ela o espera. Acaba ficando com ela e gosta, mas "assim não dá!". Ela, de seu lado, cansa, e quando arruma alguém "fixo", ele cai na mais dolorosa e atormentada melancolia, ciúmes e impossibilidade de tirá-la da cabeça...

Uma novela, certamente! Resolvi apresentá-la assim. Não obstante, vale destacar, aqui, o fracasso em integrar as moções ternas, o amor primeiro, para dentro das correntes sensuais, da sexualidade adulta nascente. Quando surgem dificuldades neste trabalho da esteira da adolescência, geram-se, diz Freud, incontáveis padrões amorosos, regressivos, reerguendo, na vida adulta, mães substitutas, fixadas em roteiros de romances familiares e teorias infantis da trama imaginária, do Édipo (Freud, 1910/2013b, 1912/2013c). Nele, porém, não há ainda padrões e deformações neuróticas constatáveis. O que vemos é uma imaturidade, ainda dentro do "caldeirão adolescente", embora os problemas sejam visíveis: "a mãe do dia", próxima e íntima, não se mistura, não se integra à "mãe da noite" ("puta" que goza e geme, na cena primária freudiana). Pois é essa última, a fútil, que surge concomitante à representação do corpo, seu e de Marcela (ele não aguenta vê-la "lá fora", falando "merdas"). Toda essa trama se abre então, no trabalho da análise, sobre sonhos e a vida do casal parental. O meio afetivo (mar/mãe) não se integra, mas é buscado concretamente, também em relações ditas platônicas, nas quais procura sossegar-se. Se focarmos, agora, a mãe, ela se coloca no meio, ofuscando o pai.[21] Parece não gozar com e do pai (na mente do paciente, mas é provável que, também, na vida real). Nele, a sexualidade, a mulher que o atrai, bonita, transforma-se, rapidamente, em mulher buldogue e/ou prepotente, como em outro sonho do período (onde uma mulher os priva, a ele e aos homens, do espaço e da comida). Essas imagos ameaçadoras, aglomeradas com as necessidades de suplência constante de ternura e afagos, e cindidas da sexualidade, resultam – como souberam explorar muitos escritores (Dostoiévski é um dos mais conhecidos) – de fracassos do ambiente de origem. Para nós, a carência está na função mensageira (Freud) da mãe.[22] O seu recuo depressivo talvez seja indício de falha simbólica, porém não das mais graves.

O cão raivoso volta, mas trazido por ele, ante qualquer suspeita de "tocarmos sua mãe". Por exemplo, "ficou" com Marcela e sonhou que ela o leva ao restaurante; ela para o carro longe para não pagar estacionamento. O lugar é precário, e a carne do estrogonofe

21 Freud, no entanto, não se deteve tanto, naqueles anos 1910, sobre as origens desta falha no objeto, algo que elabora mais tarde em relação à feminilidade (1931/1977d, 1933/1975).

22 A "mãe mensageira da castração" (Freud) refere-se à sua função de propiciar à criança condições psíquicas, simbólicas do sujeito. Nestas incluem-se os usos dos conceitos de *holding* e continência (Winnicott e Bion), originalmente aventados para tratar de falências psíquicas nos *casos difíceis*. Fracassos simbólicos refletidos na citada trama do mito freudiano (1921); no medo da *WOMAN* que, segundo Winnicott, resulta das falhas na *preocupação materna primária*, devendo-se, como reconheceu no final da vida, à ausência do molde do pai na mente da mãe; se a mãe, diz Bion, não tiver amor pelo "pai", ou pelo bebê, como ente separado, não ocorrerá *rêverie* – não poderá dotar a criança da função e do aparelho psíquicos –, o bebê vai ter de lidar com as consequências de um medo *sem nome* e de um *vazio infinito*... Lacan, mais sistemático, fala neste contexto do retorno da figura do espelho, *tutelar, totalitária e obscena*...

(o seu prato preferido) é rala: "não é como a da minha mãe". Eles se beijam, e, como no filme *O homem que copiava*, ela diz que matou o pai dela, e ele paga a conta com nota falsa. A seguir, ri e, zombando, diz: "você deve pensar na minha mãe". Respondo: "foi você que disse não ser como a da sua mãe". Bravo, reage: "a análise são histórias, muda nada..."

Gostaria de assinalar, neste momento, três movimentos entrelaçados, acentuando-se, porém, de forma diacrônica. As dificuldades de desejo junto às "meninas", à mulher, o remetem ao apoio de retaguarda que mantém, nos fundos, com a mãe, o que faz nascer o corpo: os sinais de se medir em relação ao pai. Por outro lado, este ressuscitar temeroso do embate edípico o leva a procurar um refúgio na companhia das crianças. Eixos de movimento que se desdobram no campo transferencial junto à trama exposta no material.

A mãe o consolava, mas não era capaz de atendê-lo verdadeiramente – algo soa ralo, precário, conforme o sonho citado. No divã, ele tendia, durante um bom tempo, a coçar, vigorosamente, os olhos, e quando levantava, parecia ter estado sob forte e ofuscante luz, sendo que a luz da sala provinha apenas da luminária lateral situada ao meu lado. Pode-se pensar que ele recusava "enxergar" algo ali, mas esperei até o momento em que trouxe a lembrança da coordenadora da escola primária que o chamou para sua sala e disse "você coça os olhos, fazendo-se de coitadinho; pare com isso, e me conte o que você aprontou!". Era o que ele me suscitava; a vontade era fazer o mesmo, mas me contive. A "bronca" na escola deu início às dores, somatizações geradas em reações às pressões de autoridades. A busca de carinho e mimos "materiais" indica, segundo Bion (1962/1991), seguindo Freud (1912/2013c), uma falha na função de pensar – portanto simbólica –, remetida, em última análise, a carências nos cuidados do objeto, na *rêverie* ou, como sugere o episódio descrito, à falta de atenção do adulto (Freud,

1895/1995): ele não foi escutado. O buldogue vem daí (conferir nota de rodapé anterior sobre Winnicott e Lacan); bem como a impermeabilidade ao pai.

Em um sonho, três meses após o da bronca do pai, ele está diante de uma enorme estátua de um deus grego que logo é derrubada por uma explosão, junto como outros prédios da região. Ele fica desesperado, sente uma sede "mortal", e pede água à mãe, começando a segui-la correndo enquanto ela caminha normalmente, evocando a criança que tenta seguir os passos do adulto. Sonho que surge em reação a algo que "a menina falou e que quebrou minhas pernas", mas que nas sessões seguintes relaciona com "meu pai tem um cabeção, como do deus grego, mas eu não consigo pô-lo no chão: sou um fracasso total". O corpo implode quando tenta se colocar diante do pai. Se abrir mão do pai todo poderoso, a mãe só pode socorrê-lo com água, para que sobreviva, nada mais. Num sonho ocorrido no fim de semana, eu o oriento a atender uma criança trazida pela mãe, um tipo de supervisão ao vivo: quando ele se apressa a conduzir a criança para os brinquedos, digo-lhe "não se apresse". Ele associa essa presença com minha paciência, de esperá-lo vir, tornar-se criativo antes de interpretar, distribuindo elogios à psicanálise. Aponto sua identificação comigo, reconhecendo um possível caminho para ele. Mas quando comento em outro momento, talvez me apressando, que seu envolvimento maior deve-se à sua maior entrega – como a criança no sonho que larga as mãos da mãe, pega sua mochila e entra na sala de terapia –, ele fica desconfiado (da interpretação forçada... Édipo), fazendo um típico gesto de corte abrupto, e o clima muda. Isto nos traz de volta o pai que o submete com suas regras... como se o rude pai invadisse o espaço do brincar que uma mãe-analista viva pudesse proporcionar. Na semana seguinte, mostra-se desesperado: "O que será de mim neste mundo? Não sei o que quero e nem sei fazer nada!". E após mais uma semana, ele, em sonho, afasta os livros de sua escrivaninha, para acender o fogo de um churrasco que prepara para a irmã e os avós. Eu interpreto suas ocupações masturbatórias com os livros e ele sai animado em poder transformá-las em atividades práticas. Aos poucos, na medida que fica "mais chão", inserindo-nos em seu cotidiano e relação com o pai (suas restrições arbitrárias), revela movimentos regressivos contrários, interessantes: descobre ser dotado de talento para a pantomima; é convidado a representar como palhaço em festas de crianças; revela um grande interesse pelo projeto de crianças autistas; ganha grande simpatia das professoras... "As crianças não têm essa coisa falsa dos adultos", afirma. Seus sonhos passam a se situar na escola primária e no jardim de infância. Começa a ficar livre do pesadelo Marcela; ele a deixa, em sonho, para trás, com seu namorado, na mesma classe em que está entretido em desenhar sob a atenção da tia da escola primária. Assume este aspecto "criança", embora só em sonho; permite, ao mesmo tempo, acertar posições em relação ao pai.

Apareço, em seu sonho, no restaurante em que almoça, divertindo-se com amigos. Ao me ver, ele enfia a cara no prato, enquanto grito e rechaço um de seus colegas. Aproveito e interpreto que ele tem medo de mim, como do seu pai. Ele não reage. Nesse período, as dores musculares aumentam e os tratamentos não funcionam... Eu o remeto a sua agressividade enquistada, talvez oriunda de desejos que sente não poderem ecoar nos ouvidos dos outros, mas só nos próprios músculos. Ele reage: "você fala isto e minha vontade é quebrar tudo aqui". Na semana seguinte, sonha com um bebê que nasce de um casal e, ainda ensanguentado, fica em pé para enfrentar um ganso. Seguem-se, então, sonhos em que adere a um casal pelos temores em enfrentar o escuro, e outros em que animais o perseguem, abrindo-se para outra série que põe seu corpo em xeque diante de lutas com homens e animais e em situações de alto risco... Um dia narra um episódio no restaurante francês: tomando vinho, o pai, satisfeito de estar bem servido, diz "isso é que é vida", ao que ele reage: "prefiro ser um primitivo que morde o animal vivo com sangue e tudo". "Ele me tratou como adolescente tolo que não sabe das coisas." Nessa noite sonha que está voltando de carro para casa, ele sentado no banco de trás, e a mãe pede que ele a acaricie nos cabelos, mas ele logo se enche e diz ao pai: "vê se dá um jeito na sua mulher". Comento que ele está farto de ter que satisfazer a mãe e ser satisfeito por ela – quer encaminhá-la ao pai, ao endereço certo, para que ele possa tomar seu próprio rumo, livre deles. Intrigado, gosta do que eu disse, parecendo grato pelo *insight*.

Nesse período, sobre o qual discorri nos três últimos parágrafos (entre o terceiro e quarto semestres da análise) ele nos parece mudado, enfrenta-nos e nos vigia. Assim, fico preocupado, sem saber por que, talvez me acenando um possível rompimento, embora eu estivesse já acostumado com suas agressões e ironias sumárias acerca da psicanálise. Seus silêncios deixam-me por vezes atordoado. Ele percebe a aflição que me gera. Quando comento que seus silêncios, cada vez mais longos, incitam o outro a questioná-lo, ele admite que me testa e evoca situações parecidas com os outros. Em outros momentos, seu silêncio é de uma retirada, e quando intervenho, ele me acusa de invasão. Perguntei-me se ele não me faz sentir como a seu pai, já que de fato eu fico descontente com essa minha conduta. Sinto, também, perder a liberdade, até em conversar sobre a revisão do contrato, em relação aos pagamentos e às férias. Penso que essa situação denota o início do surgir do corpo, em via de encarar o pai. Há, no entanto, essa incitação a invadi-lo, como faz o pai, que talvez ele provoque. Seria para ter pretexto para se refugiar, novamente, nos fundos com a mãe, evitando a saída do corpo para o âmbito dos "homens"? Qual seria a dificuldade?

Impasses e conluio na identificação com o pai

Sonha estar junto com o pai e a irmã, os três tomando um táxi Santana (acrescenta que fora "o primeiro carro que dirigi"), colocando no bagageiro uma cama, e todos se dirigem para uma casa de gente abastada, porém confinada em função de sonegação de impostos. São parentes do pai; a tia reclama que comem, há dez anos, o mesmo chocolate. Ao ser questionado, responde que, de fato, o pai é fiscal há dez anos. O tema da sonegação surge, evocando o conluio com o pai: a mãe convalescente é associada no dia seguinte com a cama no bagageiro, e a casa lembra a dos avós paternos. Associa que, nas relações com as amigas, elas falam de si e ele não... Como a mãe suprimida, digo, "o pai não permite"! Como a tia, ele só pode reclamar, mas permanece refém do "pai", porque depende dele. Dias depois parece buscar um conluio comigo: liga e diz, "não vou amanhã à sessão, joia?".

Ele se retira das meninas e, em um dos sonhos, tias gordas servem-lhe comidas árabes à mesa, embaixo da qual há caixas de conservas importadas, que pertencem ao pai. Quando fica satisfeito, depois de ter pedido sucos e suplementos, agradece às tias que o alimentaram, abraçando-as afavelmente, também para não querer saber com que o pai realmente mexe ("por baixo do pano"). Eis o exemplo de um novo recuo: das "meninas" à mãe que alimenta. Após duas semanas, o pai (que eu "denunciei"?!) sugere, em sonho, que ele trocasse de analista, que vá a um bioniano, já que considera nosso trabalho parecido com o de um psicanalista freudiano que ele assistiu em debate com um outro, bioniano.

Ele abre a sessão seguinte com um sonho de guerra, no qual ele é o único sobrevivente. Morreu ali seu professor chato, embora de renome e admirado. Entretanto, esse último retorna à vida e pede dele de volta as chaves do Santana. Reaparece, então, o carro do pai, o primeiro que dirigiu. O adjetivo "chato" ramifica-se em cadeias nas quais estão o pai, eu e, também, ele, quando angustiado, em situação de ameaça. Ao falar, faço um lapso, trocando Santana por Monza. Nome homofônico ao do professor, mas que surge em minha mente pela imagem do meu carro Monza de muitos anos atrás. Fico, então, impactado com a nítida ideia da presença de um sinal do desejo em "matar" o pai (e a mim), herdar o carro e tomar as chaves e a direção. No dia seguinte, quando surge o tema do pai, menciono a identificação comigo no sonho, mas ele discorda: "mesmo entregando ouro, ele transforma o que digo em 'merda'". Portanto, não dá para comparar, já que se sente escutado por mim. Estamos a dez dias de suas longas férias de verão, e noto, nos dias que se seguem, como aproveita situações - por exemplo, quando atrasei, avisando-o, em função da chuva - para se identificar comigo (com minha dificuldade) e, assim, ficar mais perto de mim. O que encaro como parte de uma reação defensiva à moção revelada no sonho da guerra.

O embate entre orgulho e humilhação

Na volta de suas férias, de dois meses, interrompo seu longo silêncio, e ele diz que atrapalhei a escuta que fazia do seu coração e órgãos. Eu peço que fale, mas os pensamentos "são nada", desligam-no do corpo e ambiente. Calei! No dia seguinte ele se refere aos dois quadros na parede do divã - no primeiro, um homem de paletó observa, à beira da piscina, um outro mergulhando; no segundo, uma fachada de casa com duas janelas (uma entreaberta) e duas portas, na frente das quais há duas cadeiras, uma ao lado da outra. "Os dois têm o mesmo tema. O primeiro é narrativo, por isso mais fácil." Como sempre, prefere não explicar. Eu digo: "interessante, talvez o tema seja a observação-companhia. Um é, concordo, narrativo, com personagens e ação à vista; o outro não o é, embora as cadeiras indiquem a companhia". "Gosto mais do segundo", reage ele. Parece, comento, que prefere aquela relação em que não se observam os movimentos, mas apenas companhia a distância – há alguém lá dentro (janela aberta) –, sem sentar ao lado e conversar diretamente. Ele ficou "puto" com aquilo que eu disse, comenta no dia seguinte. Reajo e digo-lhe que ele fica calado, e parece querer ser cuidado como um bebê – quarto resguardado, silêncio etc. – deixado aos sons de seus órgãos e dos ruídos de fora. Associo isso com a situação transferencial e acrescento: "Sim, o bebê no quarto é uma parte essencial, mas não podemos ficar só nisso".

Passam os dias, e ele conta ter se reconciliado com o avô paterno, tanto em realidade quanto em sonho: "superei o medo". Pergunto se era medo ou orgulho. "É a mesma coisa!", responde.[23] Como ele acaba inserindo-me na temida cadeia pai-avô, entendo agora o sentimento de trégua na minha vivência com ele, frequentemente de alta tensão, que dominou o primeiro mês de sua volta das férias: abaixa o medo, desincha-se a postura de embate orgulhosa que me afeta, perturba e ameaça. Ele pôde, então, relaxar. Porém, logo há esperança de querer se aproximar, se entregar ("identificar-se ao pai"), mas há algo – e não só, penso, ódio à "função do pai" (como na relação com o pai do Homem dos Ratos), por não amar a mulher e viver de "dinheiro sujo" – que o atropela.[24] Ele recua, volta a se

23 Embora tocante naquele instante, não me dei conta do quanto certeira fora esta frase em descrever a emboscada da qual buscava saída, e da minha pouca serventia para tanto. Depois de ele se despedir com a palavra orgulho, voltou à minha mente, semanas depois, o belíssimo texto de Green (1982/1990) "Après coup, l'archaïque", que voltei a consultar. Ver mais adiante.

24 A neurose obsessiva – variante da histeria (Freud) – se oferece aqui, mas duvido que ela nos sirva. Nela o amor ao pai e a cordialidade com o analista encobrem o ódio inconsciente à função destes, o que acarreta uma ameaça à penetração do pai (interpelando a identificação com ele). Não parece ser o nosso caso. A penetração pelo pai extremamente venerado, mas nem por isso

refugiar na mania da moçada, mas sofre repreensão ao exagerar na bagunça e palhaçada: a colega diz "pare, tu tá *over*!". "Aí eu murchei total, queria sumir com receio de ela não mais olhar para mim." À noite sonhou um longo roteiro de cenas, com motivos claros de frustrações orais, até deparar-se com os seios achatados da amiga. Comento: "você não pode mais mamar como antes"; ele revida com um longo silêncio, e depois acusa: "é teoria". Explico: "você se faz travesso e gracioso para que o seio se encante e fique com o menino amado, mas não, ele seca, e desilude e aí você tem vergonha, sente-se humilhado". Carência que tenta mascarar quando se encontra, na continuação do sonho, comendo à mesa na companhia da avó que o repreende ("que vergonha!"), apontando suas pernas e bermuda. E ele: "por quê? Tu tem desejo?". Desapontado com os colegas, divaga em pensamentos de refúgio para a montanha: "deveria mandá-los à merda, talvez não aguentem porque me invejam...".

Algo fica mais claro a partir desta sequência em que domina mais a sensibilidade narcísica primária do que a edípica. Não se trata de um orgulho de transgressão, típico do deboche masculino e do golpe infantil que este pode sofrer, como no espanto do Homem dos Ratos, quando este descobre que o colega "levantava sua bola" para ter acesso às suas irmãs, se articulando à humilhação, anterior, com a cozinheira que não "sentia firmeza" dele poder satisfazê-la sensualmente. Já na nossa sequência clínica a alternância entre orgulho e vergonha pertence ao narcisismo primário, vertendo-se para o conflito anal primário (Green, 1982/1990), no embate entre obediência ao objeto e o orgulho sobre este. A batalha se dá em torno da onipotência infantil projetada sobre o seio, que tinge a frustração com cores da vergonha e da humilhação. Por outro lado, não se submeter e não obedecer trazem à tona a ameaça de

mais "justo" (pois perverso), é quase constante nas paranoias (cf. *Soul Murder*, de M. Schatzmann, sobre o pai de Schreber).

caos, perdição total, como ocorre na relação com o pai. Aí está o par medo-orgulho. Não digo que estamos diante de um caso-limite, mas que esse impasse, da tendência anal-primária, reforça um traço imaturo entre outras correntes mais neuróticas.

Na sequência, embates corporais com outros e atividades de alto risco ocupam as cenas dos sonhos, alguns relacionados a desenhos animados e seus personagens. Hulk, o moço adorado das crianças que cresce esverdeado pela raiva, combate a Terra (o que retrata suas "brigas" – raivas e críticas à civilização), tudo conforme a onipotência infantil, sumindo a dor e as perdas ou restituindo milagrosamente partes arrancadas. Junto a isto, ele manifesta a vontade de empreender viagens na natureza com os amigos, enquanto fica desesperado diante das imposições do pai sobre suas saídas... As cenas de banheiro voltam, mas de outra maneira, com a raiva fecal explosiva... Ressurgem, então, imagens de potência corporal, e ele começa a se interessar por artes marciais...

O "zoológico psiquiátrico" ("só faltou pipoca") que ele visita, como parte da sua formação, desperta a amarga identificação com seres enjaulados e doutrinados. Não obstante, me associa a um sonho seu sobre um restaurante judaico em que lhe servem seu prato preferido, mesmo terminado o expediente. As mesas se transformam, então, em plateia de um teatro estrangeiro, também com motivos relacionados a mim (alemães punidos, franceses etc.), e ele se encanta com a mulher a seu lado, a qual, no entanto, vira homem na hora de beijá-la. Um amigo entra e o impede de prosseguir a relação. Ele vai ao banheiro, mas a presença dos homens constrange-o ao urinar, e lá, também, havia mesas. Digo-lhe que ele gosta do que lhe sirvo, mas teme a relação íntima, homossexual... Ele não gosta disso (se não dou na hora o seu prato preferido, ele não come, não há conversa). Porém, à noite, defronta-se, em sonho, com portas fechadas em casa. Seria capaz de enfrentar o pai? Ele planeja e vai acampar sozinho no feriado, mas fica com um medo intolerável de ser agredido, morto. Acorda com pesadelos nos quais mata pivetes só porque assaltam sua comida. Surgem lembranças da infância, com pavores paralisantes de rapazes desajustados.

O impasse no surgir do corpo esbarra, então, no conflito primário. A desconfiança sobre o que lhe está sendo servido aumenta, e isso na medida que faz tentativas de se aproximar de mim: sonha visitar minha casa, mas estou distante, afasto-me para me deitar. Não obstante, ele se encanta com as crianças, com quem brinca, e com minha simpática esposa, que lhe mostra o álbum de família. (Sinto-me incomodado e inconformado por ele atribuir a mim afastamento – pois é ele que me impõe esse clima.) Após associar com Jung, que conta ao seu paciente o sonho que teve com ele, resolvo reagir: "é você que se afasta". Bravo, acusa: "você tira o corpo fora". Pode ser, respondo, que algo em mim o leve a ficar desconfiado, já que me conta que é muito amigável na sua turma. Ele relaxa e traz um exemplo em que mostra que sua tensão parece emanar da expectativa sobre ele, difícil de se cumprir, que sente que o outro lhe impõe. Essa coação, pergunto, de onde vem, quem diz querer subjugá-lo? Talvez seja por isso que corre para pedir água às mulheres. "Elas só aliviam, meu negócio é com homens; as mulheres não têm, como dizem os psy, o 'pau'." Acho engraçado seu comentário, solto uma gargalhada, e o clima – "de sentimento social, homossexualidade sublimada" (Freud, 1921/1985a) – permite-me comentar que entendo por que eu não me sentia livre com ele, até para rever assuntos acerca do contrato: acabei vivendo essa coação que ele vive com os outros.

Será que eu fui longe? Nas sessões seguintes, após silêncio e desconfiança, surge, a partir de um sonho, o tema de vigiar e punir. Em certo momento, ele pergunta se poderia sair mais cedo da sessão; digo, "por que não? A sessão é sua". No dia seguinte, comenta, sem explicar, que eu queria colocá-lo em xeque, feri-lo, puni-lo. Não entendi. Entretanto, destacam-se nesse período sonhos e indícios, cada vez maiores, à minha pessoa, fazendo operar a citada lógica-limite (Green, 1982/1990), deixando-me confuso: a proximidade incita a ameaça de invasão e amolação;[25] a distância, a de indiferença e abandono. Onipotência do objeto e o combate desta por uma onipotência de si próprio, isto é, negando (orgulho) a dependência (de si e de ambos), gerando um combate incessante. Por exemplo, ele assiste a uma palestra de um conhecido analista e comenta: "eu vi que ele fez a orelha de seu livro". Sonha então com nossa situação de análise, ele tranquilo, ocupado com desenhos na parede, porém com a presença deste analista, sentado na cadeira aos pés do divã. Após relatar outros sonhos, ele comenta, irônico: "o fulano é todo desenvolto, responde fácil, mas eu, que discordava de muitas coisas, não conseguia falar", sendo vítima de taquicardia frente a qualquer intenção de fazê-lo. Refere-se com repúdio aos intelectuais, citando triunfante alguém que disse que a inteligência era burra. Ele não tem nada a ver com essa gente: "só me destaco entre os ignorantes...". Reporto-o ao fato de estar, no sonho, deitado tranquilo, entre mim e o outro analista... (O que foi o início de um erro – a menção ao seu orgulho suscitou, talvez, a suspeita de conluio com o meu.) Interpreto que não acredita poder atingir o desejo – que ele nega – de se sentir confortável entre os homens... Com toda razão, rechaça: "como você sabe? Para o lobo só existe ovelha!". Perdi o ponto, pois me coloquei no lado dos "inteligentes", ao passo que no sonho estamos, ele e eu, próximos, e o outro analista, lá longe, aos pés do divã.

---

25 Sabotagem (Fairbairn), suplício (Winnicott) e obscenidade (Lacan) são atributos do objeto tantalizador.

Rompimento

O rompimento está iminente, ainda sem termos consciência plena dele. O corpo está na esteira de nascer após o quase confronto, luta, que poderia garantir-lhe certo poder "de sentar à mesa", conversar (Freud, 1921/1985a). Mas não, ele recua ao regime ideal, de potência, do orgulho (Green), recinto do narcisismo primário, que exerce atração constante sobre os ideais do eu (Freud, 1914/1991a): ele sonhou que entrava numa sala de jogo onde ele luta com um holandês todo fardado; o paciente bate com sua espada na perna do holandês e este passa a chorar como criança, e logo encolhe, vira bebê e o paciente baba em cima dele (o que o impressiona). Ele associa a luta com as sessões anteriores ("perdi o controle") e o holandês ("fardado") comigo. Em outra sessão interrompo um longo silêncio – "o que passa?" –, e ele: "angústia". Afirma, então, ter sido fisgado pela violência repentina que testemunha nos autistas e psicóticos: "Eles são, afinal, caricaturas de mim mesmo". Peço que me explique. Ele revela que vem sendo tomado por imagens de violência usada por ele, vendo cabeças e pedaços de gente por toda parte... Pergunto se isso lhe dá sentimento de vitalidade e ele responde que sim, mas que no fundo é um modo de se aliviar de uma dor gratuita que lateja em algum lugar no corpo. Isso o faz lembrar de um sonho da noite em que estava com os pais e amigos na casa de praia. O amigo vomita, um mal-estar provocado pela comida da Confeitaria Holandesa. Emite um sorriso lembrando do holandês do sonho do início da semana...

Na sexta-feira aponta para a poltrona e se dirige até lá, senta "como homem", enrijecendo o corpo, e diz que está interrompendo a análise, ficando, logo, em silêncio. Pergunto por que, e ele, "porque virou vício, estamos nos esbarrando um no outro sem saída". Nessa hora lembro do sonho do holandês e também de duas semanas atrás, quando falou em voz baixa e com certo desagrado do sentimento de confronto, de revolta e que era dia de pagar... Concordo com sua avaliação e a reforço, mencionando os holandeses, e digo: "É difícil, também para mim!", mas lembro-lhe: "ontem você estava angustiado, hoje você quer se aliviar, se mandar! Por que não apostar em algo novo: enfrentar, como nas suas lutas marciais, enganchar-se, até poder sentar e conversar?". Sua compleição muda quando falo da transformação, extremamente importante, das suas antigas dores corporais – oriundas do sentimento de incompreensão dos outros, desde a professora do primário –, numa apropriação do corpo, e que isso o assusta, porque traz à tona a violência, o confronto... Ele concorda, e aceita discutir sua decisão até o fim do mês (duas semanas).

Sofri sentimentos graves no fim de semana. Na segunda-feira meu supervisor afirma: "ele efetuou uma identificação projetiva exitosa: sentou como homem na sua frente e demoliu sua farda de adulto, tornando você criança... e aí babou em cima". Ele fez eu sentir a criança rechaçada que ele era... À tarde, após alguns minutos de silêncio, resolvi iniciar dizendo-lhe que no fim de semana eu passara por sentimentos ligados a ele que eram, no nosso trabalho, novos para mim, e que gostaria de lhe comunicar: na sua decisão de interromper ele parecia dizer que, se continuasse ali comigo, talvez precisasse me assassinar... Como se o surgir do adulto a partir da posição da criança, onde sentia ser colocado, só pudesse levar a uma inversão de tornar-me criança, como no sonho do holandês. Como seu pai o considerava criança, para virar adulto, neste surgir do corpo, seria preciso matar a criança nele... ele virando adulto, matando o adulto que o deixa na posição de criança... e tinha sido essa opressão sobre a criança que ele me fizera viver naquele intervalo de fim de semana. Ele ouve e diz que talvez isso tivesse a ver com dois elementos que surgiram em sua mente: o primeiro é Dersu Uzala, o velho habitante da floresta do filme de Kurosawa, resgatado da fome e alojado na cidade, mas que escolhe voltar à floresta. O segundo é um sonho, do qual ele despertou com angústia, em que é atacado por duas hienas, conseguindo segurar a garganta delas em cada uma de suas mãos, evitando que alcancem seu corpo. Cena que associa com a moribunda africana do filme *Lugar nenhum na África*, deixada como presa para as hienas: este costume aterroriza, no filme, a burguesa judia-alemã que ele relacionou comigo. As hienas, digo, representam a violência do corpo que surge, equivalendo à ameaça sobre a criança, de seu sonho do Holandês, que teme perder caso decida ficar comigo na cidade (ou seja, na análise). Conversamos sobre seu sofrimento nesta contenda que vive comigo. Em algum momento é tomado de um arrebatamento, e diz, com um tom de voz bem peculiar: "como é bonito esse trabalho aqui!". Emociona-se, e uma lágrima escorre sobre seu rosto. Ele fica preocupado de eu a ter notado. Chorar na minha presença, afirma, é algo que jamais poderia se permitir. "Seria infantil? Expor-me a criança?", pergunto. "Só sei que aqui não dá". Talvez não neste momento, reajo, mas a experiência de hoje mostra... Quando comento que agora enxerga melhor sua dificuldade em relação à proximidade, ocorre o já visto revertério: ele fica irritado ("como você sabe que só agora?"), como se suspeitasse de eu querer subjugá-lo, colocando-o no lugar ("menor") de criança. O instante estético (da posição depressiva: "como é bonito"), que integra a criança no adulto, não se sustenta, regredindo à desconfiança. Na sequência, ele tenta distinguir nossas posições: "São duas versões dessa tragédia grega: a sua está no assassinato do outro; a minha, na entrega à própria destruição". O tom de triunfo parece ter incitado o meu – como venho a perceber logo após a sessão – ao retrucar: "talvez nossas versões dessa tragédia grega não sejam tão distantes assim; os gregos entendiam que o fogo destrói ao construir, e constrói ao destruir, da mesma forma que a ameaça pelas hienas, de destruição e morte, assinala o nascimento seu, do seu corpo que o aterroriza porque o coloca diante de um outro".

A constelação insolúvel na relação adulto-criança imanta nosso cenário até o fim: odeia sua busca de reconhecimento e proteção junto às professoras ("mães") – evocando, a este respeito, o filme *Esqueceram de mim*, "que vi dez vezes", pois sabe que, afinal, o que dão à criança só objetiva reforçar o orgulho do adulto, e por isso ele imerge em devaneios de demoli-lo: evoca o robô-criança que ameaça o homem, o pai que o criou na *Odisseia* de Kubrick. Nesse diálogo, rico de material onírico e transferencial, remeto-o aos episódios recentes, mostrando-lhe como ele nos insere nesta gangorra enlouquecedora entre atenção (atração) e orgulho. Os sonhos ilustram como a tentativa de sair em direção à alteridade (e às "meninas") fracassa, contida na indiferenciada roda (da moçada) que repete a imagem de "quando falta luz", indício da falta, do anseio concreto pela intimidade na relação com a mãe.

Seria a riqueza dos fins de jornada um tipo de isca que nos ofereceu, para logo triunfar, zombando do nosso inútil esforço, porque não há como sair de tal constelação? Acredito que talvez ele o faça (atuando), a despeito da sua vontade: trata-se de um drama, o do sofrimento das desmesuras dos ideais (Green). A luz da promessa do reino simbólico das divisões dos poderes (herdeiro de Édipo) desponta, mas não gera nele confiança, não o anima a sair do reino das potências, do brilho do narcisismo infantil. No penúltimo dia, de manhã, na hora de levantar da cama, eu vivo um sonho-alucinação, vendo o paciente deitar na mesma posição em que me encontrava e, concomitantemente, ele estando de pé na porta, com a mão na maçaneta, indo embora. Naquele dia, ele abre a sessão com um sonho em que estava ligando o computador, procurando um site para se masturbar. Na parede há um encaixe onde está um carro luxuoso, e, andando até a varanda, depara-se com a paisagem dos prédios arranhando o céu. Na sequência, ele se critica em relação à divisão de trabalho da faculdade com seu colega da dupla: o colega se dedica, ele não. Ele não dá conta da dupla, naturalmente da nossa, refugiando-se na onipotência de suas ocupações masturbatórias, suas divagações: ele insiste, como mostra Green, em manter a guarda sobre o território anal primário de seus pensamentos. Transar comigo? Com as "meninas"? Sim, ele até quer; critica-se por não poder fazê-lo. Conto-lhe minha alucinação da manhã, representando este meio aqui, meio lá da minha vivência em nossa dupla. Ele não reage. Após um silêncio, ele se refere à escultura (na estante à sua frente) de um casal, parcialmente fundido, e diz com certa candura: "falta uma mão" (do homem), figurando a castração, como impossibilidade dele de se engajar nesta transa nossa.

No dia seguinte, ele se volta aos movimentos e espaços da sala. Adesão sensorial, bastante atípica, e conta-me que está lendo o livro de geometria de Euclides. A seguir, fala da injustiça, conceito que nunca descobriu, como acontece a Che Guevara do filme de Walter Salles: "a mim só me ensinam, não descubro nada". Falo-lhe sobre a perda (como no filme) do espaço – injustiça e estreitamento: são os outros que lhe impõem ou será sua escolha? Ele ignora a referência ao momento da análise e prossegue com um sonho em que está de férias com a família na praia e o pai o obriga, contra sua vontade, a levar a irmã de volta para São Paulo. Pensa então em deixá-la na rodoviária, mas acorda com angústia ao ligar para o pai no celular para avisá-lo de sua intenção e decisão.

Um aprisionamento na trama edípica; ele não consegue se desprender do pai. Este lhe oferece, para sua sexualidade, a irmã, em vez de deixá-lo buscar a mulher lá fora, na beira da praia e não no mar/mãe... Quando interpreto o desejo interrompido de ficar ali, ele, cínico e triunfante, diz: "vai ver que criei o sonho para você, para lhe dar razão...".

Sim, é fim. Fim com que iniciei essa história. Como eu disse ao paciente no fim de nossa jornada, o orgulho nos tem pegado, a mim e a ele, caso contrário a análise teria ainda lugar e tempo para prosseguir e concluir a travessia.

Referências

Abraham, K. (1977a). Préliminaires à l'investigation et au traitement psychanalytique de la folie maniaco-dépressive e des états voisins. In K. Abraham, *Oeuvres Complétes*. Paris: Payot. (Trabalho original publicado em 1911)

Abraham, K. (1977b). Esquisse d'une histoire du développement de la libido basée sur la psychanalyse des troubles mentaux. In K. Abraham, *Oeuvres Complétes*. Paris: Payot. (Trabalho original publicado em 1924)

Bion, W. R. (1991). *Learning from experience*. London: Karnac. (Trabalho original publicado em 1962)

Bion, W. R. (1992). *Cogitations*. London: Karnac.

Delouya, D. (1997). A pulsão destrutividade e o pai do "self". *Percurso*, *17*, pp. 27-34.

Figueiredo, L. C. (2003). *Psicanálise: elementos para a clínica contemporânea*. São Paulo: Escuta.

Freud, S. (1975). New introductory lectures. Femininity (XXXIII). In S. Freud, *Pelican Freud Library* (Vol. 2). London: Cox and Wyman. (Trabalho original publicado em 1933)

Freud, S. (1977a). Three essays on the theory of sexuality. In S. Freud, *Pelican Freud Library* (Vol. 7). London: Cox and Wyman. (Trabalho original publicado em 1905)

Freud, S. (1977b). The infantile genital organization. In S. Freud, *Pelican Freud Library* (Vol. 7). London: Cox and Wyman. (Trabalho original publicado em 1923)

Freud, S. (1977c). The dissolution of the Oedipus Complex. In S. Freud, *Pelican Freud Library* (Vol. 7). London: Cox and Wyman. (Trabalho original publicado em 1924)

Freud, S. (1977d). Fetishism. In S. Freud, *Pelican Freud Library* (Vol. 7). London: Cox and Wyman. (Trabalho original publicado em 1927)

Freud, S. (1977e). Female sexuality. In S. Freud, *Pelican Freud Library* (Vol. 7). London: Cox and Wyman. (Trabalho original publicado em 1931)

Freud, S. (1985a). Group psychology and the analysis of the ego. In S. Freud, *Pelican Freud Library* (Vol. 12). London: Cox and Wyman. (Trabalho original publicado em 1921)

Freud, S. (1985b). The future of an illusion. In S. Freud, *Pelican Freud Library* (Vol. 12). London: Cox and Wyman. (Trabalho original publicado em 1927)

Freud, S. (1991a). On narcissism: an introduction. In S. Freud, *Pelican Freud Library* (Vol. 11). London: Cox and Wyman. (Trabalho original publicado em 1914)

Freud, S. (1991b). Mourning and Melancholia. In S. Freud, *Pelican Freud Library* (Vol. 11). London: Cox and Wyman. (Trabalho original publicado em 1915-1917)

Freud, S. (1991c). Splitting of the ego in the process of defense. In S. Freud, *Pelican Freud Library* (Vol. 11). London: Cox and Wyman. (Trabalho original publicado em 1938)

Freud, S. (1995). *Projeto de uma psicologia*. Rio de Janeiro: Imago. (Trabalho original publicado em 1895)

Freud, S. (2010). História de uma neurose infantil ("O Homem dos Lobos"). In S. Freud, *Obras Completas* (Vol. 14). São Paulo: Companhia das Letras. (Trabalho original publicado em 1917)

Freud, S. (2011). O eu e o id. In S. Freud, *Obras Completas* (P. C. de Souza, trad., Vol. 16). São Paulo: Companhia das Letras. (Trabalho original publicado em 1923)

Freud, S. (2013a). Observações sobre um caso de neurose obsessiva ("O Homem dos Ratos"). In S. Freud, *Obras Completas* (Vol. 9). São Paulo: Companhia das Letras. (Trabalho original publicado em 1909)

Freud, S. (2013b). Um tipo especial de escolha de objeto feita pelo homem. In S. Freud, *Obras Completas* (Vol. 9). São Paulo: Companhia das Letras. (Trabalho original publicado em 1910)

Freud, S. (2013c). Sobre a mais comum depreciação da vida amorosa. In S. Freud, *Obras Completas* (Vol. 9). São Paulo: Companhia das Letras. (Trabalho original publicado em 1912)

Freud, S. (2018). Conclusões, ideias, problemas. In S. Freud, *Obras Completas* (Vol. 19). São Paulo: Companhia das Letras. (Trabalho original publicado em 1938)

Green, A. (1990). Après coup, l'archaïque. In A. Green, *La folie privée*. Paris: Gallimard. (Trabalho original publicado em 1982)

Green, A. (1993). *Le travail du négatif*. Paris: Édition de Minuit.

Meltzer, D. (1967). *The psycho-analytical process*. London: Butterworth-Heinemann.

Meltzer, D. (1973). *Sexual states of the mind*. London: Clunie Press.

Meltzer, D. (1992). *The claustrum*. London: Clunie Press.

Meltzer, D. (1994). *Sincerity*. London: Karnac Books.

Pontalis, J.-B. (1974). Dream as an object. *Int. Rev. Psycho-Anal.*, *1*, pp. 103-107.

Pontalis, J.-B. (2015). Entre o sonho-objeto e o texto-sonho. In J.-B. Pontalis, *Entre o sonho e a dor*. São Paulo: Ideias e Letras. (Trabalho original publicado em 1977)

Schattzman, M. (1974). *Soul murder. Persecution in the Family*. New York: Signet Book.

Winnicott, D. W. (1989). *Psycho-analytical explorations*. London: Karnac Books.

4. O mal, sentido e dito[1]

O mal está por toda parte, nós o sabemos, e, com exceção de poucas outras coisas, só se fala dele. Nada mais cativante do que o mal presente no diálogo diário, da fofoca, e no que se assiste e se procura nos meios de comunicação. Todo interdito, portanto mal, implica o desejo, notava Freud.[2] Os grandes prazeres do corpo – comer, beber, evacuar, copular – não seriam prazeres se não fizessem mal, derivassem do mal ou contivessem certa maldade: a maçã sem a serpente não tem graça; o mal dá gosto; é bom. O par dos substantivos mal-bem não anda então, ao que parece, em paralelo com o outro par, o dos predicados mau-bom. Este, por se circunscrever no regime das qualidades psíquicas – e, portanto, próprio ao campo da psicanálise –, nos é sempre mais confortável, porque nos poupa do envolvimento direto com a moral e a religião, nas quais

---

1 Uma versão deste capítulo foi publicada anteriormente em *Psicologia em Estudo*, *X*(3), pp. 289-298, Maringá, 2005.

2 O desejo, como Freud tem nos mostrado, encontra em suas raízes a sexualidade infantil. A oposição central a Freud e a sua invenção, como ele notou, foi suscitada justamente por ele ter "manchando" a suposta inocência infantil, nela revelando uma maldade, ou seja, uma sexualidade.

o mal tem sido um tema privilegiado. Atribui-se a Freud grandes influências sobre os costumes modernos precisamente por ter inocentado as perversões sexuais do mal e ter eximido as condutas bizarras - sobretudo da histeria, mas também das psicoses - de suas supostas implicações com o mal e as maldades do homem.

Os excessos, desvios das boas medidas, são clássicos focos de atenção da filosofia acerca da moral e da ética. A psicanálise os tem tomado como caráter fundamental da vida psíquica. O psiquismo é traumatizado e traumático porque lida e se constitui pelos excessos, de fora e de dentro, precisamente no eixo sexual, da sexualidade do outro e de si. O mal, neste caso, é necessário para o bem porque se situa no eixo de construção da vida psíquica. E Freud, muito cedo, em 1896, já alertava os médicos, que enxergavam nas neuroses um mal herdado e imutável, que se tratava, na verdade, de uma epidemia inerente à sedução perversa efetuada pelo adulto sobre a criança e desta sobre seus irmãos, primos e colegas. Trama essa que leva, impreterivelmente, à primeira tópica freudiana, na qual a agressividade e a dor são associadas à pulsão sexual. Nesta concepção, o mal parece ocorrer sem querer ou mesmo propositadamente, já que no terreno da sexualidade um certo grau de violência é necessário para atingir o gozo. O mal oriundo da pulsão de domínio (ou de apoderamento), elaborada em "Três ensaios sobre a sexualidade" (1905/1977), é, de fato, secundário. O mal é, frequentemente, consequência de passagem ao ato - sem intenção consciente - de uma intenção inconsciente, mas em que o domínio configura uma defesa ante a sexualidade, do efeito contingente, traumático e transformador desta.

Este quadro muda de figura na segunda tópica (1919-1939), na qual o desinvestimento e a destrutividade operam no seio da vida psíquica. Apesar disto, parece-me que na prática clínica temos dificuldades em enxergar a franca maldade. Não me lembro de nenhum caso de colegas ou mesmo da literatura em que o analista considerou o paciente malvado, e eu também não vi maldade de caráter em nenhum dos meus pacientes. "O malvado não é alguém que faz o mal, mas que ama o mal" (Green, 1988/1990, p. 387). Todos nós fazemos o mal, mas alguns o amam. Amar o mal não significa só gozar com o sofrimento do outro – isto é banal –, mas algo muito mais radical e impessoal: é gostar de traçá-lo, detectá-lo, apontá-lo e localizá-lo, imaginando poder exterminá-lo e assim assegurar o triunfo definitivo de um bem soberano. Deste modo aniquila-se quaisquer culpabilidade ou remorso em si. Poucos chegam a este extremo, de se engajar em se desfazer em absoluto, com as próprias mãos, do remorso, ou seja, deste ingrediente de amor – de atenção, compaixão e identificação com o próximo em seu sofrimento.[3] Não obstante, à semelhança da pessoa malvada, farejamos o mal por toda parte, detectando-o, em comunhão, nos inimigos a distância que a mídia nos fornece (líderes e nações preponderantes) e nas personagens que governam, nos bastidores, as nossas instituições e os estabelecimentos nas imediações de nossas moradias.

O mal talvez venha daí, do não amor, da indiferença em que se nota a falta de compaixão e compreensão ao apelo de ligação do outro. A ligação do outro é necessidade inerente para nossa condição fundamental de desamparo. O desligamento constitui a mola principal de ação da pulsão de morte que configura uma espécie de código da segunda tópica. Nesta, Freud aventa uma das respostas mais radicais: a pulsão de morte age em surdina e constantemente, desfazendo a conjunção pulsional e, à semelhança da célula viva, as pulsões "soltas", excreções metabólicas do desligamento, tornam-se indisponíveis para a ligação, pois, ao serem livres, circundam

3 Freud utiliza a palavra *Nebenmesche*, que significa o outro (adulto) próximo, atento e prestativo ao bebê desamparado (Freud, 1895/1995).

o ser: agridem-no e o traumatizam. Enxergam-se então o mal e a hostilidade por toda parte.

Cabe lembrar que nesta proposta sugerida por Freud no livro de 1920 "Além do princípio do prazer", e explicitada no ensaio de 1924 "O problema econômico do masoquismo", a ideia é que as pulsões são, de início, fundidas, intricadas uma na outra, embora haja uma disjunção basal, fruto da operação da pulsão de morte. As porções desligadas resultantes são emitidas para fora ou podem vir a ser re-intricadas, levando a várias formas manifestas do adoecer masoquista (voltaremos a este tema mais adiante).

Contudo, essa solução é tanto geral como abstrata e deve ser contextualizada na constituição e construção psíquica proposta por Freud. Lembro, de passagem, que Melanie Klein levou parte desta intuição freudiana às últimas consequências. São os kleinianos que nos advertem sobre a maldade e a inveja do paciente, que não só envenenam o analista, mas podem até assassiná-lo. Porém, na obra kleiniana há a esperança de haver o bom termo – é possível alcançar a reintegração deste mal, da agressão e da inveja, no culpar-se e no deprimir-se, fazendo-se luto da implícita onipotência. A cura do desligamento não se figura deste modo em Freud e, de qualquer modo, o mal jamais é totalmente superado ou barrado.

M. Klein nos remete a uma distinção que precisamos retomar, isto é, da relação do par bem-mal com as qualidades "bom" e "mau". O último par nos reporta à distinção entre, de um lado, o princípio de prazer-desprazer e, de outro, o da realidade. É a partir do princípio do prazer que Freud constrói o aparelho psíquico. Há uma diferença, a este respeito, entre a concepção do texto de 1915 "As pulsões e seus destinos" e a do texto de 1925 "A negativa". Em 1915, Freud nota que o mundo exterior é indiferente para o bebê. Trata-se de um estado narcísico autoerótico originário em que o eu é investido pelas pulsões e se mostra, ele mesmo, como sendo capaz de satisfazê-las: "O mundo exterior não é investido pelo interesse (no sentido mais geral do termo); é indiferente no que concerne à satisfação" (Freud, 1915/1991c, p. 133). Tal sistema, salienta Freud (1911/1991a, nota de rodapé 5), não tem nenhuma chance de existir, e só é concebível sob a condição de que nele se incluam os cuidados maternos. Ou seja, a organização narcísica autoerótica do bebê repousa sobre a ilusão de que é ele, o bebê, quem dispensa o seu próprio bem, e não a mãe que o provê de fato. Ele ignora o mundo exterior porque engloba a mãe nos efeitos de sua onipotência, já que não reconhece sua existência separada. Porém, ocorre, diz Freud, um novo desenvolvimento sob a dominação do princípio do prazer: o eu coloca para dentro os objetos fontes de prazer e expulsa para fora aquilo que causa dor dentro dele mesmo. O ódio aparece com a descoberta do objeto ao qual é consubstancialmente ligado. O objeto é descoberto no ódio, com o "mau" objeto. Aqui, o ódio e o afeto que acompanha o "mau" objeto são secundários e tardios, pois é preciso atingir a diferenciação entre o eu e o objeto para que o mal seja reconhecido.

Já no texto "A negativa" (1925), a criança tem "consciência" do mal desde o início, uma vez que o bom é incorporado e o mau expelido (ex-corporado). De acordo com essa hipótese, a distinção entre o "bom" e o "mau" é anterior à distinção entre o eu e o objeto. O que levou Freud a passar de uma indiferença ao mundo exterior, postulada em 1915, para uma exterioridade má e odiada em 1925? Creio que a pulsão de morte. Em 1915, é o objeto que é posto para fora. Em 1925, o que é "mau" e deve, portanto, ser expulso, não é ainda um objeto; é algo que não tem nome, e que talvez receba um após a expulsão. Ou seja, a ausência de um nome se deve à ausência de uma noção de um eu e de um objeto sobre o qual se pode projetar o mal e o odiar. Trata-se de um estado que pode ser descrito pela imagem do bebê estando rodeado por sensações ruins, "maus" objetos, em um terreno amplo e ainda indiferenciado de eu-outro. Situação que demanda o trabalho da mãe para que a ex-corporação (Green) seja transformada em projeção e para que esses sentimentos bizarros – porque rejeitados e expulsos – possam, depois, obter um sentido e ser, assim, acolhidos pelo emergente sujeito. A clínica nos fornece, a este respeito, uma ampla gama de sofrimentos que se caracterizam pelo não sentido, pela vivência bizarra de estar no mundo.

Tenho em mente, neste contexto, uma análise em curso (com alta frequência de sessões) em que a sala da análise se torna um espaço para o qual são expelidos sentimentos ruins em relação ao mundo. Cria-se um cenário imaginário, evocado na conhecida expressão cotidiana, em que tal infestação do ambiente parece provir de um ventilador ligado e injetado continuamente com "palavras-fezes",[4] veiculadas por sentimentos ruins dos quais o paciente tenta se livrar. Tal procura exasperada de alívio pela evacuação se deve à vivência de um sem-sentido, de um mundo bizarro, como se o sujeito estivesse situado em um universo obscuro onde satélites de maus objetos o circundam de todos os lados. Bion (1967), a quem devemos tais termos e descrições (evacuação, objetos bizarros, satélites etc.), apontou a falta da função de continência, que deveria ser adquirida junto ao objeto de origem, a mãe. Esta, estando sensível a esses sentimentos do bebê, proporciona, atenta, palavras – "dói, você se sente mal"; "machucou"; "ele [brinquedo causador da dor] é mau" –, dando-lhes sentido, por meio do qual atribui a algo (projeção) a sensação ruim, o que permite, depois, a progressiva integração do bebê e sua própria função de continência. Meu paciente recorria, e ainda recorre, a mulheres (que lembram, em seu físico e maneiras, sua mãe), queixando-se a elas

4 Expressão amplamente utilizada na literatura psicanalítica, sobretudo a kleiniana, autofigurando uma equivalência no imaginário inconsciente quando do predomínio do sadismo sexual infantil.

para obter, de forma concreta, alívios por meio de seus conselhos e promessas sobre um bem-aventurado destino.

É preciso frisar, novamente, que esta reiteração do estado inicial da vida ao qual Freud se refere em "A negativa" descreve, como mostrei há pouco, um estado indiferenciado de outro que requer do analista paciência – isto é, que se abstenha de reagir (Winnicott, 1960/1988) – para se tornar aos poucos, na mente do paciente, um continente "*toilet breast*", "seio latrina" segundo Meltzer (1967). Isso ocorre por meio de uma função transformadora no analista, possibilitando ao paciente adquirir a percepção da existência de um "vaso sanitário" – que assinala a conversão da ex-corporação (em que a realidade é má e odienta) em verdadeira projeção sobre um objeto unificado –, e, assim, separar o bom do mau, o amor do ódio. O paciente adentrará, progressivamente, no regime dos objetos totais. É só a partir deste processo que o sujeito poderá se transportar do universo bizarro para um outro, de estranheza (*Unheimliche*),[5] defrontando-se com o outro e com o outro de si ("inconsciente-outro-de-mim"). O estranho determina, certamente, todas as formas clínicas das incertezas quanto aos próprios limites – esta é a área dos objetos totais, na qual o mal é atribuído ao outro, ou seja, na qual o ódio é convocado para nos definirmos em relação ao outro.[6] O paciente ao qual venho me referindo manifesta, após um ano e meio de trabalho, certas dúvidas sobre a análise, sua frequência e a eficácia da minha função para seu mal. Concomitantemente, começa a suspeitar que suas reações junto aos outros[7] – que lhe custaram uma perda sucessiva de amizades

---

5 Conforme o termo que constitui o título do famoso ensaio de Freud de 1919.

6 É sobre a delineação deste universo – pertencente ao narcisismo secundário – que Freud se detém no já mencionado "novo desenvolvimento" do ensaio de 1915.

7 Uma espécie de raiva desenfreada que se assemelha às birras de crianças pequenas que, de repente, viram o prato ou jogam objetos para todos os lados

e importantes postos de trabalho – se devem a seu caráter pessoal, fora de seu controle, e não só à maldade da realidade, da obscenidade que ele parece constatar por toda parte na nossa sociedade. Essa nova e dolorosa consciência provoca defesa, e ele um dia diz, referindo-se cinicamente às várias terapias que teve no passado, que essas o levaram ao contágio pelo vírus da Aids. Isso despertou uma indagação sobre sua responsabilidade – pois nunca conseguiu traçar as circunstâncias da infecção, na qual era obviamente implicado –, e não tão somente sobre esta lastimável fatalidade, mas, sobretudo, quanto ao modo de afetar, infectar o outro com sua conduta. Assim, deu-se início à instauração da dialética eu-outro, marcada pelo ódio, mas também pelo surgimento do remorso e da consideração pelo outro.

Ao contrário desta configuração, assinalada no ensaio de 1915, o mal que Freud delineia dez anos mais tarde se situa no campo dos objetos parciais, regido por um regime mais primário, passível de persistir no adulto em virtude das falências do objeto de origem em proporcionar uma função que possibilita ao bebê lidar com o traumático primordial. Tomo, neste contexto, o "Projeto de uma psicologia", de 1895, como referência: o adulto e seus serviços, afirma Freud, são imprescindíveis para o trabalho de ligação das urgências vitais – isto é, das pulsões – com os complexos sensórios do objeto, para a geração das redes mnêmicas, isto é, das referências do sujeito. A não implicação da mãe – seja por desatenção e omissão, seja por intrusão – reforçaria no bebê a defesa, o desinvestimento, a desobjetalização (Green) porque torna as incitações pulsionais inutilizáveis para a ligação e a construção da rede simbólica da vida psíquica. Tal falência do adulto pode ser

---

diante de uma frustração com o adulto que não se curva aos pedidos dela, mesmo se precedidos pela entrega dócil inicial desta ao adulto. O que lembra a feliz expressão de Freud sobre este comportamento narcísico: "sua majestade, o bebê" (Freud, 1914/1991b, p. 85).

pensada, segundo o desenvolvimento posterior na obra freudiana (1920-1930), como tendo efeito devastador sobre a fusão das pulsões, acelerando sua disjunção. Uma das manifestações desta é a recusa de ligação que constatamos na reação terapêutica negativa (RTN, descrita por Freud em 1923/1991e, 1930/1985, 1937/1955). Tal configuração, entre outras, patológicas e modernas, como as adicções, as perversões e os distúrbios psicossomáticos, deve-se aos diversos modos de lidar com a disjunção pulsional em face das exigências sublimatórias da vida em cultura. A carência ou a insuficiência de trajetos mnêmicos – oriundos da experiência com o adulto, a mãe –, figurando trilhas de ligação, aprofunda o desligamento da pulsão de morte. As incitações soltas das pulsões tornam-se um poço de agressividade que pode sofrer a tentativa de rejuntar pulsões em adoecimentos masoquistas, morais, como no caso da RTN e do masoquismo sexual, ou em doenças somáticas, ou em formas sádicas e violentas às quais a vida moderna fornece conhecidas vias de escoamento – modalidades contempladas nos livros de Freud há pouco citados.

Voltando para a descrição encontrada no "Projeto...", de 1895, a dor de desamparo converte-se em uma identificação hostil e alucinante com os objetos da realidade: o mal acaba ocupando grande parte desta. Na explicitação dos anos 1920, Freud insistira sobre a predominância da ação de desligamento e de desinvestimento dos objetos efetuada pela pulsão de morte. Porém, o grau e a intensidade desta depende do auxílio dado pelos objetos de origem em transformar a dor gerada pelas incitações pulsionais e a violência do mundo perceptivo em trajetos mnêmicos e em referências autoeróticas, aparelhando o sujeito com meios simbólicos para fazer face ao traumático sempre renovado da existência. O mal é, portanto, inevitável pelo menos em algum grau, e o traumático da vida e do viver constitui sua origem.

Referências

Bion, W. R. (1967). *Second thoughts*. London: Tavistock.

Freud, S. (1955). Analysis terminable and interminable. In S. Freud, *The Standard Edition of the Complete Psychological Works of Sigmund Freud* (Vol. 23). London: Hogarth Press. (Trabalho original publicado em 1937)

Freud, S. (1977). Three essays on the theory of sexuality. In S. Freud, *Pelican Freud Library* (Vol. 7). London: Cox and Wyman. (Trabalho original publicado em 1905)

Freud, S. (1985). Civilization and its discontents. In S. Freud, *Pelican Freud Library* (Vol. 12). London: Cox and Wyman. (Trabalho original publicado em 1930)

Freud, S. (1988). The uncanny. In S. Freud, *Pelican Freud Library* (Vol. 14). London: Cox and Wyman. (Trabalho original publicado em 1919)

Freud, S. (1991a). Formulations on the two principles of mental functioning. In S. Freud, *Pelican Freud Library* (Vol. 11). London: Cox and Wyman. (Trabalho original publicado em 1911)

Freud, S. (1991b). On narcissism: an introduction. In S. Freud, *Pelican Freud Library* (Vol. 11). London: Cox and Wyman. (Trabalho original publicado em 1914)

Freud, S. (1991c). Instincts and their vicissitudes. In S. Freud, *Pelican Freud Library* (Vol. 11). London: Cox and Wyman. (Trabalho original publicado em 1915)

Freud, S. (1991d). Beyond the pleasure principle. In S. Freud, *Pelican Freud Library* (Vol. 11). London: Cox and Wyman. (Trabalho original publicado em 1920)

Freud, S. (1991e). The ego and the id. In S. Freud, *Pelican Freud Library* (Vol. 11). London: Cox and Wyman. (Trabalho original publicado em 1923)

Freud, S. (1991f). The economic problem of masochism. In S. Freud, *Pelican Freud Library* (Vol. 11). London: Cox and Wyman. (Trabalho original publicado em 1924)

Freud, S. (1991g). Negation. In S. Freud, *Pelican Freud Library* (Vol. 11). London: Cox and Wyman. (Trabalho original publicado em 1925)

Freud, S. (1995). *Projeto de uma psicologia*. Rio de Janeiro: Imago. (Trabalho original publicado em 1895)

Freud, S. (1998). L'hérédité et l'étiologie des névroses. In S. Freud, *Oeuvres Complètes* (Vol. 3). Paris: PUF. (Trabalho original publicado em 1896)

Green, A. (1990). Pourquoi le mal? In A. Green, *La folie privée* (pp. 369-401). Paris: Gallimard. (Trabalho original publicado em 1988)

Meltzer, D. (1967). *The psycho-analytical process*. London: Heinemann.

Winnicott, D. W. (1988). Agressão e sua relação com o desenvolvimento emocional. In D. W. Winnicott, *Da pediatria à psicanálise* (pp. 199-217). São Paulo: Francisco Alves. (Trabalho original publicado em 1960)

5. A palavra e seus poderes em Freud[1]

Carrego meus primórdios num andor.
Minha voz tem um vício de fontes.
Eu queria avançar para o começo.
Chegar ao criançamento das palavras.
Lá onde elas urinam na perna...
Manoel de Barros, *Livro sobre nada*, 1996

"Você vai lá só para isso, só para falar?! Fale comigo, e faço isso (brincando) por um terço do preço de seu analista!" Comentário, surpresa e risos de leigos que ainda ressoam nos ambientes sociais de nosso tempo. "O leigo teria, certamente, dificuldades em entender como é possível eliminar distúrbios da mente e do corpo 'tão-somente' pelas palavras do médico" (Freud, 1890/2002). "Quer que eu acredite em mágica?", pergunta, atônito, o leigo de Freud. O leigo adivinhou, afirma Freud, pois as palavras de nosso cotidiano

---

1 Uma versão deste capítulo foi publicada anteriormente em *Ide*, *30*(44), pp. 40-44, São Paulo, 2007.

"não são outra coisa senão um feitiço que perdeu a sua eficácia". Um "tratamento psíquico, tratamento da alma" (título desse artigo de 1890) consiste, justamente, em afetar a alma por meio de palavras, desde que a elas se devolva o seu poder originário de feitiço.

Nenhum de nós, pacientes e analistas experientes, escapa da surpresa desse poder mágico das palavras ao serem proferidas seja por nós, seja pelo outro. Um efeito que logo se esvai por detrás da consciência empírica do senso comum da vida da vigília. Episódios como "Falei coisas que jamais pensei em dizer", ou "O que você falou me tocou de tal modo" têm um efeito, por vezes, drástico e determinante para manter a análise em curso, ou outra relação qualquer. A mesma surpresa reemerge, do lado do analista, quando se dá conta do efeito de uma palavra que emitiu. Ação mágica das palavras que é facilmente detectável em crianças quando contestam com veemência – "Mas a minha mãe falou!" –, ou no adolescente – "Ela falou e com isso quebrou minhas pernas" –, sem esquecer que uma palavra do amante, ou do chefe, pode tanto transformar nosso estado de mente como levar alguns à loucura e outros ao suicídio.

Todo o esforço da nova ciência, segundo Freud, consiste em devolver às palavras o seu poder mágico.[2] E esse poder, continua ele, se origina na psique, na alma. Não significa, necessariamente, que a alma é feita de palavras ou se estrutura como uma linguagem, como alguns diriam mais tarde, mas que talvez exista algo na alma que confira esse poder central às palavras. Cem anos mais tarde, André Green (1983) reforçou essa missão freudiana, com outras palavras, ao dizer que "cabe à análise tirar a palavra de seu luto", desenlutá-la.

2 Lacan passou de considerar a fala como interdição do gozo, para se tornar prenhe do gozo. Só se poder ser falando, *parlêtre*. Assim, ele volta ao ato inaugural da psicanálise de 1890.

No referido artigo de Freud – "Tratamento psíquico, tratamento da alma" –, o caminho que ele toma é o de mostrar o efeito hipnótico veiculado pela palavra. Porém, essa inferência é apressada e não o tranquiliza, pois, de um lado, a eficácia da palavra, tal como a desenhamos acima, é atrelada a certa situação de transação intersubjetiva. Seria, então, o estado hipnótico o responsável por conferir a elas seu poder mágico e sugestivo? "Seria ótimo se assim fosse, mas a realidade é outra", lamenta Freud. Os pacientes resistem, por conta de elementos singulares, ainda obscuros para ele. Por outro lado, a situação assimétrica, entre o hipnotizador e o hipnotizado, acena a Freud a analogia preciosa desse efeito com o estado amoroso e passional, com as relações corriqueiras entre médico e paciente, líder e multidão, e destas com a relação mãe-bebê, durante a qual a primeira dispensa cuidados imprescindíveis ao último.[3]

Uma obscuridade, ou melhor, uma tensão se instaura quanto à origem do poder das palavras, entre a abertura dada pelo estado hipnótico e as singularidades do sujeito. A resistência deste e sua suscetibilidade às palavras logo ocuparão um lugar de destaque na técnica freudiana. Mas estamos ainda em 1890, quatro anos após a volta de Paris, e um ano após a visita feita a Bernheim em Nancy, onde Freud assiste à alucinação negativa do hipnotizado, que coloca em relevo a resistência e os elementos singulares na sujeição às palavras do médico. Estamos, também, em plena preparação de uma monografia sobre *A concepção das afasias* (Freud, 1891/1987), relacionada com o posto que Freud ocupa, desde sua volta de Paris, no hospital de crianças com paralisias cerebrais. Nesse livro, ele utiliza material de pacientes afásicos de vários pesquisadores, como Broca, Wernicke, Lichtheim, Bastian e, sobretudo, de Grashey, demolindo as suas hipóteses sobre a localização anatômica

3 Em termos modernos, a dúvida seria se é a transferência (farejada fortemente por Freud aqui) que confere esse poder às palavras, ou se esse poder pertence às próprias palavras.

das funções de linguagem e as vias de transação fisiológica entre esses centros, para resgatar uma natureza "unicamente psicológica" das palavras, sem descartar a existência de uma matriz biológica que a sustente. Contudo, as afasias descritas na literatura permitem-lhe dissecar a palavra nas imagens interligadas que a compõem e suas vias de conexão com as representações da coisa. Sabemos do poder dessa arquitetura para a metapsicologia freudiana e para seu entendimento das psicoses, mais de vinte anos depois, mas vale salientar, já neste momento histórico, a descoberta psicológica de haver "imagens" nas palavras. A imagem ressoa fortemente em qualquer magia, poder e efeito mágico. Nesse período, Freud está mergulhado no tratamento do sofrimento psíquico, e sua paciente Von Emmy, da qual ele cuida junto com Breuer desde 1887, é convocada à cena do livro de 1891, o que reforça a crença de muitos de que a construção do modelo nessa monografia é nutrida pela clínica dos "doentes dos nervos".

Retornaremos a esse modelo mais tarde. Adiantamos que as palavras são dotadas, na trajetória freudiana, de uma espécie de aliança de natureza hipnótica, mágica e, por fim, alucinatória. Aqui, é preciso voltar à clínica. Muito cedo, em 1895, Freud nos fornece uma hipótese fascinante sobre a origem da linguagem, tomando partido do ataque histérico, concebido como figura da linguagem de um afeto (dificuldade de "engolir alguma coisa" = insulto; dor como se "apunhalado no coração" = menosprezo). Isso o levou a pensar numa fonte comum tanto à linguagem como ao afeto, cujo protótipo seria o ataque histérico: se o estado afetivo é gerado pela enervação motora e sua descarga, os sentimentos são a "percepção" (interna) e a figuração dessa enervação, ação e descarga no largo escopo das qualidades de prazer e desprazer. Apoiado em Darwin, o molde de tal inervação é a via reflexa – uma reação, à semelhança do ataque histérico, e a inscrição dessa experiência na pré-história da espécie, porque serviu à "preservação". Munir-se da "expressão das emoções" (Darwin) foi o modo de defender-se de um perigo. De que modo? Justamente pela comoção do outro, pela "identificação" deste com a dor e a angústia do bebê perante o assalto dos estímulos objetais, sensoriais e pulsionais. Inervação, portanto, que é tributária de uma expressão corporal que comunica (emoção & linguagem), convocando o outro próximo e auxiliar (*Nebenmensch*). A "percepção" (linguagem & consciência) de afetos seria a apropriação dessa ação específica proporcionada pelo adulto. Vemos, então, por que Freud estipula no final do caso Elizabeth (Freud & Breuer, 1895/1974) uma origem comum à linguagem e aos afetos e por que encontra no estado de nascimento o protótipo da situação de perigo (desamparo) e da convocação do adulto como reiteração e modelo da história da espécie, em que a dor e a angústia dessa situação são as sementes das quais brotarão as emoções (1916-1917/1976, 1926/1993).

Fornecemos, de forma concisa, no último parágrafo, alguns elementos auxiliares, advindos de textos posteriores de Freud, para sua impressionante hipótese sobre a origem da linguagem, aventada a partir do seu trabalho inicial com a histeria. Seria importante debruçarmo-nos sobre esses elementos, para avaliarmos o alcance da hipótese acerca da origem comum à linguagem e aos afetos.

No mesmo ano de 1895, Freud redige "Projeto de uma psicologia", no qual se encontra a chave desses elementos: o "grito" do bebê expressa a dor e a angústia oriundas das urgências vitais diante da ausência que enfrenta com o nascimento. Esse grito convoca o adulto, que, pela identificação e pela compaixão, despertadas nele por uma via regressiva às suas próprias dores de origem, se apressa em amparar a criança e atender às suas necessidades. Nesse encontro, o adulto não a acolhe apenas, dando-lhe colo, continência, contorno, mas responde com movimentos e falas que ordenam o espernear do bebê. Os movimentos e falas o dotam de imagens de movimentos, sementes figurativas da representação, proporcionando prazer, e acabam por situá-lo, aos poucos, no espaço e tempo dos outros. Trata-se de uma função reflexiva, de "imitação" (Freud) no adulto, fomentada, em vias regressivas, pelos serviços prestados outrora por seu próprio objeto primário.

É preciso aqui considerar a dimensão econômica em jogo: os estímulos internos, pulsionais, e os externos, do ambiente e dos objetos que o habitam, buscam uma descarga, o que se nota pelas moções centrífugas do choro e do espernear. Por outro lado, existe um segundo princípio no bebê, operando em sentido oposto a este da descarga, e que é centrípeto, de retração [de "fuga", segundo Freud (1895/1995)] - que seria atribuído, 25 anos mais tarde, à tendência da pulsão de morte -, que freia, amortiza, e resiste a essa ameaça agonizante de dissolução em um espaço infinito. A combinatória da ação das duas tendências resulta no estado de desamparo. Com o aparecimento do adulto, o contorno que ele proporciona e as ações e movimentos de sua fala e seu corpo, de modo reflexivo, parecem tomar partido da tendência centrípeta no bebê, e conduzem nele, "por imitação", o desenho de imagens de movimentos, da mesma forma que o suporte sólido de uma página possibilita, pela sua resistência, o desenhar de uma figura. A soma e a complexidade da instauração de tais imagens no bebê, em meio à satisfação de suas urgências vitais, constituem as experiências de satisfação. Estas obtêm registro mnêmico e, ao se expandirem, pela experiência, compõem a rede de referências internas, autoeróticas e afetivas da vida do sujeito.

Interessa-nos destacar as imagens de movimento da fala da mãe em relação ao grito do bebê, que proveem, com isso, figuras e sentidos à dor de seus anseios. As imagens acústicas que chegam a ele, provindas da mãe no intervalo entre seus corpos - criado pelo hiato doloroso da falta ante os anseios pulsionais do corpo -, alteram seu choro conforme o ritmo da imagem da voz da mãe, o qual se associa às imagens de movimento do corpo dela em meio à satisfação de suas urgências. Tal como o grito é vinculado à agonia do corpo do bebê, as imagens acústicas oriundas da voz da mãe, que compreende e nomeia as suas dores, se associam às imagens de movimento do corpo dela, trazendo alívio à criança. A palavra é associada ao corpo, a seus movimentos, desde o grito e o espernear. A imagem acústica é associada às representações sensórias do objeto, mas ambas se associam com a imagem motora da palavra, apropriada, pelo bebê, na imitação, ao emitir sons que fazem eco aos da mãe, bem como seus movimentos desordenados, ao se submeterem às impressões sensoriais dos movimentos da mãe, tendem a se apropriar deles, "por imitação", convertendo-se em imagens próprias de movimento.

A Figura 5.1, retirada do livro de 1891 (Freud, 1891/1987), nos permite enxergar as vias de transição entre imagens de palavras e representações-coisa nesse plano inter- e intrassubjetivo que acabamos de descrever.

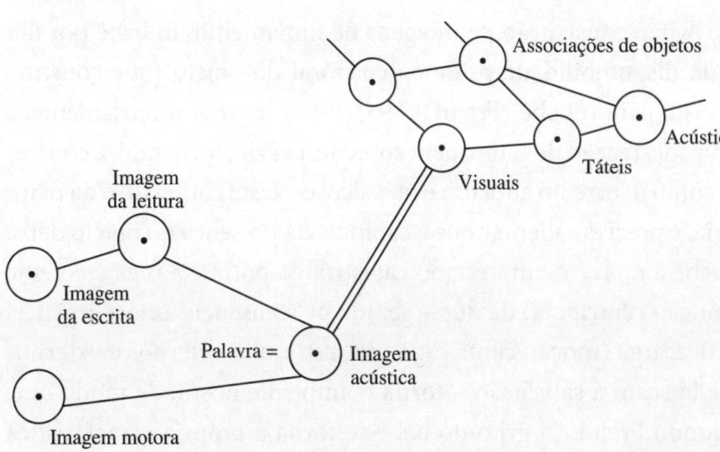

Figura 5.1 Esquema psicológico de representação-palavra.
Fonte: adaptada de Freud (1891/1987).

É preciso frisar que, da mesma maneira que a interpretação do espernear e da braveza no rosto do bebê se forma no adulto a partir do grito, as representações-coisa, na origem das quais se encontram as imagens de movimentos do bebê, só são acessadas pela via central às imagens da palavra (a linha dupla na Figura 5.1 que liga a imagem acústica da palavra à associação visual do objeto). A linguagem ordena as associações infindáveis da coisa. Infindáveis porque construídas pela experiência. A coisa em si não é conhecida. O esquema da Figura 5.2, construído a partir das afasias, ilustra isso.

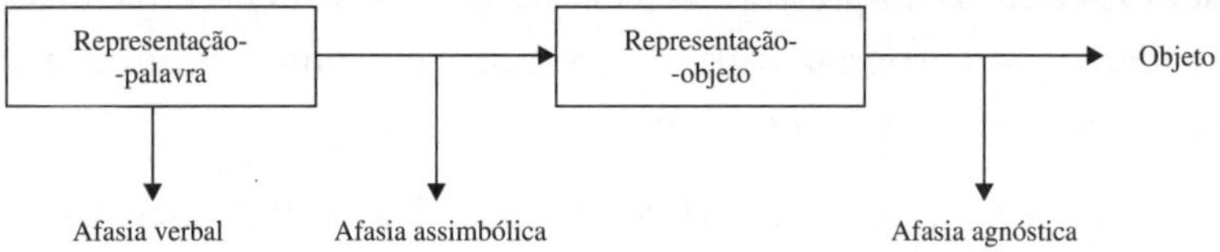

Figura 5.2 Entre palavras e coisas a partir das patologias afásicas.
Fonte: adaptada de Freud (1891/1987).

A não construção de imagens de movimento no bebê por falta da disponibilidade psíquico-corporal do objeto [que constitui a coisa, para o bebê (Freud, 1895/1995)] levaria, forçosamente, a uma construção de linguagem sobre um vazio, tornando-a concreta, como ocorre no autismo e na psicose. Neste contexto, o da patologia, é preciso salientar que a carência da presença do objeto deixa o bebê à mercê de um estado catastrófico porque a fuga (inerente à moção centrípeta) da dor – gerada pela ausência ante a urgência de descarga (moção centrífuga) dos estímulos internos e externos que buscam a satisfação – torna o ambiente hostil, de modo que, segundo Freud, "o grito do bebê se torna a própria característica da coisa" (terceira parte do "Projeto..."), uma espécie de identificação projetiva. A dor é primária em relação às qualidades de prazer, uma vez que é a dor do anseio pulsional, oriundo do corpo, que desperta fuga. E é esse jogo de aproximação e recuo, característico da experiência da dor dos órgãos, que se sintoniza com o jogo de presença e ausência da mãe, instaurando o "contato" (Freud, 1923/1991b) de implantação de imagens de movimentos de si, como descrito anteriormente. Contato que, de um lado, transforma a dor em angústia-sinal ante o perigo (aproximação e fuga) e, de outro, em prazer pela realização em imagens e satisfação junto ao objeto.[4] O eu, diria Freud em 1895 e 1923, é uma organização de traços mnêmicos de representações-palavra e representações-coisa, acumuladas nas experiências sucessivas com os objetos. E essa organização é feita segundo os dois eixos entrelaçados: de defesa (angústia-sinal) e de desejo de realização.

A noção de imagem de movimento, amplamente utilizada no "Projeto...", é precursora descritiva da representação (*Vorstellung*). Ela se baseia na articulação entre os elementos sensoriais do encontro dos corpos; no entanto, é uma "criação inusitada" de elementos psíquicos, já que se incita pelo "movimento", próprio da tendência de descarga dos estímulos internos e externos, mas só se torna "figura, imagem" pela contenção processual inerente à tendência de retração, que se realiza mediante a função "reflexiva" do objeto. É esse seu trabalho que permite, como frisamos inúmeras vezes, o "registro" dos trajetos complexos da satisfação no sujeito para seu futuro uso, bem como nele providencia "notícias de si", de seu corpo, apropriando-o de uma percepção interna da qual toma consciência pela associação primordial, desde o grito e o espernear, entre as imagens da palavra e as representações-coisa.

No terceiro capítulo de "Totem e tabu" (1913/1986a), Freud postula um estado mágico de percepção no qual o homem primitivo projetava seus movimentos no mundo, instaurando o único sistema de pensamento, o animista. No entanto, com a vinculação às

4 Descrição que se encontra, também, em Freud (1923/1991b, 1926/1993).

palavras pelo outro, adquiriu-se a percepção interna das próprias imagens de movimento. Ferenczi, no mesmo ano, segue Freud no artigo sobre o desenvolvimento do conceito da realidade, em que encontra, no bebê, a passagem do estado animista para o do efeito mágico de palavras que prepara o caminho para a percepção das realidades externa e interna.

Vamos deixar de lado a complexa diferenciação sequencial das imagens de movimentos em afetos e pensamento para voltarmos aos poderes da palavra. Vimos que o acesso às representações-coisa de imagens de movimento de si se torna possível pela sua conexão com as imagens de movimento das palavras, proporcionadas pelo trabalho de identificação do objeto. Porém, do que são feitas as imagens de movimento, de palavras ou coisas? Qual é seu substrato? São as urgências vitais e sua pulsação que constituem sua matéria-prima, gerando dor pela ligação que têm com o corpo. A pulsão, entretanto, tende a se satisfazer pela "alucinação", ou sua pulsação equivale à satisfação pela alucinação – modo de funcionamento primitivo da psique (Freud, 1895/1995). A alucinação é ato, carregando no interior de sua realização a potência figurativa (*Darstellbarkeit*). A alucinação se imanta, de início (como na citação anterior de Freud), pela "hostilidade" em função da fuga da insuportável dor, ao mesmo tempo que busca satisfação. É o trabalho do objeto que permite ligar a dor para instaurar, no próprio substrato alucinatório, trajetos derivados de imagens de movimento estabelecidas no intervalo dos corpos. Em "Totem e tabu" (1913/1986a), Freud demonstra, ao comparar o neurótico obsessivo com o homem primitivo, o poder mágico e alucinatório das palavras. A palavra carrega consigo todo o poder de "contágio", próprio da pulsão sexual do desejo incestuoso e do vislumbre de retaliação do pai morto da tribo, a ponto de esta proibir a enunciação do nome do morto e obrigar a mudança do nome dos sobreviventes com o mesmo nome. As palavras em seus afãs alucinatórios, oriundos da pulsão, são atos – atos moldados (mediante a dor) pelo objeto e obtendo registro para passar a constituir o universo dos pensamentos. Essa é a aquisição da cultura, como ressalta Freud em seu "Moisés", de 1938.

Existe, todavia, a questão de como a palavra passou a se encarregar da função da percepção interna (abordada há pouco). A semelhança entre o estado dormente e o morto, bem como entre o sonho e os movimentos na vida da vigília, faz pensar que o espírito do morto é oculto e pode "reaparecer" (vingar), do mesmo modo que o dormente pode acordar, agir. "Raciocínio primitivo" (Freud, 1913/1986a) que enfatiza a ambivalência afetiva originária em relação ao pai. O assassinato, como a percepção de um desejo, assunção de um movimento próprio, foi uma concessão narcísica na história, em que o sujeito assumiu a solidão do "ato da palavra", do desejo ante "o silêncio" da morte do pai – momento em que a palavra veio ao mundo (Freud, 1913/1986a).[5]

Adentrar a cultura significa, então, situar-se no mundo de sujeitos, cuja convivência é regida pela castração, um limite possível de se atingir somente por um ato histórico, fruto do desejo de assassinato do pai primevo. O assassino, diz Freud, em 1921, é o filho caçula e preferido da mãe, encorajado a matar o pai e, assim, se tornar "o poeta", porque traz as palavras aos homens, instituindo com elas uma nova ordem, não mais a do pai perverso e onipotente, mas a de divisão dos bens do mundo entre todos. O ato da palavra

5 Freud se refere (no terceiro e quarto capítulos do livro de 1913/1986a) a uma queda narcísica na história do homem, passando da doutrina animista (correspondente ao narcisismo primário) para a dos espíritos, personagens e conflito, que assinalam o início da religião (correspondente à entrada na cena edípica), em que "a palavra" é coextensiva à instauração do recalcado, do assassinato, erguendo o sujeito e traçando a diferenciação entre o manifesto (percepção externa) e o latente (memória).

remonta, na história, ao assassinato. No início, conclui Freud, em 1913, era o ato.

Para concluir, vemos como as perplexidades iniciais de Freud, de 1890, em relação aos poderes da palavra, acabam sendo resolvidas no decorrer de sua longa trajetória. A criação de imagens de palavras e sua relação com as representações-coisa se dão junto ao outro. Trata-se da criação de uma trajetória singular ramificada que é revista diariamente com os outros, mas que pode ser examinada em uma análise, em que o poder das palavras do analista, bem como do paciente, deve respeitar os limites e as possibilidades impostos pelas trajetórias únicas em que se construíram as relações entre palavras e coisas junto a uns outros um tanto singulares. Como exemplo corriqueiro desse trabalho da análise, trago um conhecido fragmento: um paciente entra em nossa sala. O modo como respira e o seu aspecto facial agonizante nos fazem suspeitar de uma angústia. Ao deitar, perguntamos: "Angustiado?". Uma só palavra, que traz alívio e desperta a fala. A angústia, bem como a sua fonte de dor, é desprovida de tempo, ou este é parado ou infinito. Ao fornecermos uma imagem, um sentido, o tempo volta a escoar, ligando as palavras às coisas. No artigo de 1924 (Freud, 1924/1991c) sobre o masoquismo, Freud aponta o surgimento das qualidades, das imagens, a partir da pulsação. O tempo e a consciência se devem a uma "contenção" que permite um dar forma, como se ligando em imagem os picos das ondas da pulsão. Um sentido na imagem que traz à tona o tempo, as "notícias de si" (Freud, 1895/1995).

Falar e/ou escutar é "quase" tudo: é dar um livre curso ao poder alucinatório das palavras para encontrarem no corpo, mediante a dor, e com o outro, os próprios limites, as próprias formas, de sua realização.

Referências

Ferenczi, S. (1992). O desenvolvimento do sentido da realidade e seus estágios. In: S. Ferenczi, *Obras Completas: Psicanálise* (Vol. 2). São Paulo: Martins Fontes. (Trabalho original publicado em 1913)

Freud, S. (1976). Introductory lecture XXV: Anxiety. In S. Freud, *Pelican Freud Library* (Vol. 1). London: Cox and Wyman. (Trabalho original publicado em 1916-1917)

Freud, S. (1977). A fragment of an analysis of a case of hysteria. In S. Freud, *Pelican Freud Library* (Vol. 8). London: Cox and Wyman. (Trabalho original publicado em 1905)

Freud, S. (1985). Group psychology and the analysis of the ego. In S. Freud, *Pelican Freud Library* (Vol. 12). London: Cox and Wyman. (Trabalho original publicado em 1921)

Freud, S. (1986a). Totem and taboo. In S. Freud, *Pelican Freud Library* (Vol. 13). London: Cox and Wyman. (Trabalho original publicado em 1913)

Freud, S. (1986b). Moses and monotheism. In S. Freud, *Pelican Freud Library* (Vol. 13). London: Cox and Wyman. (Trabalho original publicado em 1938)

Freud, S. (1987). *Contribution à la conception des aphasies*. Paris: PUF. (Trabalho original publicado em 1891)

Freud, S. (1991a). Beyond the pleasure principle. In S. Freud, *Pelican Freud Library* (Vol. 11). London: Cox and Wyman. (Trabalho original publicado em 1920)

Freud, S. (1991b). The ego and the id. In S. Freud, *Pelican Freud Library* (Vol. 11). London: Cox and Wyman. (Trabalho original publicado em 1923)

Freud, S. (1991c). The economic problem of masochism. In S. Freud, *Pelican Freud Library* (Vol. 11). London: Cox and Wyman. (Trabalho original publicado em 1924)

Freud, S. (1993). Inhibition, symptom and anxiety. In S. Freud, *Pelican Freud Library* (Vol. 10). London: Cox and Wyman. (Trabalho original publicado em 1926)

Freud, S. (1995). *Projeto de uma psicologia.* Rio de Janeiro: Imago. (Trabalho original publicado em 1895)

Freud, S. (2002). Mental treatment [Soul treatment]. In S. Freud, *Psychoanalytical treatment essays, 1890-1938* (pp. 59-72). Tel--Aviv: Am Oved. (Trabalho original publicado em 1890)

Freud, S. & Breuer, J. (1974). Studies on hysteria. In S. Freud, *Pelican Freud Library* (Vol. 3). London: Cox and Wyman. (Trabalho original publicado em 1895)

Green, A. (1983). La langage dans la psychanalyse. In A. Green et al., *Langage* (pp. 19-250). Paris: Les Belles Lettres.

6. Entre o design da letra e o corpo invisível da palavra[1]

As letras inscrevem-se com dificuldade, lenta e hesitantemente, no centro da página, destacando o seu espaço vazio, branco; são puxadas como se ao longo de um fio de mínima espessura, gerando um design irregular e uma tipografia que se exaspera em nascer, sobreviver e obter um direito de reconhecimento. São letras que compõem cartas de uma só linha, que apela, suplica, grita, pede socorro. Linha exasperada jogada no meio do nada, sobre um imenso fundo neutro de silêncio.

Refiro-me às cartas enviadas pela prisioneira de crimes de guerra Hanna Schmitz ao seu ex-amante, Michael Berg, personagens centrais do livro *O leitor* (1995), de autoria do alemão Bernhard Schlink, professor de direito e juiz em exercício. Schlink, que até então se aventurava na escrita de policiais, volta-se, desta vez, em gênero romanceado, à relação da geração pós-guerra de alemães com seu recente passado nazista. Como conciliar uma condenação sincera ao horror do passado com o esforço, que se

1 Uma versão deste capítulo foi publicada anteriormente em *Ide, 32*(48), pp. 104-112, São Paulo, 2009.

faz necessário, de compreender os seus conterrâneos envolvidos na execução nazista? Conciliação que traria, quem sabe, um novo ar de esperança ou uma nova era em que haja um gozo de direito de espaço; a abertura de uma nova e limpa página que possa hospedar outras letras, livres das sombras de outrora e comportando, à semelhança das letras da fonte Helvetica - legíveis, leves e neutras –, o frescor da promessa democrática de igualdade e liberdade do nosso tempo.

Stephen Daldry adaptou o romance ao cinema, lançando o filme no final de 2008. Foi o design gráfico das letras de Hanna, encarnada pela talentosa atriz Kate Winslet, que nos evocou e nos enlaçou ao tema "a palavra escrita como um corpo somático a ser observado em sua superfície e no seu interior".[2] Um design que se situa em uma oposição completa, em extremo contraste com o espírito e as mensagens veiculadas pela grafia das letras Helvetica (desespero *versus* esperança; opressão *versus* igualdade democrática; incerteza *versus* estabilidade; angústia *versus* ampla abertura; agonia *versus* leveza etc.). E, no entanto, as letras de Hanna pertencem a uma linguagem; são, além de letras, mensagens (cartas) e expressão do ser, conforme os respectivos significados possíveis da palavra "letra" pronunciada em francês (*lettre*, *lettre*, *l'être*). Surge então a questão: como ligar a letra, que se situa em âmbito compartilhado, público, com a mensagem, oriunda de um ser e existência singulares que almejam alcançar o outro?

Para tratar dessa questão, exponho a seguir a trama e o enredo do filme: este se inicia com um presente esperançoso, entre dois tempos do passado e do futuro de Hanna. 1958 é o ano do primeiro encontro entre Hanna, de 36 anos, cobradora do bonde municipal, e o jovem Michael, de 15 anos. Ela o vê passando mal na sacada de seu prédio, o socorre e depois o acompanha até sua casa. Ao se

---

2 Tema do número da revista *Ide* em que o artigo foi publicado originalmente.

recuperar, ele a procura para agradecer, quando ela flagra em seu olhar uma paixão ascendente que o assusta. Ele passa a visitá-la toda tarde, acrescentando ao *script* do primeiro ato de amor, do despir e do banho, a leitura em voz alta de obras clássicas de literatura que o deleitavam. Essa recitação introduz uma diferença significativa no trato dela para com ele, mas que ela tenta mascarar: no começo, o "ensino" sexual do menino é prussiano, rígido, bruto e ríspido, beirando o abuso; nem sequer cede em revelar-lhe o próprio nome. Michael não compreende esta conduta, pois sua paixão e sua dependência crescem, apesar do seu embaraço com a rejeição que ela manifesta, e que se agrava por repentes explosivos de mau humor. Não obstante, suspeita de uma recíproca amorosa... "Será que nada significo para ti?", pergunta-lhe incrédulo. Ansiando por sinais de atenção de Hanna, é somente a reação dela à sua recitação em voz alta que o certifica de estar em posse de um instrumento eficaz, um radar capaz de registrar as ondas invisíveis do envolvimento afetivo de sua amada.

Entretanto, um impasse se anuncia, não escapado à intuição do espectador, embora não seja fácil expressá-lo em palavras. Michael não sustenta a sedução das jovens em sua escola, já que contrasta com a busca do amor terno junto a Hanna, que se encobre por detrás de uma intensa prática de iniciação sexual. Ternura que mostra seus liames com o que se desenvolve e satisfaz em surdina sua própria mãe, pois sob a cortina do regime correto e seco de seu pai. Quanto a Hanna, é a explicitação de um amor primitivo, infantil e terno, insistente em exigir seus direitos de outrora, e mascarado por detrás de contundentes gestos próprios à instrutora da sexualidade, que a ameaça, porque prestes a arrastar consigo as sombras de sua história recente, de cujo conteúdo ninguém suspeita. A ruptura consuma-se: Hanna some sem deixar pistas sobre seu paradeiro, embora marcasse de forma indelével a alma e a vida amorosa de Michael. Eis então o prenúncio das nuvens sobre o tempo I, que parecia promissor e animador.

Oito anos se passam, e Michael, estudante de direito, assiste, em meio às obrigações de uma de suas disciplinas, ao processo de crimes de guerra. Para seu pavor, Hanna está sendo julgada, por participar, na Segunda Guerra Mundial, junto a outras alemãs, do assassinato de mulheres e de meninas em Auschwitz, famoso campo nazista de extermínio. Interrogam-na com o auxílio de testemunhas. Nesta parte, que versa sobre o tempo II da vida de Hanna, aparecem no filme algumas cenas mais duras, porém das mais belas: "Foi o emprego disponível no momento", defende-se ela. Se ela fechou as vias de fuga para as vítimas, não as salvando da fogueira, é porque "não havia lugar para tanta gente", ou seja, era uma simples questão de espaço! Hanna espanta-se, na mais ingênua sinceridade, com o interrogatório, como se seu interlocutor ignorasse o óbvio, e como se ela quisesse exclamar: "Haveria, naquelas circunstâncias, outro modo de proceder?", para logo deixar o promotor, o juiz, e nós, espectadores, impactados, sem resposta, ao retrucar: "E o senhor, o que faria no meu lugar?".

O que faríamos no lugar dela? Um depoimento agrava sua situação no julgamento: Hanna costumava se recolher com presas mais fracas e doentes para que elas lessem para ela histórias, antes de enviá-las para as câmaras de gás. Testemunho que incentiva as outras rés a jogar toda a culpa nela, de ter comandado as guardas e de ter redigido o relatório sobre o episódio em que elas fecharam as vias de fuga da igreja incendiada para queimar as presas em vida. Inicialmente Hanna desmente, mas, quando o oficial pede para ela escrever algo com o intuito de comparar sua letra com as do relatório, ela se recusa a fazê-lo, admitindo a culpa. Por isso, ela pega a pena maior, a prisão perpétua. Somente Michael sabe do segredo: Hanna é iletrada. Não saber ler e escrever lhe é insuportável, vergonhoso, fazendo-a assumir uma pena maior que a merecida. Michael se revolta e pensa em tomar medidas para inocentá-la das acusações de comando do grupo e da escrita do relatório, mas recua de sua intenção.

A alienação do mundo letrado, *illiteracy* (substantivo ausente na língua portuguesa), constitui uma metáfora central para a relação do povo alemão com o holocausto que cometeu. O autor foi alvo de severas críticas, como se mediante esse recurso quisesse inocentar a geração alemã envolvida no Holocausto. Polêmica no plano social, cujo interesse, para o psicanalista, reside na relação entre o tornar-se letrado e o saber de si, na assunção subjetiva dos próprios atos. Já no filme, a inocência quanto à intencionalidade dos atos constitui um fio persistente do enredo. E, no entanto, isso não se traduz na ação, pois ninguém, nem mesmo Michael (apesar de seu conflito), poupa Hanna da condenação e tampouco pensa em recorrer da sentença. Fica, no entanto, algo no ar: a inocência no depoimento de Hanna nos toca fundo, misturando sua condenação com uma pena, semelhante à que sentimos ao punir a criança pela crueldade da qual ela parecia não ter consciência. Bion resgatou nesse ato de arrependimento, *atonement*, a identificação, o estar uníssono com o outro (*at-one-ment*). Identificação inerente ao apelo da inocência, da inconsciência na criança quanto à própria crueldade e à existência do outro prejudicado. Winnicott, na linhagem Ferenczi-Balint, nos remete ao estágio de pré-remorso e de pré-concernimento, ou seja, aqueles anteriores ao reconhecimento do outro como um ser semelhante. O que nos interessa, porém, é a coincidência da aquisição da letra com a consciência da própria maldade, do desejo. No filme, Hanna adquire esse conhecimento concomitante nos longos anos de prisão, familiarizando-se, a duras penas, com as letras, e com um conhecimento sobre o plano e os feitos nazistas. Saberes aos quais não resiste!

No esquema do livro de Freud "A concepção das afasias" (1891/1987), que persiste em toda a sua obra, as imagens de leitura são associadas, de um lado, às imagens da escrita e, de outro lado, às imagens acústicas, vinculadas, por sua vez, na outra ponta da linha, às imagens de movimento da fala. As imagens acústicas da palavra criam uma ponte de acesso à infinita rede de representações-coisa via as representações visuais do objeto. Como isto se cria? São as vozes e os gestos do adulto que dotam o grito e a agonia do bebê de designs, de imagens de movimento, oferecendo-lhe com isso "notícias de si" (Freud, 1895/1995). Como se o vínculo no adulto, entre a sua ação da fala, os fonemas e suas representações de si próprio e do mundo, orientasse, no intervalo entre ele e o bebê, o crescimento (no bebê) do elo embrionário grito-dor (oriundo da pulsação em meio à ausência), em direção a uma complexa e infinita construção do universo das representações, entre as de palavras e as de coisas. O design, a imagem e a representação formam-se subsequentemente ao contato (de dor), implícito à exigência corporal perante a ausência; constituem desdobramentos, oriundos e apoiados no outro, em função da sua presença ativa. O investimento pelo olhar se deriva do tocar, tornando-se um tocar a distância (Freud, 1905/1977). A voz própria, da dor do grito, e sua contrapartida, a voz do outro, são tocares que, em seu desdobramento à distância, associam-se, como indica Freud (1891/1987), ao desenho das futuras letras. Nesses investimentos a distância o objeto é sobrevalorizado no cercar e avançar contíguos, "contagiosos", da libido. Isso significa que as letras não resultam apenas das formas criadas no espaço transicional pela condução do adulto, por meio de seus movimentos e figuras do corpo e das palavras, mas constituem também o suporte herdado, derivado, do continente narcísico de fusão com este outro de origem. É este corpo, enquanto território de fusão, que é preciso destruir (Winnicott) e negativar (Green) para dele se separar, e, depois, voltar a investi-lo junto a outros, como objetos externos separados, situados no espaço comum, o mundo compartilhado onde sujeitos separados circulam, trocam e conversam.

A aquisição prazerosa de registros representativos se faz, então, inicialmente no terreno do narcisismo primário, território indistinto da fusão ao objeto, instaurando o recinto edênico do amor primário. O reconhecimento da alteridade que se impõe mais tarde, demandando um bota-fora, seja do objeto, seja de si, para se lançar em um espaço compartilhado do mundo, encontra duas resistências: a primeira, da intensificação frenética da atividade perversa polimorfa, espécie de idealização da pulsão e da onipotência da libido; a segunda, decorrente já do reconhecimento da realidade da castração e da alteridade que esta imprime, atrai o sujeito ao refúgio no paraíso reencontrado pela sobrevalorização estética em meio ao investimento libidinal do objeto, tornando-o fetiche que tampa e tampona a vista da castração (Freud, 1905/1977). É a predominância desta última que caracteriza o aprisionamento na demanda infinita da ternura – a palavra bíblica "éden" significa, ao mesmo tempo, ternura e infinito –, impedindo sua integração no eu junto à acolhida da corrente sensual, marcos da separação do objeto na assunção da castração. Os derivados da pulsão tornam-se auto, "propriedade sua", quando o sujeito se percebe separado (Freud, 1905/1977), na medida em que o amor primário e o seu terreno sexual infantil integram-se ao eu, pondo fim a uma demanda infinita, aos objetos exteriores, da ternura infantil.

O teste da separação do objeto primário, quando da integração da corrente terna, configura-se na aquisição do design da letra, no tornar-se letrado. A este respeito Freud evoca, em 1919, três regimes em que a insistência em repetir favorece a ligação e o estabelecer de rotas da representação, pelos quais age o princípio de prazer. O primeiro se encontra nas neuroses traumáticas, o segundo no brincar do *fort-da*, e o terceiro no pedido incessante das crianças para que o adulto leia para elas "de novo" o mesmo conto. Nos três há o esforço de ligar e domar algo traumático. A intimidade da entrega ao colo do adulto que lê permite a cobertura narcísica, terna, e a legitimação em se apoderar dos enredos violentos da fantasia. O que se assemelha à proteção e à intimidade, tão cara às crianças, na imaginada companhia dentro da arca de Noé, que balança sobre as águas tempestuosas do Dilúvio. Imersão e entrega hipnótica ao ambiente que dotam as palavras do adulto de um poder mágico. Freud descobriu muito cedo (1890/2002) que esse poder se deriva da condição primária de entrega, entre bebê e mãe, e cujos ecos são necessários na sujeição ao educador, ao líder, ao médico e ao encarregado do tratamento psíquico.

Hanna permanece prisioneira desse plano fusional da ternura, de seu leitor (*Vorleser*) e da leitura deste, ato que, em alemão, reserva-se apenas a quem lê em voz alta para o outro. O verbo *vorlesen* se restringe à recitação, e não designa o regime privado da leitura. A passagem para a leitura e a escrita encontra muitas dificuldades em crianças, pela solidão depressiva do separar-se, da alteridade que ela implica. Em "Totem e tabu" (1913/1986a), Freud afirma que a apropriação de representações das palavras coincide com a percepção do mundo interno, que, antes dessa aquisição, era projetado, confundindo-se com o mundo externo. Hanna não atingiu esse grão de alteridade. Quando começa a fazê-lo, após longos anos de prisão, em que se esforça a aprender a ler e entrar em contato com a história do Holocausto junto a autores como Elie Wiesel, Primo Levi, Tadeusz Borowski, entre vários historiadores, a solidão do reconhecimento é insustentável. Michael, de seu lado, não resiste ao fascínio nostálgico da ternura junto a Hanna, pois certa fissura ascende em sua alma, demandando o suplemento pela vitamina de ternura infantil, o que mina seu casamento e o relacionamento com sua filha. Ele nunca para de pensar em Hanna e resolve, em meio à sua solidão, restabelecer o contato íntimo com ela, enviando-lhe fitas em que grava a leitura de obras com as quais se deleitavam junto 25 anos antes. Hanna estremece-se toda diante da volta da voz de Michael em meio a seu esforço penoso de aceder à realidade. Ela lhe escreve quando ele demora em mandar-lhe as fitas, suas trêmulas letras sobre o meio vazio da página evidenciam a imensa solidão. A regressão ao plano narcísico é inevitável. Na véspera de sua libertação da prisão Hanna se suicida. Um pouco antes, confessa a Michael que ninguém a entende; ninguém é capaz de compreendê-la, a não ser as vítimas que a visitam todas as noites. São elas suas antigas contadoras de histórias que, em seu estado de fraqueza, representam, talvez, a criança que ela foi. O que atesta essa lógica de transitividade especular da cena de reunião junto a uma mãe sempre ansiada. São aliás notórios os depoimentos sobre este tipo de relação íntima que alguns psicopatas estabelecem, antes e depois do crime, com suas vítimas.

O apelo exercido pela ternura, no plano do narcisismo primário, tende a gerar um dos fenômenos mais nefastos da vida em sociedade: a indiferença a tudo e a todos que se situam fora dele. Em "Sua Majestade, o bebê" (Freud,1914/1991b), nós o identificamos não só no ser que ocupa o carrinho de passeio sobre a calçada, inconfundível em seu olhar de desprezo e indiferença a quem o rodeia, mas também no desinvestimento presente, por exemplo, na fala do motorista que leva Michael, durante o julgamento de Hanna, para visitar o tombado campo de concentração: "Quem executa cumpre apenas o seu trabalho, ele não odeia as pessoas executadas, não os vinga e não os mata porque o atrapalham ou o ameaçam. As vítimas são de tamanha indiferença para ele que a execução se torna uma das tarefas mais fáceis do mundo".

Aludi ao sofrimento e ao fracasso de Hanna em aceder à alteridade, que coincide com sua entrada para o universo letrado.

Hanna fraqueja em avançar rumo à humanização que Freud destaca no final de sua obra: "com o desenvolvimento da linguagem ... abriu-se um novo mundo da intelectualidade, em que ideias, representações, memórias e inferências são decisivas em contraste com a atividade inferior que tem como conteúdo as percepções diretas dos órgãos de sentido" (1938/1986b, p. 360). No entanto, a abertura para o desdobramento do corpo na trama do universo letrado não torna o sujeito imune à força de apelo do narcisismo infantil. A própria moção de desinvestimento sublimatório, ao querer varrer e limpar a memória da agressividade, de sua sujeira sexual, acena, como na promessa implícita no design da fonte Helvetica, para uma nova morada – aparentemente neutra, de simetria e de arejo estético notáveis – do narcisismo ferido de outrora, como atestam os acontecimentos de indiferença violenta do mundo contemporâneo. Mostrei há pouco como as letras representam em linha contínua a constituição da subjetividade e que o aprisionamento no terreno primário as torna sítio de imersão e sobrevalorização estéticas fetichistas, como Freud percebe em 1905. Evoco aqui alguns pacientes, detentores de gostos e cuidados estéticos marcantes, que me remetem, no início da sessão de certos dias, à paisagem do céu azul, avistada pela varanda da sala. Uma intuição instrumentada em mim não atenta apenas para sua recusa, naquele dia, em interagir e trabalhar, mas convoca-me para cenas sábias que cineastas utilizam, em que uma criança, sob o peso do corpo que a assalta, recorre ao refúgio do céu, da beleza do mundo, cindindo-se de uma parte aprisionada, confundida com o outro. O que se deve, assim me parece, ao fato de não ter sido atendida em seu narcisismo da ternura infantil e, portanto, ter sido impedida de poder, mais tarde, negativar o outro de origem (enquanto tela provedora em que o bebê se instalou de início), para encontrá-lo, e a seus semelhantes, no plano da alteridade. A moléstia pelo adulto é impressa na história destes dois pacientes, já com vários anos de análise. O aprisionamento na demanda terna do narcisismo infantil se atrela à ocupação pelo adulto perverso... algo que não pude investigar e verificar na história pregressa de Hanna.

Uma distorção do texto (isto é, da memória) se assemelha, diz Freud (1938/1986b), a um assassinato, uma vez que a deformação, a distorção (*Entstellung*) não é apenas um disfarce, mas é, também, um deslocamento (*Entstellen*) para outro lugar, escondido. A inquietação do autor de *O leitor*, em seu afã de querer "tratar" e conciliar sua geração com os horrores cometidos pela geração anterior, juntando-se a semelhantes tentativas modernas, não impede a ameaça de sua reatualização.

Para concluir, lembraria apenas que a clínica psicanalítica nos orienta e nos recomenda que continuemos a conceder à letra o direito do trabalho da memória para que atinja o corpo invisível que o outro de origem teceu com as mãos e a agulha das palavras.

Referências

Freud, S. (1977). Three essays on the theory of sexuality. In S. Freud, *Pelican Freud Library* (Vol. 7). London: Cox and Wyman. (Trabalho original publicado em 1905)

Freud, S. (1986a). Totem and taboo. In S. Freud, *Pelican Freud Library* (Vol. 13). London: Cox and Wyman. (Trabalho original publicado em 1913)

Freud, S. (1986b). Moses and monotheism. In S. Freud, *Pelican Freud Library* (Vol. 13). London: Cox and Wyman. (Trabalho original publicado em 1938)

Freud, S. (1987). *Contribution à la conception des aphasies*. Paris: PUF. (Trabalho original publicado em 1891)

Freud, S. (1991a). Beyond the pleasure principle. In S. Freud, *Pelican Freud Library* (Vol. 11). London: Cox and Wyman. (Trabalho original publicado em 1920)

Freud, S. (1991b). On narcissism: an introduction. In S. Freud, *Pelican Freud Library* (Vol. 11). (Trabalho original publicado em 1914)

Freud, S. (1995). *Projeto de uma psicologia*. Rio de Janeiro: Imago. (Trabalho original publicado em 1895)

Freud, S. (2002). Mental treatment [Soul treatment]. In S. Freud, *Psychoanalytical treatment essays, 1890-1938* (pp. 59-72). Tel--Aviv: Am Oved. (Trabalho original publicado em 1890)

Schlink, B. (1995). *O leitor*. Rio de Janeiro: Record.

7. Entre representação e experiência emocional: contribuição para um diálogo[1]

Introdução

Este trabalho dá continuidade a um anterior (Delouya, 2005/2019), ambos incitados pelos debates que permeiam o ambiente da Sociedade Brasileira de Psicanálise de São Paulo (SBPSP).

O que nos atraiu para a formação analítica no Instituto Durval Marcondes e, mais tarde, a participação no corpo dos membros da SBPSP (falo em meu nome e de um grande número de parceiros nessa trajetória) foi o tradicional foco dessa instituição no trabalho clínico e na técnica psicanalítica, em sua condução e seu emprego, e a atenção sobre o campo transferencial, que permite adentrar o mundo do paciente e facilitar nossa atuação junto a ele. O trabalho íntimo implícito à observação clínica constitui uma característica central de nossa tradição. Não obstante, as coisas não param e não poderiam parar aí: para a descrição de observações e fatos clínicos e, na busca de uma inteligibilidade deles, o colega apresentador

1 Uma versão deste capítulo foi publicada anteriormente em *Jornal de Psicanálise, 40*(72), pp. 193-213, São Paulo, 2007.

lança mão, via de regra, de termos, conceitos, esquemas e arrazoados interiores a certa teoria ou escola psicanalítica, seguindo interpretações e desenvolvimentos de um ou de vários autores pertencentes a tal teoria ou escola. O discurso flui, então, em circuito fechado, dificultando a interlocução com outros colegas que se situam em campos teóricos e modos diversos de compreensão. Entretanto, nota-se em grande parte dos ouvintes, não partidários da escola do apresentador, grande interesse em poder compreender, trocar e dialogar com o que está sendo descrito e articulado a partir do material clínico em certo contexto teórico.[2] Os impasses gerados não deixam de despertar as paixões (de filiação) em cujas veias circula, como mostrou Freud, o sangue do nosso narcisismo. Não poderia ser diferente, aconteceu e acontece até entre os britânicos. Logo, porém, as ondas das paixões recuam para as margens, ficando ali à espreita, e o terreno volta a ser ocupado pelas tentativas de diálogo e comunicação. Configura-se, então, um esforço de confrontar diferentes hipóteses e conceitos de base postos em marcha em relação a um mesmo material clínico. Assistimos, há três anos, a esse exercício, durante um ano em que supervisões clínicas publicadas, realizadas por destacados psicanalistas locais e estrangeiros, foram objetos de debate entre colegas que representavam uma das três tendências principais na Sociedade, batizadas nos eixos das pulsões (freudiana), das relações de objeto (kleiniana) e da experiência emocional (bioniana).

---

2 Existe, porém, uma variante deste quadro. Refiro-me às discussões, como nos seminários sobre o relatório de supervisão de um colega. Aqui a expressão sobre os movimentos do trabalho clínico se mostra em grande parte livre de enunciações teóricas, o que permite um diálogo, via de regra amistoso e proveitoso para o trabalho clínico. Entretanto, essa prática tem pouca influência sobre a tradição que acaba se realizando em círculos fechados, como descrevi anteriormente, de "agrupamentos de pensamentos únicos" (Leopoldo Nosek, em reunião na SBPSP).

Essa experiência, como outras neste sentido, demonstra algo que sempre intuímos: o material clínico não nos ajuda a decidir em favor de uma teoria ou outra. A sua utilidade é, em grande parte, doméstica, ou seja, ilustra, reforça, aprofunda e amplia os próprios conceitos e hipóteses e, por vezes, permite inferir outros modelos e conceitos para o mesmo contexto teórico. A clínica tem, em suma, um papel heurístico para uma produção dentro da mesma teoria.

No que diz respeito à interlocução entre colegas de diferentes concepções teóricas, vemos duas dificuldades no referido exercício: a primeira se deve a nossa formação. Como candidatos, estudamos e percorremos textos e relatos de experiências clínicas dentro das principais tendências teóricas, formando algumas ideias sobre elas e adquirindo alguns desenhos delas. Os debates mostram que o conteúdo, o sentido, a extensão, a aplicação e as relações entre os conceitos e modelos que utilizamos não são os mesmos que o colega de outra tendência teórica-clínica nos atribui e por meio dos quais ele se posiciona e se situa em relação a nós. Isso é compreensível, uma vez que moramos em cômodos diferentes e a familiaridade que temos com o uso e com a transformação de nossos utensílios e mobílias não poderia ser conhecida a fundo por aqueles que não habitam junto a nós. Por isso, diriam alguns, existem os espaços e as salas comuns, para conversarmos, trocarmos figurinhas e debatermos uns com os outros. Surge, então, a segunda dificuldade: recorrer aos elementos fundamentais da teoria (pulsões etc.) nos afasta do objetivo inicial, o de permanecermos os mais próximos das hipóteses com as quais manejamos o material clínico.

Proponho, portanto, um pequeno experimento, colocando em conversa a noção freudiana da representação (*Vorstellung*) com a da experiência emocional, oriunda de Bion.[3] Como jus-

---

3 O trabalho de Bion tem sido batizado em torno do pensamento. No entan-

tificativa inicial, lembro que a representação surge espontânea e imediatamente em Freud desde sua visita a Paris em fins de 1885 e se põe a seus serviços nos primeiros instantes de seu intenso e contínuo trabalho clínico com o sofrimento psíquico, iniciado no começo do ano seguinte, 1886.[4] A representação é a mola do pensamento de Freud e, no plano clínico, constitui o eixo em torno do qual se articula toda sua trajetória, do começo ao fim (desdobramentos que não concernem os objetivos deste trabalho). Quanto à noção de experiência emocional, ela se encontra em Bion, de um lado, nos eixos constitutivos da grade e da teoria de pensar e, de outro, se estende às questões clínicas do vínculo e da relação analítica. Ela é frequentemente utilizada por colegas no sentido estrito, quase literal da vivência emocional da relação em dado momento da situação analítica. A vantagem em abordá-la em nosso experimento é o fato de ela estar também adotada de forma natural e livre pelos partidários kleinianos e compreendida dentro das relações de objeto da dita situação total da transferência.

Representação e experiência emocional

No citado trabalho anterior mostramos como, a partir de uma citação de Freud (1911/1991b) em que este afirma que a representação, *Vorstellung* (*idea* em inglês, conforme a tradução de Strachey), é o

---

to, tanto em Freud como em Bion as respectivas representação e experiência emocional vinculam-se ao pensamento.

4 Os estudiosos notam que o emprego do termo por Freud não se deve apenas à presença deste no corpo das descrições da histeria pela escola de Paris, mas também ao fato de que a última ressuscitou em Freud os tratados da representação nas aulas de filosofia de Franz Brentano que ele havia assistido nos primeiros anos (entre 1873 e 1875) da faculdade de medicina. Não obstante, a noção psicanalítica da representação foi inteiramente reconfigurada a partir da sua experiência clínica.

que "faz a ponte sobre o hiato entre os impulsos e suas realizações" (p. 37), Bion conclui que todos os objetos psicanalíticos compostos de elementos alfa podem ser representados pelo signo I (*idea*) e, com exceção da fileira A (os elementos beta), tanto as categorias de uso dos pensamentos como os estágios de sua gênese, ou seja, toda a produção da grade, encontram-se sob o domínio de I, da representação freudiana (Bion, 1963/1989). A convicção de Bion de que toda a produção dentro do trabalho analítico, bem como dentro da vida psíquica, pertence ao regime da representação freudiana nos incentivou a redigir um trabalho em que ampliamos esses aspectos, dando destaque às origens da representação em Freud. Um dos comentários que recolhemos de um dos colegas é que Bion e Freud se situam em planos distintos: Bion no universo dos vínculos e Freud no regime intrapsíquico. Ou seja, não há conversa possível, a despeito das citações do próprio Bion e das ilustrações de sequências clínicas fornecidas em nosso trabalho: ambas foram ignoradas. A maneira com que o colega nos dispensou, nos privando de sua companhia, é um dos exemplos das dificuldades no âmbito psicanalítico às quais fiz referência no início desta exposição. Também ilustra o desconhecimento de um conceito-chave da psicanálise: a representação. Pois o vínculo, na medida em que é conexo à experiência emocional, é interior à representação em Freud, e é nesse sentido que pretendo caminhar.

A representação é uma cena em que o sujeito toma parte, tendo ele nenhuma, parcial ou inteira consciência disso; e, via de regra, em relação a um outro, ao corpo do outro, sendo esse distinguido ou não como tal para o sujeito. Uma cena pressupõe um palco sobre o qual desenrola-se uma ação, uma experiência (vivência, afetos) realizada em relação a outros corpos, ou seja, são relações com outros personagens. Como exemplo, trago o primeiro sintoma que aparece naquela que propiciou a descoberta da psicanálise: Anna O. (Freud & Breuer, 1895/1974). Num fim de tarde do verão de 1880, a jovem Bertha Pappenheim, de 18 anos de idade, encontra-se na companhia do seu adoecido pai, imersa em seu cuidado, quando ouve uma música de baile vindo de uma das casas da redondeza. Nesse instante, ela adoece, perde a fala. Quando esta volta, carece de sua língua materna, dando lugar, na mente da paciente de Breuer, às canções de ninar de sua infância nas línguas estrangeiras de sua babá e de sua governanta, francesa e inglesa, respectivamente. Percebe-se como a cena (estar no baile), entranhada na emoção e no desejo da adolescente (de mergulhar na balada, junto às colegas, ser cortejada pelos rapazes etc.), com sua fonte e sítio corporal (sexual genital, já que dançar relaciona-se à "parte de baixo"), não pode ser admitida na consciência, é traumática, pois está em conflito com sentimentos piedosos em relação ao pai, da obrigação filial de cuidar dele. Em vez de se confrontar com este conflito emocional, ocorre uma regressão para outra cena, de cunho infantil, oral, do canto de ninar na companhia terna da babá e da governanta. O sintoma instalado é, inicialmente, afonia, e depois a impossibilidade de se expressar em alemão, mas apenas em inglês e francês.

Falta, conflito e trauma sexual são eixos principais da representação, aos quais pretendo voltar; porém, vale frisar o seguinte: é o afeto, é a vivência que é repudiada no recalque; a representação é desinvestida (Freud) dessa vivência, tomando, na histeria, o destino de conversão, isto é, ela passa a alojar as representações conexas, neste caso, de cenas infantis, situadas no campo dos investimentos sexuais infantis junto aos corpos de figuras significativas, formadores dos trajetos da libido. Entretanto, é na cena da terapia – na qual Breuer é destinatário das moções afetivas da paciente – que surge, à maneira regressiva, a série de representações, desencadeando uma espécie de "*private theatre*"; processo de "*chimney sweeping*" que permite resgatar na consciência o "afeto estrangulado" (Breuer) da cena traumática de origem.[5] A cena da análise serve de apoio, como um resto diurno no qual se engancham, sucessivamente, as cenas inconscientes, instaurando o campo da transferência, que passa a ser um derivado particular da cena da representação.

Neste contexto, lembro os modelos, elucidados, justamente, em relação à transferência, em meio ao processo terapêutico com a histeria (Parte IV dos "Estudos sobre a histeria", Freud & Breuer, 1895/1974), nos quais a alma figura como uma malha de representações, com diferentes estruturas compondo sua espessura. Nesta malha do doente, o afeto não toma, obrigatoriamente, no recalcamento, o destino da conversão, mas pode ser submetido a uma tentativa reativa de tamponamento coercitivo por ideias e atos compulsivos, como se assiste na neurose obsessiva, ou pode alojar, projetivamente, o objeto fóbico, ou se encapsular, como na psicose, numa vivência alucinatória que abole as fronteiras entre a percepção e a representação, numa espécie de recalque para fora (Freud, 1896/1986b), ou ainda pode ser impedido de nascer dentro da representação para se encolher em sua fonte somática, deturpando a estase física, acarretando a doença psicossomática.

Voltando à situação analítica, cada fala do paciente nos insere na malha de suas representações, na qual é o afeto e seus destinos na experiência emocional que se colocam em relevo. Contudo, o afeto só tem sentido no contexto das representações desencadeadas; ele é função da representação. A representação dota a experiência de seu sentido, conteúdo e qualidade. Existe, pois, uma analogia, se não uma identidade, entre função e representação. Elas agem sobre o mundo da vigília, o conjunto sensorial e pulsional dos respectivos ambientes e corpos em cena, gerando experiência psíquica em

5 Os termos em inglês foram cunhados pela própria paciente, Bertha Pappenheim.

cada um dos participantes e na troca em que se engajam, conforme o modelo inaugural de Freud sobre o movimento criado entre o resto diurno (o "instigador do sonho") e a série dos pensamentos inconscientes. Daí a convicção de Bion de que I "representa objetos psicanalíticos compostos dos elementos alfa, os produtos da função alfa" (Bion, 1963/1989, p. 4). Nota-se, aqui, uma concordância entre Freud, Bion e Lacan de que o psíquico não é uma emergência de baixo para cima, de algo primitivo que surge em forma crua e nua, mas é produto de uma função, uma ordenação, vinda de cima e se impondo aos dados de origem.

Outro aspecto, central à atividade clínica, se relaciona à atenção que prestamos às configurações singulares da referida função em cada paciente. Pois, segundo as acepções de Bion, Lacan e Freud, a respectiva função alfa, linguagem ou representação, é adquirida, montada e construída no sujeito a partir da cultura, do ambiente de origem ao qual advém e ascende o recém-nascido. O que nos permitirá focar, com o auxílio de ilustrações clínicas, alguns elementos da representação e da experiência emocional.

A construção da função psíquica tem como ponto de partida a condição inicial de desamparo do bebê. Desamparo porque se trata de uma violência, oriunda das urgências vitais e do mundo sensorial (em que se incluem os objetos), mas que é, em parte, amortecida, contida, segundo Freud (1895/1995), por uma moção centrípeta da vida anímica, que ele integrará, mais tarde, à feição central da pulsão de morte. A imagem geométrica que fazemos dessa condição, gerada, de um lado, pelas forças de caráter centrífugo e, de outro, pela moção interior, de natureza centrípeta, é de um espaço selvagem, de um terreno baldio. "Cair no mundo" nesse momento é encontrar-se num terreno baldio, indiferenciado, sujeito à agonia (Winnicott), dor e terror (Bion) de invasão e abandono absolutos. O adulto experiente (Freud utiliza a palavra

Nebenmensch, que significa o outro próximo), sensível ao estado da criança, é despertado pelo grito e o espernear desta, remetendo o adulto, à maneira regressiva, numa espécie de *rêverie*, a seu próprio grito de origem, para acolhê-la, colocando-a no colo e atendendo a suas necessidades. A intervenção do adulto é incitada, pois, pela identificação e dotada, diz Freud (1895/1995, p. 46), de um "valor de compaixão", já que o estado da criança adquire a "função secundária de comunicação". Se o "desamparo infantil é a fonte de todos os motivos morais", pela comunicação e compaixão que desencadeiam no adulto, estas últimas nada mais são do que os meios de inclusão, de alojamento do recém-nascido na esfera humana, e o terreno baldio dos inícios deixa de ser inteiramente selvagem para receber os empreiteiros da obra humana. Tal acolhimento, oferecido em função das ameaças que pairam sobre a autoconservação e o narcisismo primário do bebê, instala o palco da representação. Primeira diferenciação que nos parece definir o que os filósofos de orientação fenomenológica e existencialista identificam como a dimensão trans-subjetiva, do ser-no-mundo (uma contiguidade só, sem separação dos termos). Não obstante, o psicanalista se defronta na clínica com uma grande variabilidade de carências neste palco, instaurado pelo objeto de origem, o que é previsível dada a singularidade psíquica do objeto (o adulto), e seus precursores na cadeia das gerações. Antes de fornecer alguns exemplos sobre esse palco da representação é preciso que eu complete o desenho freudiano, dizendo algo sobre a origem dos personagens e roteiros que se desenrolam nesse palco.

No desamparo do bebê, as urgências vitais e as aflições advindas do organismo e do ambiente sensorial e objetal – todas causando dor e pavor (porque são desconhecidas para o bebê por falta de meios internos para interpretá-las) – precisam de uma ação específica para satisfazê-las ou aliviá-las. Prover o alimento ou afastar os estímulos internos e externos, causadores de dores, cabem ao adulto, pois nem a satisfação e tampouco os meios de fuga dos estímulos, oriundos do ambiente sensorial e objetal, são disponíveis ao bebê, a despeito da exasperação em descarregá-los pelos movimentos alucinados de choro, braveza e espernear. Em meio aos serviços específicos prestados pelo adulto, ocorre algo que Freud identifica na periferia, mas que revela ser fundamental para a geração da vida psíquica: a atenção e o *timing* na voz, na nomeação, no tocar e nos modos de segurar; em suma, a série de movimentos de condução do adulto provê ao bebê, de modo reflexivo, imagens de movimento de si. A descarga expulsiva do desamparo se transforma em tempo, em prazer; o bebê é provido de notícias de si (Freud), de referências rudimentares de seu corpo. O palco se abre para a cena do brincar. Uma vinculação, pois o bebê manifesta uma clara sintonia com a condução viva do adulto, dando mostra ao enriquecimento no espectro da "expressão das emoções",[6] como evidencia a expressão facial (serenidade, riso), a coordenação contextualizada dos movimentos corporais etc., nos quais identifica-se aquilo que é propriamente psíquico. Observa-se aqui um desvio, um deslocamento da estrita dimensão das necessidades do plano da autoconservação para o erótico, instaurando os alicerces do corpo e da sexualidade infantil. A violência pulsional e sensorial transforma-se em parte em libido e, em vez da tentativa alucinada de expulsão de estímulos, ocorre integração de traços dos objetos e das figuras conexas ao prazer dos próprios movimentos. O bebê começa a adquirir os primeiros meios de pensar (Delouya, 2005/2019). Laplanche tem certa razão em sustentar, neste desvio, o nascimento da pulsão (*Trieb*); eu diria que o que

6 Frase adotada de Darwin e que se refere aos gestos expressivos herdados pelo bebê (o choro ou o sorriso "automático" do bebê, esboçado fora do contexto comunicativo), por meio dos quais identificamos a herança do pai, da mãe, do irmão etc. daquele bebê. Gestos-moldes a serem preenchidos com um largo espectro de expressões pela viva vinculação com o meio humano.

nasce é o representante do *Trieb*. Seja como for, o manejo do adulto é tributário de um valor reflexivo, "imitativo" (Freud 1895/1995), oriundo também, ao modo regressivo e numa espécie de *rêverie*, da própria experiência de condução de seu adulto de origem.

O que se cria nesse momento são os sentidos, os precursores e componentes do que Freud denomina de desejo. Se na dimensão do narcisismo primário e na da autoconservação a moção centrípeta se vale, ao modo reflexivo, da compaixão do adulto para o resguardo dos contornos e superfície de um terreno em estado de agonia, aqui a companhia ("valor imitativo") de condução viva e ativa do adulto lança mão no bebê dessa mesma via de retração para a geração de traços, trilhas, incitados pela via de descarga pulsional, de acordo com as figuras de voz e gestos ofertados pelo ambiente, da mesma forma que um esforço de contenção se impõe aos movimentos da mão da criança quando esta tenta desenhar algo no papel. Esses são os traços de memória da experiência. A experiência é tributária de qualidades de sentidos e significações proporcionadas por figuras advindas do adulto, acompanhadas, entre descarga e contenção dos estímulos sensoriais e pulsionais, das transitividades estéticas das formas do tempo e do espaço e de prazer, desprazer e dor. Mas a experiência tem um tempo. Importante que ela deixe marcas, mortas, fósseis que ascendem à vida, a cada contingência da realidade, de estados de vigília, e isso em função das demandas da pulsão, articuladas à falta e aos elementos disponíveis no ambiente. As incitações pulsionais e sensoriais seguirão as trilhas já demarcadas, ampliando-as e ramificando-as pelas contingências da experiência. Nisso consiste o pensar, em que mudanças na vida da vigília (frustração) em relação à orientação dos roteiros anteriores permitem sofisticá-las e ampliá-las, propiciando realização, ação. Trajeto que outrora foi inaugurado pela ação específica prestada pelo ambiente adulto. Assim, novas camadas geológicas da mente abrigam, dentro e entre elas, novas populações de fósseis, todas responsáveis, ao acordar, pela experiência, pela malha de representações da alma.

Os mal-entendidos sobre a noção freudiana de "aparelho de memória" esclarecem-se a partir desta descrição: não é um acervo cujas peças intactas são recuperáveis – nunca se atravessa o mesmo fluxo do rio –, mas uma modificação constante em *après-coup*. As trilhas mais antigas são carreadas de maior intensidade pulsional; é a partir delas que ocorre, com a experiência, sua ramificação – o que dota o psiquismo da feição regressiva e passível, em virtude dessa sobredeterminação, da livre associação. O aparelho é, em suma, um "aparelho de aprendizagem" (Freud, 1895/1995),[7] a partir da e pela experiência. Resta a questão quanto à natureza do registro da sustentação, pelo adulto, da vivência primária narcísica, das dores e terrores dos inícios. É um registro de dupla inscrição. A fuga (incitada pela moção centrípeta) dos dolorosos estímulos – lançando o bebê no terror do desconhecido – encontra, para estes, um alojamento fusional e confusional nos traços do objeto: "o grito do bebê se torna a própria característica da coisa" (Freud, 1895/1995, p. 81), ou seja, ocorre uma identificação projetiva... nada menos que isso! Grito de comunicação, proporcionando alojamento na compaixão. Já na companhia "imitativa" ocorre uma diferenciação: a tela de compaixão, garantida, torna-se palco de um *playground* de condução e criação dos movimentos de brincar e suas figurações. Vejamos, pois, um entrelaçamento contínuo e contíguo entre compaixão e imitação, *holding* e *handling*, narcisismo e desejo, que constitui a espinha dorsal de toda a obra freudiana. Mas, voltando ao desamparo, a dor, como exaspero pulsional diante do vazio da existência, torna-se semente de outra e conexa série de inscrições dos afetos. As quantidades dessa aflição, não passíveis de drenagem, se ordenam em uma espécie

7 Ver também os modelos "em fase sólida" (Freud, 1896/1986b, 1925/1991d).

de glândula de um sistema hormonal psíquico nascente, denominada de "células-chaves" (Freud, 1895/1995). Sítio de registros de padrões mnêmicos afetivos que ascendem e modificam-se com a experiência, e que Freud volta a mencionar após 20 anos, como estruturas inconscientes dos afetos. Na nossa metáfora, eles seriam as moléculas solúveis das interfaces aquosas e gasosas das camadas geológicas dos fósseis, todos regendo a alma humana.

Explicitando o modelo com ilustrações clínicas

Há um ano e meio em tratamento comigo, L. chega, por vezes, a me impressionar pela intensidade e pelo largo escopo de suas atividades cotidianas: dirige dois escritórios de consultoria (um voltado ao setor público e outro ao privado), tem dois empregos, duas pós-graduações em andamento, *stricto sensu* e *lato sensu*. Na vida privada, ela mantém, paralelamente, dois longos relacionamentos, um *stricto sensu* (com o marido) e outro nem tanto, mas estável, além de cuidar, de muito perto, de suas três filhas adolescentes. L. conta, obviamente, com assistentes, mas nada escapa a seu controle e direção, já que também insiste em deixar um tempo para a diversão junto às respectivas turmas de colegas e amigas. Ela consegue fazer tudo isso, não sei como, com presteza e habilidade, mas sem confiança em poder manter ou levar a cabo esses projetos, sobretudo os relacionamentos. No final do dia, muito tarde, ela "cai morta", depois de arrastar consigo, ao banheiro e à banheira, os textos que ela tem de ler para seus estudos. Na face pública dos nossos encontros ela introduz uma intimidade que, de um lado, me acena para um agradável e fácil convívio, mas que, ao mesmo tempo, se mistura com certo incômodo em mim, de origem nem sempre identificável. Neste quadro fico, depois de um certo tempo, atento a sua guarda sobre a manutenção de uma sintonia comigo, acompanhada de uma vigilância, semelhante à que assistimos no jogo com crianças pequenas, no qual elas nos alertam para efetuarmos a tempo as nossas contrapartidas ("agora é a sua vez"). Tudo isso se dá em um fundo de silêncio, sobre o qual transcorre sua fala contínua, sempre numa atmosfera agradável e carinhosa. Minha atenção para sua demanda de sintonia facilita-me a reserva e o pensar. Ao interpretar um fragmento de um episódio ou sonho, ela acaba se deslocando deste plano de sintonia, caindo em si, e assistimos aí, para sua aflição e terror, a regressão para estados bastante primitivos: sente que sua voz e respiração lhe ecoam do próprio ventre, ou, ao levantar do divã, vejo-a apalpar, assustada, o rosto, pedindo, aproximando o rosto ao meu, para que eu veja "como ele está... e a maquiagem", como se perdesse, por uns instantes, a noção das referências autorreflexivas de sua face. Estados que ocorrem logo após descobrir, por meio de sonhos e lembranças da infância, o convívio com uma mãe depressiva, desleixada consigo, permissiva com todos e que admirava, submissa, um marido pouco atencioso e distante, além de duro, ríspido e intrusivo em suas intervenções com a mulher e as filhas. Após essas sessões, ela sente pena de mim, por ter-me carregado tanto com algo que não corresponde a minhas vivências. Nos sonhos, L. interrompe cuidados e lazer próprios para salvar uma velha que naufraga num agitado mar ou para atender outras solicitações da mãe. Em outros, ela está sozinha em suas incursões, mas mantém, pelo telefone e outros aparelhos, um canal aberto constante, para atender a eventuais necessidades dessa mãe.

Num recente e rotineiro exame das mamas, L. fica sabendo da presença de caroços nos seios, precipitando-a em desespero. Preocupado, aguardo os resultados das biópsias, que constatam, felizmente, tumores benignos, mas que precisam ser removidos em vista de seu acelerado crescimento. Após a operação, ela tem de restringir seus movimentos e atividades. Não podendo dirigir, e em função de outras contingências, ela se ausenta, durante 22 dias, das sessões e outras atividades. Quando volta, ela me conta que esteve deprimida e desesperada. "Jogada sozinha no sofá" no meio da sala, se sentiu desconectada, não conseguindo estudar, ler ou deliberar sobre os assuntos relativos às suas diferentes empreitadas. Instalou-se um vazio. Pensou, desesperada, que nunca mais poderia voltar a se engajar em tudo que "era a minha vida"; achou que ia morrer, ela queria morrer! Era difícil encontrar o caminho do sofá até a cama, por conta das tonturas, e não sabia como conseguia, por vezes, se arrumar e sair de casa: "era impossível, impensável". Este estado passou depois de folhear um livro popular de pediatria. Começou a ler, descobrindo, para sua surpresa, ter recuperado a concentração, e estava, novamente, em contato com as coisas... "O que aconteceu?", pergunta... e acrescenta, "não estou entendendo nada". Depois de um silêncio, falo em tom distraído: "vai ver que é coisa pediátrica"... Ela ri e me pede: "fale mais"... Falei...

L. encontrou, em face das carências na presença materna de sua infância, uma forma de suplantá-las mediante um engajamento numa atividade acelerada e diversificada, o que não a liberou, e não poderia liberá-la, da prisão depressiva da mãe. Na adolescência, ficava indignada com a passividade da mãe diante do pai e revoltada com este rude e "primitivo" pai. Saiu cedo para trabalhar e estudar para se tornar uma mulher livre, independente, diferente da mãe, e, desde então, "caía morta" no final do dia. Ela nunca encontrou esse solo. As coisas continuaram incertas e pouco confiáveis: L. nunca sabe o que escolher e o que deixar de lado, pois não há certeza do que poderia ter continuidade, por isso mantém tudo como está. Uma deturpação feminina cuja raiz está no carente *playground* formado na infância junto à mãe, deixando soltas, sem solo seguro, as aquisições de imagens de movimento de si. Evidencia-se, aqui, um entrelaçamento entre as funções reflexivas de compaixão e de condução imitativa do objeto. O número 2 é significativo: a tela de compaixão proporcionada pela mãe, quando debilitada em sua textura, prende a criança, justamente, na feição especular que deixa de amadurecer, acarretando a não liberação da criança, da menina. Refiro-me ao fato de que tanto Freud como Lacan, Winnicott e Bion insistiram em um ingrediente essencial para o desempenho de funções de compaixão e condução imitativa; elas devem ser impregnadas de uma noção interna sobre o terceiro: a mãe deve ser "mensageira da castração" (Freud); barrada pela castração (Lacan); apontar para alguém no seu exterior, fora de seu recinto (Winnicott); amar o pai ou a criança, em função da noção do terceiro, como um ser separado dela mesma (Bion). O "arquiteto" das funções de objeto é a matriz edípica. Bion disse, explicitamente, que o desempenho da *rêverie* tem como condição a mãe enxergar a criança como um ser separado, ou, o que é equivalente, amar o pai. Em outras palavras, se ela não o enxergar como um ser separado, isso significa que o adulto tem dificuldades de enxergar o mundo ou a cultura como tais, ou seja, como palco para o viver humano. Criam-se, então, empecilhos no equipar e no encaminhar do bebê para o mundo. O bebê torna-se destinatário das carências do adulto, que o enrosca numa das vigas especulares da autoconservação do próprio adulto.[8]

Um esclarecimento: a violência do desamparo do início da vida dota o objeto – inversa, narcísica e alucinatoriamente (modo de satisfação da pulsão) – de plenos poderes. O bebê sente "estar nas mãos do outro". Daí a exasperação, fusional e confusional, com o objeto. O bebê se precipita na direção deste, identificando-se com ele. Face cruel da idealidade, precursora do eu-ideal, instaurando um campo transitivo entre os pares de impotência e onipotência, humilhação e orgulho, esfacelamento e júbilo, sabotagem e triunfo,

8 Quando o paciente percebe essa emboscada, abre-se uma brecha para se soltar e inverter a direção, solicitando o adulto, o analista... É onde L. teme me carregar, cansar.

fuga e ataque etc. Tormenta pendular junto à figura de espelho que Lacan descreve como "o todo materno, obsceno, tutelar e totalitário". Características notáveis das patológicas configurações psicóticas e fronteiriças. As funções do objeto, como delineadas anteriormente, mitigam esses polos, transformando essa matéria-prima em tecido psíquico para a diferenciação e a inserção do bebê no meio humano. Não obstante, em alguns casos, falhas do objeto, em vários graus, deixam resquícios não elaborados da exasperação inicial, acarretando certa adesão especular no plano autoconservativo. L. apresenta, no meu julgamento, uma configuração histérica, porém denuncia "leves" falhas do objeto de origem, ao se deparar com aquilo de que fugia: o vazio de desenlace que L. tentava tampar com atividade acelerada, mas que regredia, na análise, para pontos de fixação na fusão mítica uterina (falando pelo ventre) ou para o horror diante da quebra do espelho (perdendo referências do próprio rosto).

C., outra paciente, está em análise comigo há alguns anos, após interromper outra bem longa (de quinze anos). Pessoa vivaz e amigável, com alegria saltitante, quase adolescente, revela um cuidado vaidoso de seu corpo e de seu modo de vestir, à maneira *kitsch*. Festiva e prestativa, entrega-se às atividades familiares e coletivas com entusiasmo, providenciando o que for necessário; adora o convívio em turma e a realização de tarefas do grupo. Na análise, igualmente, revela ser uma "menina prendada", segue meus passos, mostrando-me que entendeu e que "fez, direitinho, a lição de casa". No entanto, nas situações em que o teste de alteridade se impõe, ela se desnorteia, fica atônita, sentindo estar à beira de uma solidão insuportável. Quando suas necessidades estão em jogo, precisando, para tanto, confrontar-se com os outros, tenta se virar sozinha, indo às últimas consequências, porque teme ficar sozinha, imaginado poder sofrer o corte da relação com a irmã, perder o amor do filho, a aliança do ex-marido (no que tange a vida do filho adolescente, pois, caso contrário, imagina ela, o ex-marido é capaz, como retaliação, de tirar o filho dela) e a permanência do marido atual junto a ela, e assim por diante. Nessas situações, a solidão se abate sobre ela em forma de pavores hipocondríacos focados em certos órgãos. Na análise, uma palavra ou interpretação destoante imanta a sala num silêncio mortal. Perdida e desnorteada, ela nada entende, como se eu a lançasse numa escuridão da noite ou num local inerme. Sua mãe, depressiva e desapontada com a vida conjugal (admitia nunca ter amado o esposo), adocicava sua amargura entregando-se a futilidades, ao mesmo tempo que se embevecia (pedia relatos minuciosos), desde a puberdade da filha, com a vida desta em turma e nos namoros. O pai, de seu lado, por sentir atração pela filha adolescente, a punia com uma desmesurada repreensão e autoritarismo (este comparecia na cena dos sonhos logo após meus "cortes"). Traços pueris marcam a sexualidade de C. Nos relacionamentos amorosos dentro dos quais mergulhava deslumbrada, ao seu modo habitual, descobria atônita, muito tarde, os vícios bastante desviantes de seus parceiros. O que não a removia da vontade de ajudá-los, contando com suas companhias, até que um fim se impunha, sempre pelo parceiro. Muito pequena, C. se arrumava cedo, antes da mãe acordar, seguindo as instruções desta quanto à realização de clichês femininos no vestir e na manutenção de seu material escolar.

O material fala por si. O modo de presteza de C. revela um esforço concreto constante de obter confirmação especular de sua existência e importância para os outros, abafando o confronto com sua alteridade. O vislumbre da possibilidade de se diferenciar da mãe mergulhava-a numa agonia impensável, transportando-a para a persecutoriedade hipocondríaca – o que denuncia, pelo corpo, falhas no entrelaçar da função imitativa do objeto com a da compaixão.

G., um jovem rapaz, está há um tempo em análise comigo. Ele apresenta todos os indícios para suspeitarmos de uma clássica configuração de neurose obsessiva. Ambicioso e prendado, pretende se engajar, bastante empenhado, em uma carreira universitária numa instituição pública. Ele segue meus passos, tentando, até quanto dá, confirmar minhas observações, e, quando "flagro" seus "erros" e "falhas", ele emite repetidos risos embaraçados. G. fica atento aos dados de minha "carreira"; tenta, desviando, achar as palavras em francês, minha língua materna, e me pergunta sobre outras. Tudo flui nas ternas correntes de uma homossexualidade afetiva, só em parte sublimada, conhecida e clássica para esta configuração. Idílica paisagem que se rompe em sonhos. Neles, ele acaba sendo rechaçado por mim, e até expulso do lugar, revelando um temor de ser demitido de seu posto na minha empresa, que ele considera rica e abastada. Surgem, sempre, problemas em seus relacionamentos de trabalho e namoro. Ele "faz tudo certo", com dedicação e competência, mas, para seu espanto, em dado momento, há um desentendimento com seus pares (namorada, chefe e colegas), que passam a considerá-lo imaturo, pretensioso, arrogante, "fominha" e avaro. Nessas situações, perde o chão, entra numa tormenta da qual se defende de tamanha injustiça dos outros. Perseguido, revida com ofensas, em pensamentos e em vida, relegando os outros à pura mediocridade e à incompetência, para, assim, aliviar as suas próprias dúvidas e dívidas. À medida que essas experiências se acumulam, e no contexto relevante para seu sustento e relação amorosa – as críticas dos alunos ou a dúvida da namorada quanto à viabilidade do namoro –, ele entra, antes de qualquer conversa, numa turbulência, acompanhada de distúrbios somáticos. Apavorado, teme sofrer abalos sérios na sua saúde. Quando estes se acalmam, surgem planos para encontrar um solo seguro, um lugar "definitivo" numa cidade pequena para não se haver mais com essas bombas lançadas em sua direção.

Escolhi, propositadamente, esses casos para colocar em relevo a função reflexiva do objeto, em suas duas vertentes, na instauração do universo da representação. Mostrei, assim espero, como falhas "amenas" no trabalho de *rêverie* do objeto deixam o sujeito preso no eixo da autoconservação (da demanda especular que lhe é própria) do estado do desamparo infantil, comprometendo vários estágios de seu crescimento e diferenciação psíquica. Foram os sensíveis trabalhos clínicos de P. Fédida (1993, 1995) que me despertaram para esse aspecto das configurações clínicas. Eu poderia apresentar outros casos com francos traços narcísicos em psicopatologias de melancolia, de esquizoidia e psicose. Neles, o sofrimento com as figuras violentas e horrendas do desamparo, evidenciado, principalmente pela demanda que exercem sobre o analista, flagra, de forma patente, os graves fracassos das funções reflexivas do objeto, acarretando sérias fissuras no estabelecimento da representação, da experiência subjetiva. Bion tem insistido na importância da continência na análise de psicóticos em função da fragilidade do continente e, sobretudo, da violência do conteúdo (beta e várias combinatórias de telas beta com alfa incipientes, beta-alfa), presumindo uma extrema precariedade, se não a inexistência da *rêverie* no trabalho do adulto, o que está em concordância com a ideia dos distúrbios na mais primitiva vertente da função do adulto, a da compaixão. O olhar que lançamos sobre as configurações neuróticas permite, a meu ver, pôr mais o acento sobre o entrelaçamento das diferentes vertentes dessa continência e sua natureza reflexiva.

Volto à problemática com que iniciamos este trabalho. Procurei mostrar que a experiência emocional é inerente à representação (é função da última), da mesma forma que em Bion ela é fruto da operação da função alfa, e, segundo ele, tudo que tem a ver com alfa é algo de I, da representação. Esta, em sua natureza e características, é produto do trabalho do objeto. Na apresentação dos casos, detive-me sobre "o jeito de ser" do paciente, que é sempre um "jeito de ser com os outros", determinante das experiências emocionais (em função da cadeia de representações) dentro da análise, na análise e com o analista, bem como no mundo e com os outros.[9] Sobre o "jeito de ser", Freud tem explicitado, como mostrei há pouco, que os registros mnêmicos, que ascendem à vida da representação, "são os nossos verdadeiros traços de caráter" (Freud, 1900/1998).

Uma nota sobre a experiência emocional em Bion

Seja em sonho, seja na vigília, afirma Bion, "as percepções da experiência emocional, em ambos os casos, devem ser submetidas ao trabalho da função alfa, antes de serem utilizadas pelos pensamentos do sonho" (Bion 1962/1991, p. 6). A função alfa opera, continua ele, sobre os dados sensoriais captados pelos nossos sentidos. Se a função alfa for bem-sucedida, produzem-se elementos alfa. A característica destes é a de serem passíveis de armazenamento e estarem disponíveis ao uso dos pensamentos do sonho. A semelhança com Freud é patente: esses elementos se tornam adequados para o registro em memória e para os requisitos ("*suited to storage and the requirements*") dos pensamentos do sonho (representações inconscientes). Qualquer distúrbio dessa função, tornando-a, portanto, inoperativa, faz com que os dados sensoriais e as experiências emocionais, conscientes para o paciente, permaneçam inalterados (ou seja, interpreto eu, não disponíveis à mobilidade na cena das representações). "Vou chamá-los de elementos beta" (Bion, 1962/1991, p. 6). Ao contrário dos elementos alfa, os beta não são sentidos como sendo fenômenos. Kant é citado aqui (qualidades

9 Com a diferença de que, na análise, a esperança implícita é de uma reforma do trabalho de objeto, de atendimento de carências básicas.

primárias e secundárias), mas entendo por fenômenos qualidades psíquicas subjetivas, da representação. Os elementos beta são sentidos como coisas em si, ou seja, como em Kant, eles não são passíveis de conhecimento subjetivo, mas têm a opacidade da matéria-prima (sensorial) dos objetos dos sentidos. As emoções são, igualmente, objetos dos sentidos. Os elementos beta estão disponíveis apenas para o uso da identificação projetiva e para a evacuação, além de propiciar o *acting out*. É um modo de pensar em que palavras e ideias são manipulados para se tornar substitutos daquilo que é sentido como coisas em si.

Fiz essa longa citação, com pequenas alterações e omitindo pequenos trechos (por isso tirei, em grande parte, as aspas), além de acrescentar algumas analogias com Freud, como prelúdio para aquilo que Bion introduz como *phenomena*. A interpretação que forneci anteriormente é reforçada pelo exemplo trazido por Bion no final do citado capítulo, sobre o uso dos elementos beta: "um homem pode vir a matar seus pais e, assim, ficar livre para amar, porque presume que, com isso, o casal parental antissexual [proibidor] fora evacuado" (Bion, 1962/1991, p. 7). Um ato que intenta (aqui Bion cita Freud) "livrar a psique dos acúmulos dos estímulos" (p. 7). Fica claro que a função alfa opera não só sobre dados sensoriais, mas que os últimos são vinculados às incitações pulsionais, como no modelo freudiano inaugural acerca do arco-reflexo. Um elemento beta é um elemento "indigesto" e, portanto, se empilha no sujeito com outros elementos beta. Este exemplo aponta com clareza que esses elementos sensoriais, por não serem transformados em notícias de si, imagens de movimentos próprios, propriedades subjetivas, confundem, especularmente, os obstáculos impostos à satisfação pulsional com a realidade do seu ambiente infantil ("o casal antissexual"). Estendemo-nos sobre esse nascimento da representação em Freud – paralelo ao *phenomena* em Bion –, pelo trabalho do objeto, que, em Bion, pode ser encontrado no fascinante Capítulo 12, sobre a *rêverie* (Bion, 1962/1991). Entretanto, uma propriedade pode ser resgatada, reencontrada e reconhecida como própria, "minha", obtendo direitos plenos de usufruto consciente, só depois de haver certa diferenciação no plano da alteridade. No Capítulo 5 do terceiro ensaio dos "Três ensaios sobre a sexualidade" (1905/1977), intitulado "Reencontrar o objeto", Freud descreve um momento em que o bebê percebe que o seio, para o qual se endereçava até então, pertence a um corpo separado. Nesse momento, afirma o autor, a pulsão se torna autoerótica. Eis o primeiro vislumbre (depressivo, diria Klein) da alteridade, da separação dos corpos. Nesse momento, as incitações pulsionais e, portanto, suas trilhas outrora precipitadas de imagens de movimentos, passam a ser autoeróticas, ou seja, a reconhecer a sua morada própria no corpo. A alteridade surge, então, sobre um fundo de fusão originária em que o objeto figura como se esculpido sobre um rochedo infinito, ou como uma figura em uma superfície aquosa infinita, permitindo, contudo, a alteridade. Freud acrescenta: este é apenas o início do processo de um amadurecimento que só pode chegar ao termo, se for bem-sucedido, ao longo do caminho, no final da puberdade e início da adolescência, após passar pelos estágios de: (1) cuidados e sedução materna; (2) sexualidade perversa polimorfa; (3) trajeto libidinal (da oralidade até a fálica); (4) configuração edípica incestuosa e sua dissolução no complexo de castração; (5) latência, caldeirão da socialização; (6) sustentação do segundo pulso da sexualidade, para encarar, com a adolescência, os testes finais da alteridade madura.

Interessante que o estado alucinatório descrito no exemplo de Bion tem, em seu conteúdo, o teor das fantasias originárias (em Klein, a exclusão do casal e dos bens do qual goza), via de regra dentro da matriz edípica. Alteridade em Bion significa poder enxergar o outro como tal, ou seja, passar do estado alucinatório (alucinose) para o plano da comunicação entre sujeitos (são esses indícios "diagnósticos" que guiam e orientam o trabalho dos bionianos), o que corresponde ao desenho exposto há pouco, fornecido por Freud.

Comentário final

No trabalho analítico, estamos "encarregados" de prosseguir com o trabalho do objeto e, de alguma forma, repará-lo. Acolhimento e compaixão, de um lado, e condução e acompanhamento, de outro, são os eixos de nossa função. Acolher, compreender, mas, também, acompanhar de perto – acentuar uma palavra, dar-lhe outro nome, outra figura, ou perguntar, iluminar uma percepção fugidia, apontar para outra direção e, enfim, interpretar, são as formas de "brincar", de condução, por meio das quais promovemos o pensar, a sofisticação das imagens de movimento, da representação, ampliando e ramificando os precipitados das trilhas mnêmicas para disponibilizá-las ao mundo representativo do pensar. Ambas as vertentes, como mostramos, geram-se pela identificação, no mundo psíquico do analista, ao modo reflexivo-regressivo, de acordo com o jogo estabelecido entre restos diurnos e pensamentos inconscientes. No plano da experiência, da vivência emocional, a identificação é a mola vincular dos afetos, como insiste Green em várias oportunidades em que tratou do tema dos afetos em seus liames com a linguagem. Algo pode se transformar no mundo do paciente só a partir dessas ações reflexivas, da identificação, no mundo interno do analista.[10] Concebo o vínculo justamente nisso,

10 Em função das citações precedentes de Bion, refiro-me obviamente às emoções e aos afetos que passaram pelo crivo da representação, submetidas à operação da função alfa. As emoções e os afetos pertencentes aos elementos beta (pavores sem nome e seus derivados, de um lado, mas também júbilo, triunfo etc.) são oriundos, em minhas referências, de elementos do estado de desamparo, da violência especular dos inícios que não foi elaborada junto ao objeto.

no "a partir de" (aqui estou com Freud, Lacan e Bion), da percepção do paciente dessa identificação no analista, em que se oferecem a ele, como na origem, um solo para pisar e subsídios para efetuar seus passos, suas apostas. Pois a realidade é sempre questão de uma "crença" (Freud, 1895/1995), de um "ato de fé" (Bion, 1970/1988), uma aposta, sustentada e encorajada, pela ação reflexiva da identificação no objeto, para ampliar as trilhas do pensamento em face da falta, da frustração, do desconhecido, por detrás dos quais ecoam os pavores da solidão essencial (Winnicott) com a qual nos defrontamos ao nascer, "ao cair no mundo". A identificação, e seus desdobramentos, não é diferente do estar *at-one-ment* (Bion), de estar uno com o paciente, mas isto se faz para propiciar um *atonement*, um reparo dos atos, dos movimentos anteriores gerados no vínculo de origem entre objeto e bebê.

Insisto em recuperar a noção do vínculo em Freud e Bion como um "a partir da" identificação para livrá-lo das figuras psicologizantes que o descrevem como intersubjetividade em que os sangues se misturam, à semelhança da união entre células, na qual se abre um canal protoplasmático pela fusão das membranas em certo ponto comum, ou à semelhança da fusão de nuvens de elétrons na ligação química. O vínculo é muito mais a consequência de uma relação estrutural, geométrica, cuja dinâmica é ditada pela matriz edípica que impregna a identificação como mola do trabalho do objeto.

Referências

Bion, W. R. (1988). *Attention and interpretation.* London: Karnac. (Trabalho original publicado em 1970)

Bion, W. R. (1989). *Elements of psychoanalysis.* London: Karnac. (Trabalho original publicado em 1963)

Bion, W. R. (1991). *Learning from experience*. London: Karnac. (Trabalho original publicado em 1962)

Delouya, D. (2019). Em torno do *I*: *Grid* e *Vorstellung*. In D. Delouya, *Torções na razão freudiana: especificidades e afinidades* (2ª ed., pp. 181-190). São Paulo: Blucher. (Trabalho original publicado em 2005)

Fédida, P. (1993). Un organe psychique hypocondriaque: Traitement psychique autocratique. In B. Brusset, & C. Couvreur (Eds.), *La névrose obsessionnelle* (pp. 107-126). Paris: PUF.

Fédida, P. (1995). L'hypocondriaque médecin. In M. Aisenstein et al. (Eds.), *L'hipocondrie* (pp. 113-136). Paris: PUF.

Freud, S. (1977). Three essays on the theory of sexuality. In S. Freud, *Pelican Freud Library* (Vol. 7). London: Cox and Wyman. (Trabalho original publicado em 1905)

Freud, S. (1986a). Manuscrito G. In: S. Freud, *Correspondência com Fliess: 1887-1904* (pp. 98-106). Rio de Janeiro: Imago. (Manuscrito original escrito em 1895)

Freud, S. (1986b). Carta 52 (1896). In: S. Freud, *Correspondência com Fliess:1887-1904* (pp. 208-215). Rio de Janeiro: Imago.

Freud, S. (1988). The interpretation of dreams. In S. Freud, *Pelican Freud Library* (Vol. 4). London: Cox and Wyman. (Trabalho original publicado em 1900)

Freud, S. (1991a). Beyond the pleasure principle. In S. Freud, *Pelican Freud Library* (Vol. 11). London: Cox and Wyman. (Trabalho original publicado em 1920)

Freud, S. (1991b). Formulations on the two principles of mental functioning. In S. Freud, *Pelican Freud Library* (Vol. 11). London: Cox and Wyman. (Trabalho original publicado em 1911)

Freud, S. (1991c). On narcissism: an introduction. In S. Freud, *Pelican Freud Library* (Vol. 11) London: Cox and Wyman. (Trabalho original publicado em 1914)

Freud, S. (1991d). Notes upon the 'Mystic writing-pad'. In S. Freud, *Pelican Freud Library* (Vol. 11). London: Cox and Wyman. (Trabalho original publicado em 1925)

Freud, S. (1995). *Projeto de uma psicologia*. Rio de Janeiro: Imago. (Trabalho original publicado em 1895)

Freud, S. (1998). Nouvelles remarques sur les névropsychoses de défense. In S. Freud, *Oeuvres Complètes* (Vol. 3). Paris: PUF. (Trabalho original publicado em 1900)

Freud, S. & Breuer J. (1974). Studies on hysteria. In S. Freud, *Pelican Freud Library* (Vol. 3). London: Cox and Wyman. (Trabalho original publicado em 1895)

8. Simbolismo e construção: o analista como porta-voz da cultura[1]

O simbolismo e o método

Os termos símbolo, simbólico, simbolismo e simbolização comparecem frequentemente à literatura e à discussão psicanalíticas. A realidade psíquica é indissociável do símbolo e do simbólico, uma vez que se erguem em função da ausência: o que seria o símbolo senão o elemento que se cria a distância sobre o hiato da falta, em um descentramento?! Na bela definição de André Green (1993), o psiquismo é uma relação entre dois corpos em que um está ausente. Não obstante, os conceitos de símbolo e simbólico, bem como os de simbolismo e simbolização, são articulados dentro da psicanálise, nas diversas obras e discussões, em sistemas singulares de sentido e significação. Os símbolos, na concepção clássica, compõem uma reserva de referências pré-fixadas da interpretação. Ora, o simbolismo como chave interpretativa – por meio da qual o leigo compreende toda a psicanálise ("isto significa aquilo...") – é

1 Uma versão deste capítulo foi publicada anteriormente em *Revista Brasileira de Psicanálise*, *44*(4), pp. 165-177, São Paulo, 2010.

justamente o que foi contestado no livro inaugural, "A interpretação dos sonhos" (Freud, 1900/1965). No Capítulo 2, sobre o método, Freud afirma: "a técnica que passo a descrever impõe a tarefa da interpretação ao próprio sonhador" (p. 130), na atenção imparcial (associação livre) que ele presta às cenas que nele emergem. Somente esta meta, que foca elementos singulares (em oposição a uma simbolização de acordo com parâmetros gerais, fixos), permite, na neurose, dissolver o sintoma ou, na psicopatologia cotidiana, resolver o seu análogo, o sonho. Neste processo, os substantivos *Auflösung* e *Lösung*, das respectivas descobertas (da cena em jogo) e resolução-dissolução (do sintoma-sonho), têm a mesma raiz (*Lösung*). Já em 1892, Freud concebe o sintoma como símbolo mnêmico – símbolo de um vivido singular. Portanto, o simbolismo como chave, a partir de referências gerais e fixas, se colocava, naquele momento, na contramão do trabalho psicanalítico.

Uma aparente reviravolta ocorre na segunda e na terceira edições do livro (1909 e 1911) quando Freud insere o simbolismo no tema das fontes dos sonhos, e da vida psíquica, incluindo-o no Capítulo 5, na sessão de sonhos típicos. Freud se posiciona, então, em relação à influente obra do dissidente W. Stekel (1911), *A linguagem dos sonhos*. Com isso, situa o simbolismo no cerne da vida psíquica; e o tema migra, em 1914, para o importantíssimo Capítulo 6, "O trabalho do sonho", em que passa a constituir um setor da fábrica dos sonhos. Porém, logo, em 1917, na Conferência X, o simbolismo é deslocado, novamente, para constituir um capítulo à parte, independente do trabalho do sonho.

Essa reforma faz suspeitar de uma tentativa de acomodar o simbolismo, este em relação ao qual a clínica psicanalítica se constituiu por oposição. Seria um passo para trás, um desvio do próprio e inovador caminho do fundador? (acusação frequente a Freud, por ter recuado da teoria da sedução, introduzido as protofantasias e a pulsão de morte, e pelo modo de conceber a feminilidade, entre outros). Vale examinar os detalhes desta guinada, já que o simbolismo de Freud pouco tem a ver com a apropriação de uma chave: nenhum analista carrega ou se utiliza de manual de símbolos, bem como jamais se empenha em estudá-los como tais, como ocorre entre alguns jungianos e homeopatas. Uma casa no sonho nem sempre simboliza o corpo, tampouco pontiagudos objetos referem-se ao falo, bem como os movimentos de subir e descer não indicam, obrigatoriamente, a respectiva excitação e gozo sexuais etc. Freud se nega a absorver todo o ato interpretativo para dentro dos clássicos modos de decifração e tradução, a despeito desta sua inédita acolhida do simbolismo. De que se trata, então, quando, na interpretação, lança-se mão do simbolismo? A resposta de Freud é inequívoca: o simbolismo remete a representações que o paciente não é capaz de alcançar nem pela associação livre e tampouco pelo desbloqueio desta por meio da atenção que o analista dirige ao seu silêncio, ato, palavras, lapsos e atos falhos. Os símbolos reportam-se a cenas, podendo ser apontadas, implicadas ou explicitadas nas intervenções do analista, que se torna, com isso, mensageiro de significados simbólicos, embora, frequentemente, sem sabê-lo. Ele se distingue de outros caçadores de símbolos no modo de evocação dessas cenas: ao serem recrutadas do acervo cultural, elas se disponibilizam a sua mente pela via regressiva da situação analítica, tornando-se, de uma só vez, encontradas e criadas; são análogas às imagens virtuais criadas no microscópio ou no telescópio [em função da disposição das lentes, em analogia ao particular arranjo "entre neurônios", em que, segundo Freud (1900/1965), se cria a cena psíquica] e descobertas pelo observador.

Uma paciente relata no período inicial de sua análise que tem tido sonhos com a cena recorrente de se encontrar em casarões de estranhos onde se engaja, aflita, na limpeza e na remoção de lixo. Na véspera sonhou que, ao varrer o chão, aproximava-se da porta de entrada, avistando, lá fora, seu falecido pai, que se dirige a ela em tom irônico e de zombaria: "limpando, né?", como se dizendo, penso eu: "pode limpar que vou sujar novamente". Ela foi bolinada pelo pai desde sua tenra idade. A casa como símbolo do próprio corpo vem, imediatamente, à minha mente, conferindo um sentido ao campo da transferência: neste início de sua análise ela mal conseguia falar, havendo certo esforço para concluir as frases. Uma tensão angustiante, de um temor misturado a uma excitação, permeava o nosso ambiente. Após dias, uma lembrança irrompe em seu tenso silêncio: a vivência nítida de estranheza na escola, junto às crianças (como se estivesse "suja"), após o pai a retirar de madrugada do quarto no qual dormia com as irmãs, para se consolar da morte do pai (o avô da paciente), ocorrida na véspera. Embora eu nunca lhe houvesse explicitado o elo entre casa e corpo, ele constituiu o fio condutor do trabalho da análise nesta via regressiva da transferência. Os sonhos de casarões nos acompanharam por alguns anos, transformando-se em imóveis próprios, inicialmente com espaços vazios, limpos, mas visitados pelos raios de sol e adquirindo compartimentos, móveis em que ela passa a encontrar e ordenar suas posses e receber estrangeiros...

Simbolismo e construção

Os dois aspectos levantados sobre o símbolo – como representação que surge na análise pela via regressiva (como criação e encontro) e tendo o analista como seu único porta-voz – o colocam em estreito parentesco com as construções em análise. Introduzidas em 1937 na técnica analítica (embora já mencionadas em 1919), sua característica é de serem geradas no analista pela via regressiva da transferência. As construções vêm se destacando hoje na psicanálise. Incluí-las no grupo das interpretações simbólicas poderia clarear o eixo específico de suas urgências clínicas atuais. As construções recolocam as associações do paciente em marcha (Freud, 1937/2002); ao serem ofertadas pelo analista, servem de complemento, facilitando ao paciente retomar o curso das associações. Essas se enlaçam aos elementos simbolizados (nas construções feitas pelo analista) por serem ambos criados e encontrados na análise, constituindo, a meu ver, aquilo que Winnicott (1971) denomina de objetos culturais.

A incursão pela série de representações simbólicas, descrita no Capítulo 6 de "A interpretação dos sonhos", revela que simbolizam o corpo, a sexualidade, a castração, o nascimento e a morte. Ou seja, o simbolismo lida com o infantil e o seu universo sexual de investimentos nas suas duas e interligadas dimensões: a narcísica e a do desejo no contexto edípico. Na Conferência X, de 1917, Freud atribui a origem do simbolismo ao modo animista de pensar da atividade perversa polimorfa infantil, em que o mundo se imanta das formas, figuras e movimentos do corpo. Os símbolos se criam pela identificação, deslocamento e transferência do corpo sexual infantil sobre o mundo, segundo a concepção ferencziana de introjeção (1909/1992a), como se essa linguagem, do simbolismo, se estruturasse como um inconsciente. O simbolismo permeia não só os sonhos, mas também os nossos mitos e idiomas, entre outros motivos culturais. Surge, então, a seguinte pergunta: por que a consciência de um símbolo não é acessível diretamente ao sonhador, mas necessita do analista para alcançá-la?

O entrelaçamento de fatores singulares e gerais na vida e no trabalho psíquico vislumbra-se muito cedo em Freud: na carta a Fliess de 21 de setembro de 1897, ele afirma que o sintoma neurótico não constitui apenas o símbolo da vivência infantil desencadeada pelo adulto perverso (carente), mas que tal "lembrança", traumática (e que adoece!), é consequência de simbolização, de estruturação fantasmática em um molde, um símbolo geral – imerso na cultura – da sedução. Revisão que demora a chegar ao público porque ele se debate com como conciliar dois universos distintos: de um lado, a descoberta, de 1892 a 1896, da origem da vida psíquica na sedução pelo adulto – este é a *caput Nili*, a cabeça do rio Nilo, onde, no mito do Oriente Médio, se origina a vida – que impõe desvio da ordem vital (das necessidades da criança) para a geração da cena do corpo sexual, psíquico; de outro, o esquema pré-formado presente na fantasia. A associação livre implica os efeitos da sedução infantil, já que em cada experiência, e na análise, uma exigência de realização, despertada (entre os corpos) pela conjunção do aporte sensório com as demandas internas, ocupa e acorda trilhas mnêmicas, frutos da história, dos desdobramentos dos primeiros precipitados da figuração (*Darstellbarkeit*) da sedução originária, aquela que se teceu entre os corpos e suas tensões, instaurando cenas. A análise retoma, regressivamente, as rotas mnêmicas, reavivando-as e sofisticando-as, ao destrinchar e ao reordenar, respectivamente, as condensações e os deslocamentos nos quais se plasma a cena do sonho e do "material" psíquico da vida e da análise. No entanto, as associações do paciente jamais alcançam – como lembrança ou *insight* – cenas antigas, criadas em estados indiferenciados (nos quais a noção de si, e, portanto, da fala, sequer se esboçou), senão os seus desdobramentos em estágios posteriores da espiral do crescimento. Ocorre que o paciente insere o analista na apreensão de moldes primários da assimetria adulto/criança e seus dramas e roteiros: não só da trama da sedução, mas de outros esquemas nela imbricados, como os da cena primária e o da castração, além de outro esquema, especial: o retorno ao ventre materno, o nirvana. O último abole, curiosamente, a lógica descentrada dos primeiros esquemas, constituindo a finalidade desses: anula/alivia narcisicamente a tensão dessimétrica, simbolizadora, que dirige o bebê para a cultura. Uma lógica, interior aos três esquemas, que rege as respectivas coordenadas das origens e da constituição do sexual (na sedução), da diferença entre as gerações (pela cena primária) e da alteridade (castração) – as três submetidas à aspiração narcísica de se aquietar no estado de nirvana.

As protofantasias permeiam a cultura e engendram, na história, o patrimônio de símbolos. Projeto e acervo que, por meio do adulto, como mensageiro e empreendedor destes, submetem duplamente o sujeito: ambos o determinam, antecipando-o, seja pela herança, capacitando-o para a cultura – como se evidencia na sua entrega passiva ao adulto ou na sua "identificação direta, sem investimento, aos pais" (Freud, 1921/1985, 1923/1991c), implícitas à dessimetria da cena primária e da sedução –, seja porque essas coordenadas simbólicas, e seus símbolos consagrados, constituem o meio humano no qual o bebê adentra. Em segundo lugar, porque este esquema e seu acervo impelem o sujeito a embarcar em uma trajetória em meio à qual se apropria dos símbolos paulatinamente à aquisição da noção de si. Tal consciência, que é sempre evanescente, é, no entanto, inaugurada em certo estágio, traçando a condição de futuras condições de subjetivação. O bebê, afirma Freud em 1905/2000, enxerga em certo momento o objeto como um todo, isto é, no instante em que "o objeto se perde": o seio ao qual se endereçava até então é percebido, pela primeira vez, como pertencente a um corpo, ao outro. "Neste instante, a pulsão se torna autoerótica" (p. 88), como se os "bens" adquiridos outrora, no estágio de indiferenciação (de "fusão") com o objeto, se tornassem próprios concomitantemente à percepção de estar separado, ao perder o objeto e reconhecê-lo como tal. Tal encontro com o objeto – isto é, com sua incontornável perda –, é inicialmente negado. Porém, o objeto vai poder ser re-encontrado após uma longa jornada: desde a trama edípica, despertada pelo referido vislumbre inédito do objeto, já que acarreta a percepção do outro do objeto; seguindo na dissolução desta trama ao desembocar na ameaça de castração, e durante seu acabamento no intenso trabalho negativo [recalque, inibição dos fins (dos investimentos da pulsão), sublimação e, sobretudo, a identificação] do período da latência.

Concebemos a construção em análise como reforma à obra originária do objeto. O objeto de origem empreende a construção na qual necessidades e pulsões do bebê, reveladas pelo objeto – pela falta que ele faz –, submetem-se à atenção do adulto, que, situado em via regressiva (flutuante, sonhante), oferece figuras, formas, sentidos e significados segundo moldes e matrizes simbólicas do plano edípico da história, traçada pelos esquemas das protofantasias. O movimento centrífugo disparado por estímulos sensoriais e do interior do corpo, empurrando o bebê em direção ao mundo em busca de realização, se engaja não só em via eferente, deslocando-se e desencadeando a série de permutações, em que signo e símbolo formam-se pela troca e equivalência, conforme o uso de Klein (1930/1975) da introjeção de Ferenczi; mas a simbolização se deve, também, ao movimento complementar no sentido contrário, isto é centrípeto, de retorno sobre si, que introjeta criando linguagem, no corpo, por se guiar pelos sentidos, formas e figuras propostas pelo objeto.[2] Essas são embrenhadas, porém, do regime

2 Estamos nos utilizando do conceito de introjeção de Ferenczi, que ele concebeu inicialmente na clínica, onde o movimento regressivo na análise é defensivo ante o conflito – o paciente recorrendo aos modos de satisfação perverso-polimorfos, de introjeção –, no qual o autor identifica, mais tarde (1913/1992a), o *momentum* simbolizador, realizando-se nesse vaivém metonímico-metafórico, descrito anteriormente. Essa concepção, porém, está inteiramente embutida no terceiro capítulo de "Totem e tabu" (1913/1986a), quando Freud trata do sistema anímico dos primitivos e na infância. Não só Klein adotou, e de forma bem restrita, o conceito ferencziano, mas tanto na concepção winnicottiana como na moderna versão greeniana é possível encontrarmos seus impressionantes ganhos. Refiro-me, em Winnicott, ao movimento espontâneo do bebê que, na busca de imagens de si, para se tornar psique, um ser, obtém-nas por meio do *holding* (noção – hoje muito propalada – que foi, no começo, designada de respaldo, contrapartida, oposição) do objeto. Em Green, a objetaliza-

edípico universal da cultura. O precioso na criação desta rede simbólica viva é abrigar produtos, símbolos transitórios e evanescentes da experiência criada entre os corpos, situando-se no tempo e no espaço do regime intermediário, virtual e não concreto. Embora sejam conduzidos por um mestre (a cultura), são gerados sob a égide do trabalho do sonho – pela pressão de uma realização e pelo ímpeto de se substituir metonímica e metaforicamente. Não obstante, adquirem outro desdobramento na série simbólica, porque deixam, após desvanecer, a herança de marcas mnêmicas, retomadas na experiência que sucede.

São esses seres na sua constante geração e em seu brincar que se apresentam posteriormente na associação livre do paciente. Nessa metáfora do brincar, é necessário garantir um "*playground*" e uma "vigilância" sobre tais "crianças" da alma. Uma reserva do recalcado, disponível ao uso, precisa de nome e endereço (para "saber" a quem "elas" pertencem), isto é, de um eu investido pelo qual se estabelece a circunscrição viva de um dentro em relação ao fora.[3] Refiro-me à constituição do terreno narcísico com que Freud inaugura a segunda tópica. Um guardião e provedor, indistinto no começo (para o bebê), cumpre essa missão. Com o vislumbre de estar separado, que se evidencia, inicialmente, pela ameaça da perda de

---

ção se engendra de forma análoga, quando moções pulsionais (*Triebregung*) tornam-se experiência, objetos psíquicos, por uma conjunção semelhante de respaldo por parte do objeto. Esclareço, em função das proveitosas críticas dos nossos colegas, S. Schaffa e A. Meyer, que o duplo movimento (centrífugo & centrípeto) em Ferenczi e seus herdeiros (Winnicott e Green) não traz algo de positivo do mundo, do outro, sobre os quais se lança (como entende Klein), mas se utiliza destes como um negativo, um suporte em oposição (Winnicott), para se criar, se objetalizar (Green).

3 O conceito do duplo limite (Green, 1982/1990), evocado espontaneamente no leitor atual, é uma reformulação desta teoria do narcisismo de Freud a partir do estímulo oriundo da teoria dos limites embutida na concepção de Bion de função e elementos alfa e de barreira de contato criada a partir destes.

amor, são as identificações primeiras, previamente iniciadas (tanto do adulto com o bebê e deste com o adulto), que se colocam à prova, permitindo uma consolidação de uma referência subjetiva que se encarrega deste pano de fundo narcísico. O eu é constituído pelo investimento do outro, do adulto. Sem isso não há como permitir, mais tarde, o jogo livre das representações, a "soltura das crianças". Para investir o outro como outro é preciso ter sido (o eu) cuidado, investido (Freud, 1914/1991a). É a condição do tipo de escolha de objeto por apoio (*Anlehnungs*, que foi traduzido, em português, como escolha anaclítica ou vinculação sustentada) em oposição ao tipo de escolha narcísica do objeto que abriga em seu bojo uma reivindicação de revisão de falhas nos investimentos do objeto de origem.

Após tais considerações, gostaria de voltar à questão inicial: por que a construção em análise e a interpretação simbólica são introduzidas no analista, não podendo ser alcançadas pelo paciente? Porque remontam às provisões narcísicas do objeto (parágrafo anterior), que condicionam o alcance da noção de si concomitantemente à da separação do objeto. Os autores pós-freudianos e a literatura psicanalítica atual focam as dimensões fenomenológicas dessas funções. A construção em análise e os símbolos-mãe, aos quais o analista dá voz, advêm como reparos à obra originária do objeto. O que denomino como noção de si, e de estar separado, encontra-se na psicanálise inglesa no âmbito da noção do ser e de sua continuidade. Neste plano fenomenológico, o ser, como presença e continuidade, deve sua construção à provisão das respectivas funções de continência (Bion) e de *holding* (Winnicott) pelo objeto. Já o nosso plano arquitetônico refere-se à submissão da desordem corporal do bebê ao universo psíquico do adulto, em que o projeto edípico rege, com suas coordenadas (protofantasias) e seus materiais (símbolos culturais), a condução da construção da nascente vida psíquica. As imagens psicológicas das funções narcisisantes do objeto – continência e *holding* –, obtêm, aqui, nos seus termos paralelos, arquitetônicos e executivos (submeter e conduzir) do plano edípico, uma especificidade da matéria psíquica gerada neste ser e sua continuidade: o seu caráter social, intersubjetivo (Freud, 1921/1985). O que destaco é a "mãe mensageira da castração" (Freud, 1916-1917/1976), que visa, em seus cuidados, despachar o bebê para outro universo: social, do terceiro. O narcisismo como fundamento se instaura pelo Édipo dos pais; assim, o mais primitivo, aquilo que é edificante na função construtiva do objeto, se deve à trama edípica.[4] É notável que as funções de continência e de *holding*, originalmente cunhadas para o manejo de quadros clínicos graves, da psicose, foram articuladas, na elaboração teórica da constituição subjetiva, como dependentes da viva configuração da

---

4 A ligação entre o projeto edípico que norteia o trabalho inconsciente no adulto (nos cuidados que presta a sua cria) – matizado pela tensão assimétrica dos esquemas da sedução, da cena primária e da castração, todas almejando a sua própria abolição no nirvana – e a natureza intersubjetiva da vida psíquica enfatizada por várias correntes fica, geralmente, subentendida, raramente explicitada. No seu livro recente sobre o cuidado, Figueiredo (2009) privilegia o plano fenomenológico. O cuidado é entendido como provisão da capacitação para a intersubjetividade. A subjetividade implica a construção pela intersubjetividade, uma instauração de um intrapsíquico com origem, ordem e funções intersubjetivas. O objeto originário veicula concomitantemente as seguintes dimensões intersubjetivas: (a) trans-subjetiva, instaurada por aquilo que Winnicott denomina identificação primária (do adulto com o bebê), uma espécie de terraplanagem (para um vir a ser e a dar sentidos), que, ao se imbricar na demanda do bebê pela "fusão" (em função de sua exasperação em anular a noção da falta e da separação), dota o último de estrutura enquadrante (Green), palco subjetivo que, posteriormente, o servirá de meio de endereçamento aos objetos; (b) traumática, que seduz, incita, interpela e reclama, puxando o bebê "para fora" em direção ao mundo; (c) interpessoal, que reflete, reconhece e testemunha o bebê e seus movimentos. Essas dimensões intersubjetivas desembocam numa outra, a intrapsíquica que compreende as três anteriores, criando o universo subjetivo a partir deste trabalho do objeto, entendido como cuidado. Não é difícil enxergar nessas dimensões as operações das coordenadas edípicas das protofantasias.

estrutura edípica no adulto: por exemplo, Bion condicionou a *rêverie* da mãe (sua provisão da função alfa) à sua capacidade de levar em conta o terceiro ("amar o pai") e/ou o seu equivalente, enxergar o bebê como ser separado dela. Winnicott afirma que o bebê só se separa da mãe, para poder enxergar e "usar o objeto", se a mãe for dotada de uma disposição inconsciente de poder apontar para um "pai", isto é, para um objeto total, inteiro, situado fora dela – o "pai" ocupa a função de sinalizar, para o bebê, o caminho de saída ao mundo (Bion, 1962/1991; Winnicott, 1969/1989a).

Falhas na construção de origem e sua reconstrução

Nossa exposição acerca da construção parece extrapolar a descrição do conceito freudiano. Ademais, não distinguimos, suficientemente, o simbolismo da construção. Em "Construções em análise" (1937/2002), Freud limita o conceito ao trabalho do analista; ele propõe substituir o nome de interpretação pelo da construção, porém, logo se verifica que a última pertence a um grupo especial de interpretações. A interpretação como esclarecimento em analogia ao exame de objetos arqueológicos e sua função ("isso é..., significa...") participa da re-construção do passado, permitindo aceder ao vivido da lembrança, por via de associação livre, *insight* e levantamento do recalque, postos em marcha pelo dispositivo analítico que mobiliza a transferência, e a repetição inerente a ela. Eis a interpretação como ligação-reconstrução, imergindo o sujeito nas suas lembranças. Por outro lado, existem as interpretações que não promovem a lembrança, e não poderiam fazê-lo, pois pertencem a uma época, diz Freud, anterior à fala, quando não havia um sujeito distinto como tal. Na linguagem moderna, embora chula, pode-se dizer, com Winnicott, que não havia alguém para viver aquilo lá;

o bebê passou por algo, sentiu (Bion), mas não atravessou, não viveu: não se deu conta, ali, de algo seu. Ao propor uma construção, o paciente é levado para uma espécie de convicção, porém não a um re-conhecimento, como na lembrança na qual se abre o universo afetivo, mas de outra ordem, que se situa muito mais no nível de ação pré-subjetiva, aquela oriunda da alucinação e do devaneio (descrito por Freud como "divórcio" da realidade, porque a percepção não se abole) e que associa com a distorção do trabalho (do sonho) efetuado, no delírio e nas alucinações psicóticas, sobre uma verdade histórica do sujeito. A revolução na ideia da construção reside justamente nisto, porque nela o analista está engajado não mais como auxiliar do paciente para desatar, dissolver (*lösen*), os nós que embaralharam a associação livre em direção a *insights* e lembranças, mas como agente de "uma nova ação psíquica" (Freud, 1914/1991a) mediante a qual se adquire a noção de um si, propriedade; eu diria de subjetivação, se essa palavra não fosse gasta em demasia hoje. Se Freud aponta para um material que pede subjetivação, ele se refere a uma função em que a matéria-prima dos estímulos – cuja natureza é aspirar à realização (é, inerentemente, alucinatória) – precisa prover esquemas de sentido, formas e figuras do humano. Esse papel, narcísico, que torna o alucinatório recalcável, permeável ao *après-coup* (André, 2008), é condicionado pela encarnação, no adulto, de coordenadas (protofantasias) do plano de Édipo.[5] E Freud, no final do ensaio de 1937, nota que a construção implica recorrer a tais esquemas. No plano subjetivo, a construção se faz pela figuração no analista, nascida do encontro e derivada dessas coordenadas.[6] Figuras e hipóteses que o casal

5 Encarnar significa que tem *se tornado seu*, como no reiterado e famoso mote citado de Goethe – "aquilo que herdaste... tornai-o seu" –, pois só assim pode se colocar a serviço do recém-chegado à cultura.

6 O que reforça o elo da construção com o símbolo que, segundo Freud, é passível de ser convocado quando falha a associação livre. O símbolo repara um falhar, *Versagt* – verbo que significa o não funcionamento (por exemplo, o motor

Botella (1995/2005) concebeu como "trabalho como duplo". Este retoma a função narcísica, da ação psíquica especular e reflexiva do adulto, à qual Freud se refere no "Projeto...", que consiste em remeter o bebê para suas "imagens de movimento", para que ele as alcance como "notícias de si" (Freud, 1895/1995).[7]

Um paciente, há anos em análise comigo, narra um episódio da véspera: vai visitar uma amiga e, no caminho, é assaltado por uma fome que se impõe como ameaça de urgência repentina e incontrolável de comer algo. Situação que já viveu na sessão, informa-me pela primeira vez, e que o levou a suspeitar de uma hipoglicemia. Ao narrar-me essa vivência, em um clima peculiar, fico tomado por uma imagem inédita de solidão, de agonia em estar só em um ambiente descoberto, "furado", sem retaguarda. E que logo apreendi (construí) como a experiência do bebê desacompanhado pela presença de uma mãe alheia. Tudo isso compareceu em mim, em uma só vez, como experiência primitiva, em que um representante psíquico da pulsação de fome parece se desnudar da contribuição do objeto: ela pouco abriga *Vorstellungtriebrepräsentanz*, ou seja, fica carente de vestígios da presença do objeto, de representações

---

pifa, falha), demandando reparo. O que coloca a necessidade da intervenção do analista, oferecendo um símbolo que se situa nessa ordem da construção – devo a L. C. Menezes o esclarecimento sobre o verbo e o substantivo que Freud utiliza na Conferência X (1916-1917/1976).

7 A figuração no analista, como construção, permite ao paciente, portanto, lançar mão do que se cria na dimensão alucinatória pelo afã realizador da pulsão, e que configura um real – um plano pré-subjetivo –, para disponibilizá-lo a uma matriz psíquica (imaginária & simbólica conforme a generosa sugestão de L. C. Figueiredo), representativa e recalcável. Na tradução de Strachey da *Darstellbarkeit* (figurabilidade ou presentificação, que se refere à realização alucinatória dos estímulos no trabalho do sonho), como condição de representação, encontramos o convite para o objeto (adulto/analista), para que ele ajude a instaurar uma fixação, em forma de traço de percepção (Wz) que se junte, eventualmente, em "conceito mnêmico" (Ub), verdadeiro recalcado (Freud, 1896c, 1900/1965).

vivas dele e com ele, e por isso esmaece o tempo ao mínimo, dando-lhe a feição de ameaça sob urgência esmagadora. Essa figuração não deixa de se enredar, com o tempo, no campo de sua neurose, que, salvo incidentes como esse, se acomodava no quadro de neurose de coerção: em sua vida amorosa se mostrava prestativo, entregue e fiel, ao modo do bom menino e consolador da mãe (ligava-se, costumeiramente, a mulheres feridas em seus recentes relacionamentos), mas após certo período, diante de frustrações menores, após as quais passava a se sentir desconsiderado e desvalorizado e, portanto, traído na mútua atenção, caía em decepção e encerrava o namoro, apesar dos esforços da parceira em lhe mostrar seu equívoco e convencê-lo a ficar. Um homem bastante culto, mas incerto de sua posição e aceitação junto aos outros, o que o levava a frear seus avanços profissionais e passar a habitar, apesar de não mais jovem, as margens de bandos de sua juventude que continuam perpetuando a vida nos modos adolescentes. No contato, a sua notável cordialidade não dissipava o incômodo sentido no interlocutor, em mim. Uma "nuvem" pairava sobre a sua reputada boa índole. Sombra na qual logo identificamos o véu que o separa das coisas e dos outros. Um amortecimento torna-se, com o tempo, visível, bem como sua implícita crença de poder, com isso, proteger – embora sob perigo de apagar – algo que parece estar em busca de refúgio junto à íntima companhia das mulheres. Nesta, nutria a esperança de ter encontrado o solo apropriado para fazer este algo vicejar. Essa construção indica, ao vivo, que este algo abrigava as incitações originárias de uma busca de companhia viva, de linguagem, de acolhida figurativa por parte do objeto. Essa espera o engajou em uma vigilância rigorosa sobre a violência do seu desejo e seus precursores nele, freando-os. O período que se segue ao episódio narrado traz ao nosso trabalho vários vestígios dessa sua história e conflitos até então difíceis de terem plena expressão e elaboração.

A condição do "trabalho como duplo", de alucinar, figurar e viver a solidão do paciente – cuja raiz remonta aos inícios da vida, afetando os troncos, galhos e copa da árvore de sua história –, e poder transmiti-la em duas frases, é implícita à identificação, própria da dessimetria no esquema das protofantasias, sobretudo da cena primária, que estrutura a diferença da geração. É essa identificação que nos permite cair dentro do vivido e se abrir para ele, por meio do grito e do encontro do bebê e da criança que fomos para o adulto de nossa infância, como Freud nos lembra desde 1895 até 1914. O eixo narcísico desse trabalho no analista surge, frequentemente, após longos períodos em que a atenção flutuante fracassa, ao se deparar com rachaduras e bolsões formados no meio do tecido contínuo do encadeamento associativo. No paciente citado, o amortecimento progressivo gerado na medida em que ele se aproximava de regiões mais sensíveis de seu desejo surtiu esse efeito que, em mim, levou ao alheamento, rachando minha atenção à sua fala, ou me fazendo apressar a fixá-la após perceber, aflito, que o havia perdido no meio do caminho, ficando à mercê do torpor e do amortecimento próprio. A tolerância a esta vivência desagradável dispara, a meu ver, o início do trabalho de figuração no analista, atingindo aí o poder de ferramenta de construção. Essa equivale a uma nova tentativa de agir – como nota J. André (2008) – sobre as primeiras impressões, retomando o trabalho do objeto, para torná-las permeáveis ao recalcamento. A construção e mesmo a oferta de símbolos são sempre recrutadas para o serviço de reparo nos eixos e nos elementos da constituição do eu do paciente, atingidos outrora, de uma forma ou de outra, pelas falhas da ação psíquica do objeto originário. O fato de se tratar de "atentados ao eu" não significa, necessariamente, que se adentra o recinto de pacientes-limite, mas o das demandas-limite. Continuo incluindo o citado paciente e outros, com quem atravessei episódios de ordem análoga, entre os neuróticos, bem como, de outro lado, pacientes-limite demonstram, como enfatiza Menezes (2009) em seu comentário ao trabalho de J. André, um sofrimento neurótico e um anseio, perigoso de negligenciar, relativo ao desejo. Seja como for, as problemáticas do desejo e as do eu são imbricadas uma na outra, o que tentei distinguir, em meu modelo apresentado há pouco, pela diferença entre, de um lado, o manejo do recalcado e, de outro, a sua construção. É certo que é a escuta e seu campo da transferência que nos insere no tipo de obra em questão, e há um largo espectro para cada uma das referidas classes.

Uma paciente que me dificultava apreender o que dizia, obrigando-me a fixar minha atenção em vez de deixá-la fluir, tem me inundado por um bom tempo com uma fala ininterrupta que me deixa em estado de alheamento peculiar. Frequentemente, ela para, perto do fim da sessão, e pergunta/cobra explicações sobre o que relatara, despertando em mim uma angústia atenuada, porém culposa. Enquanto falava, eu vagava alhures, nem sei por onde, até que um corte de entonação em sua fala torrencial destacava as palavras "por outro lado", balançando meu barco para me fazer suspeitar de que o mar em que eu parecia ter sido lançado fosse, talvez, só um rio, cujas margens enunciadas, de um e de outro lado, erguiam a esperança de que eu estava prestes a me localizar. Somava então esforços, catando restos da sua fala que ainda ecoavam em meu ouvido, para a busca ou a confecção de sentidos. O que desembocava em racionalizações, sem efeito algum, a não ser o de um mal-estar que se acumulava de uma sessão a outra. Não se tratava de um desinteresse, pois ela me despertava a mais franca simpatia. Numa ocasião recente, transpunha-me dentro de uma cena em que algumas jovens alegres visitavam a casa em que mora e trabalha. Surpresa, ela se indagou por que ficou, neste caso, também, esgotada. A visita sequer exigiu algo que pudesse justificar a tensão e o agito que passaram a dominá-la, e nos quais costumava mergulhar após a reação de seu entorno ao modo dela de se adiantar em preparar e cumprir sozinha as tarefas. Ficava, então, prostrada e decepcionada, já que, em vez da esperada recompensa em reconhecimento, era repreendida por ter se precipitado a fazer tudo antes de receber sinal verde dos outros. Uma imagem lorenziana, de um *imprinting* à mãe, surgiu em mim, junto com a visualização dela se plugando, em silêncio, ao corpo das jovens visitantes, à semelhança da fixação do radar ao seu objeto. Estado de fisgo ao qual se deve o aumento da tensão nela até atingir o esgotamento, impedindo-a de relaxar e liberar seu corpo ao gozo de um brincar em meio ao convívio feminino. A imagem abriu-se em mim, iluminando seu modo torrencial de despejar palavras – como a criança que fica falando e falando, seguindo, cegamente, os passos do adulto, sem notar o trajeto empreendido e tampouco o tempo transcorrido, pois se encontra sob uma ameaça de se perder de sua vista. Criança aflita pela possibilidade de se abrir, no adulto, uma fresta que mostre um espaço nele desocupado dela (a criança), e, portanto, livre para a entrada de terceiros. Uma carência de origem cuja construção – que, também, aqui, convoca ao trabalho um elemento encarnado na diferença das gerações, impelindo-nos a uma identificação com a agonia de uma criança de outrora ante o adulto enlutado – lhe permitiu um melhor acesso a sua histeria e a sua feminilidade. A construção iniciou com uma relação que eu "vi" – "você ficou esgotada porque plugada..." – e que teve nela, também, o efeito de convicção. Essa que propicia apropriação, associada à construção que seguiu o meu testemunho, e que a levou, após uma pausa de silêncio, ao *insight*, com dor e choro (raro na paciente), abrindo mais caminho para o manejo do seu conflito neurótico.

Gostaria de concluir os pequenos fragmentos clínicos que evoquei para ilustrar as circunstâncias que solicitam ao analista a figuração na simbolização e na construção. A urgência da construção em análise parece-me, sempre, conjugada à evidência de um atentado feito à fala do paciente, expressando-se por meio do estancamento, ruptura ou barragem no fluxo da escuta, na atenção flutuante do analista. Entretanto, as modalidades em que se manifesta essa obturação são extremamente variadas. A paciente citada no início do trabalho, quando da solicitação e evocação de um símbolo, que serviu a nossa escuta desde o início do trabalho com ela, há mais de uma década, disse-me, recentemente, em meio ao encerramento de sua análise e com uma convicção marcante: "sabe, hoje sei que jamais conseguirei recuperar a fala, de poder falar plenamente ao outro. A conquista foi parcial e não valeria à pena esperar por muito mais do que isto". Não saberia precisar hoje qual foi o período, certamente anos, durante o qual o ar do seu silêncio – que me esforcei a conter e segurar em meio a uma intensidade que emanava dela, exigindo-me paciência, espera atenta pelas imagens, pelos clarões das cenas em jogo – interrompia-se por frases cortadas, dilaceradas, lançando-me, de início, em fantasmas em que "alguém" encostava-a contra a parede e, outras vezes, em situações de assédio e de assalto, nas quais o agente nem sempre se fundia a mim, embora se confundisse, por instantes, comigo. A intranquilidade mudou de figura com o tempo, porém o ímpeto de colher as frações e as migalhas de suas palavras, justapondo-as, e, mais tarde, completar os fragmentos de frases que começaram a surgir, juntando-as em parágrafos – toda essa violência à linguagem, à fala –, impunha um desafio imensurável para a garantia do fluxo de alguma escuta. Essa, entretanto, só foi resgatada em certos períodos após construções e reconstruções, ao recorrer de forma espontânea a símbolos do acervo cultural. Um trabalho cuja recompensa se reflete, desta vez, na sua plena fala da declaração anterior.

Se na análise construção e símbolos incidem sobre falhas narcísicas, "atentados ao eu" oriundos da construção originária junto ao objeto, vale dizer que há, contudo, uma diferença entre símbolos e os encarnados esquemas das protofantasias. Na análise, atinge-se a construção pela realização e figuração (teorização), enquanto os símbolos comparecem como conteúdos desta realização. As teorias, as infantis e posteriores, entre as quais as psicanalíticas, como parte da atividade cultural e seus mitos, são derivadas dos esquemas das protofantasias. Popper (1972) assemelhou os seres vivos e sua geração a teorias vivas em constante transformação, criando sistemas abertos ao teste da realidade, a uma seleção. A teoria em psicanálise tem um estatuto corporal análogo: as teorias sexuais infantis surgem no início do roteiro edípico, com a percepção de se estar separado, quando se começa a tomar nota da existência desses outros do outro almejado. A primeira questão, a existencialista, "de onde vim?", "de onde vêm os bebês?", é uma realização da assimetria dos esquemas das protofantasias, da cena primária e da sedução: "o que vim fazer aqui?", "O que ele quer de mim?", "*Che vuoi?*" (Lacan), "O que eu sou para o adulto?". São indagações que se devem ao início da elaboração narcísica, tendo a função, concomitantemente defensiva e constitutiva, decorrente da configuração edípica, e que se dispara no bebê quando este se percebe separado – o que o incita, em angústia, a teorizar, gerando hipóteses no movimento regressivo às fixações, de cunho e fins narcísicos, da trajetória da libido: "os bebês nascem da boca, emergem da cloaca", bem como podem tomar o caminho de volta e "ser aspirados nesses buracos, em seu abismo".

Para concluir, e voltando para o eixo da situação analítica, as notas anteriores apoiam a ideia de que os esquemas do plano edípico constituem os alicerces da escuta psicanalítica, da linguagem, seja pela exigência que nos impõem de retomar o projeto da constituição da vida psíquica nas pegadas da construção de certo sujeito, para fins de reparo, seja para o manejo e a administração de seu fluxo. Afirmação que, se passasse pela crítica, realçaria a hipótese de Freud, cuja raiz se encontra desde 1895 (no caso Elizabeth), precisada no livro de 1913, "Totem e tabu", e suplementada em seu "Moisés", de 1938: a escuta, a linguagem e a vida psíquica têm seus alicerces em um ato que estruturou o humano e lhe deu a história – o assassinato do pai. A estrutura dissimétrica que este ato instaurou sobre a selvageria instintual originária é retomada incessantemente em nosso trabalho, na cura analítica. É o ato, então, que estruturou e ainda estrutura – isto é, possibilita – a linguagem de nossa escuta.

Referências

André, J. (2008). O acontecimento e a temporalidade: o après-coup no tratamento. *Ide, 31*(47), 139-167.

Bion, W. R. (1991). *Learning from experience*. London: Karnac. (Trabalho original publicado em 1962)

Botella, C., & Botella, S. (2005). Working as a double. In C. Botella, & S. Botella, *The work of figurability*. New York: Brunner-Routledge. (Trabalho original publicado em 1995)

Ferenczi, S. (1992a). Introjeção e transferência. In S. Ferenczi, *Obras completas: Psicanálise* (Vol. 1). São Paulo: Martins Fontes. (Trabalho original publicado em 1909)

Ferenczi, S. (1992b). Ontogênese dos símbolos. In S. Ferenczi, *Obras completas: Psicanálise* (Vol. 2). São Paulo: Martins Fontes. (Trabalho original publicado em 1913)

Ferenczi, S. (1992c). O desenvolvimento do conceito da realidade. In S. Ferenczi, *Obras completas: Psicanálise* (Vol. 2). São Paulo: Martins Fontes. (Trabalho original publicado em 1913)

Figueiredo, L. C. (2009). *As diversas faces de cuidar: Novos ensaios de psicanálise contemporânea*. São Paulo: Escuta.

Freud, S. (1965). *The interpretation of dreams*. New York: Avon Books. (Trabalho original publicado em 1900)

Freud, S. (1976). Introductory lectures on psychoanalysis. Symbolism in Dreams (X). In S. Freud, *Pelican Freud Library* (Vol. 1). London: Cox and Wyman. (Trabalho original publicado em 1916-1917)

Freud, S. (1985). Group psychology and the analysis of the ego. In S. Freud, *Pelican Freud Library* (Vol. 12). London: Cox and Wyman. (Trabalho original publicado em 1921)

Freud, S. (1986a). Totem and taboo. In S. Freud, *Pelican Freud Library* (Vol. 13). London: Cox and Wyman. (Trabalho original publicado em 1913)

Freud, S. (1986b). Moses and monotheism. In S. Freud, *Pelican Freud Library* (Vol. 13). London: Cox and Wyman. (Trabalho original publicado em 1938)

Freud, S. (1986c). *Correspondência com Fliess: 1887-1904*. Rio de Janeiro: Imago.

Freud, S. (1991a). On narcissism: An introduction. In S. Freud, *Pelican Freud Library* (Vol. 11). (Trabalho original publicado em 1914)

Freud, S. (1991b). Beyond the pleasure principle. In S. Freud, *Pelican Freud Library* (Vol. 11). London: Cox and Wyman. (Trabalho original publicado em 1920)

Freud, S. (1991c). The ego and the id. In S. Freud, *Pelican Freud Library* (Vol. 11). London: Cox and Wyman. (Trabalho original publicado em 1923)

Freud, S. (1995). *Projeto de uma psicologia* (O. F. Gabbi Jr., trad.). Rio de Janeiro: Imago. (Trabalho original, de 1895)

Freud, S. (2000). *Three essays on the theory of sexuality*. New York: Basic books. (Trabalho original publicado em 1905)

Freud, S. (2002). Constructions in analysis. In S. Freud, *Psychoanalytical treatment essays, 1890-1938* (pp. 227-235). Tel-Aviv: Am Oved. (Trabalho original publicado em 1937)

Green, A. (1990). Le double limite. In A. Green, *La folie privée*. Paris: Gallimard. (Trabalho original publicado em 1982)

Green, A. (1993). *Le travail du négatif*. Paris: Édition du Minuit.

Klein, M. (1975). The importance of symbol-formation in the development of the ego. In M. Klein, *The psycho-analysis of children*. London: The Hogarth Press. (Coleção Writings of Melanie Klein, Vol. 2). (Trabalho original publicado em 1930)

Menezes, L. C. (2009). O tempo do après-coup. *Ide, 32*(49), 165-169.

Popper, K. R. (1972). *Objective knowledge*. Oxford: Clarendon Press.

Stekel, W. (1911). *Die Sprache des Traumes*. Wiesbaden: Springer.

Winnicott, D. W. (1989a). The use of an object in the context of Moses and monotheism. In D. W. Winnicott, *Psychoanalytic explorations*. London: Karnac. (Trabalho original publicado em 1969)

Winnicott, D. W. (1989b). Fear of breakdown. In D. W. Winnicott, *Psychoanalytic explorations*. London: Karnac. (Trabalho original publicado em 1969)

Winnicott, D. W. (1971). *Playing and reality*. Harmondsworth: Penguin Books.

9. O negativo, sua construção e sua origem[1]

Ao definir o psiquismo como "efeito da relação entre dois corpos, um dos quais está ausente", Green (1998/2002d, p. 213) carimba de próprio punho o selo da psicanálise que matiza a vida psíquica em relação à falta. E ele o faz com o aval de Shakespeare, que constata: "*And nothing is, But what is not*" – "e nada é a não ser o não" (o negado, *Macbeth*, Ato I, cena 3, p. 860). A ausência, porém, se coloca em evidência pela relação simbólica. O simbólico constitui o meio pelo qual o que é negado – recalcado, memória, experiência – se presta ao trabalho da percepção, da presença, do encontro, ou seja, à atividade psíquica em face da realidade. Assim, o sintoma é, para Freud, o símbolo do mnêmico, do trauma; e a neurose, o negativo da perversão. Este é o trabalho do negativo, do psíquico, no qual prefiro destacar o trabalho do tempo: do sonho, do luto, do pensar,

1 Desenvolvido a partir de duas intervenções em homenagem a A. Green, uma no Centro de Estudos Psicanalíticos (CEP) em 6 de outubro de 2012 e a outra no congresso da Federação Psicanalítica da América Latina (Fepal) em 12 de outubro de 2012. Posteriormente, uma versão deste capítulo foi publicada em *Percurso, 49/50*, pp. 77-82, São Paulo, 2013.

do julgar e do crescimento; e com seus variados produtos culturais: os outros, os sintomas, a vida, o amor, a arte.

O negativo deste negativo seria a perda parcial ou quase total do tempo: uma desesperança pelo gozo, levando à atuação perversa, drogadita, psicopática, melancólica, e psicossomática, bem como à exasperada busca de salvação junto aos fetiches, aos bezerros de ouro de religiões, da política e das terapias. Negativar o negativo significa a destruição da falta, a destruição da vida psíquica.

Até aqui Green não é tão crucial, mas ele passa a sê-lo pela perícia que efetuou na busca dos eixos e dos elementos de construção do negativo. O negativo, o psíquico, precisa ser construído! Green, com sua junta médica de Ferenczi, Klein, Bion, Winnicott e Lacan, entre outros assistentes, se vale da clínica para encontrar em Freud uma construção do negativo entre a pulsão e o trabalho do objeto. Aqui, a grande variável está no objeto, no trabalho do objeto!

O negativo, como vimos, pressupõe a circunscrição do sujeito em relação ao outro, ao mundo, mas isso só é possível ao se assegurar de posses próprias, de seu recalcado, ou seja, do lugar onde se delimita nele uma reserva ou dispensa própria. Essa dupla circunscrição, entre o eu e o outro, e entre o eu e o seu inconsciente, caracteriza o *duplo limite*,[2] fruto de duas negativas entrelaçadas.

A vida, dizia Freud, é o ruído oriundo dos estímulos do, no e sobre o corpo e, portanto, do contato, da dor, que pede alívio, descarga. É isso que Green (1990) enxerga como moção primária de ex-corporação. Porém, existe na vida uma tendência que constitui o *interno* (Freud, 1920/1991b), agindo em *silêncio*, e numa direção contrária: não de descarga, mas de fuga, retraimento. Entre esses vetores, centrífugo e centrípeto, Freud postula, em 1924, uma

---

2 Um conceito desenvolvido por Green entre 1976 e 1982 e que se encontra no livro de 1990.

potencialidade masoquista erógena. O que isso significa? O adulto, em sintonia com tal polaridade, contém e seduz, fixa e convida, ao servir de tela, *estrutura enquadrante* (Green, 1967/1988b) pela e sobre a qual se tricotam ligações e trilhas para constituir referências para o eventual nascimento do corpo psíquico. Segundo Green, o objeto revela a pulsão, a traz para o palco da vida! Ao reconhecer no bebê um futuro parceiro, o adulto acolhe, denomina os seus movimentos oriundos das moções e dos anseios do corpo, e com isso o convida (seduz), por assim dizer, para adentrar a cultura. O adulto fixa os movimentos, interpreta-os, e deles faz derivar pulsões, delegados do corpo ante o mundo humano; os movimentos se imprimem na psique como "imagens de movimento" e "notícias de si" (Freud, 1895/1995), precipitando-se através da área de contato entre os corpos, sob o manto psíquico da criança, sua futura alma. Assim, o adulto constitui para ela um lugar, um espaço. [Tal revelação implica que, em meio à ajuda alheia do adulto (Freud) – *Nebenmensch*, vizinho, estrangeiro –, ele se torna, para o bebê, uma fonte de enigmas; impõe-lhe um esforço de tradução (Laplanche), expresso na modulação contínua dos movimentos, criando-os e revelando-os.] Ao mesmo tempo, para tudo o que exige, em virtude da dor, se ex-corporar (a se desligar e se descarregar), o adulto proporciona um endereço, circunscreve um terreno fora *vis-à-vis* o corpo, e tece, com isso, imaginariamente, canais (de "esgoto"), levando o excesso para fora. Assim se constitui o duplo limite, com dispensa dentro, e a delimitação de um fora, e as vias até este. Com a progressão dessa empreitada criam-se condições para o "bota-fora", em que as respectivas forças de reunião e expulsão no trabalho do objeto culminam, em seu feito, na separação, na diferenciação do sujeito em relação ao objeto; desembocam em botar o objeto fora, ou fazem o corpo psíquico se botar fora de seu objeto, o que Green reidentifica como alucinação negativa.[3] Tudo depende deste

3 Originalmente descrita por Breuer na conduta de Anna O.

ato de apagar o objeto, pois tudo o que se reuniu sobre a tela e sob o cuidado enquadrante do objeto pode agora se destacar do objeto – negativando-o alucinadamente – e configurar-se como pano de fundo próprio; um lugar, vazio, receptivo a futuros investimentos de objetos com os quais o sujeito vai poder brincar, gerando cenas sobre um palco próprio.

O que toda essa empreitada implica? O psiquismo do adulto. Pois se o negativo é mal constituído no próprio adulto, ele não terá como se identificar com o novo ser, não o enxergará como tal, portanto não poderá validar os seus movimentos, mas os perturbará, os invadirá, em prol de um consolo das próprias (do adulto) carências, narcísicas e perversas. Deste modo, também não vai poder aliviar o bebê dos excessos dos estímulos, da dor e de suas intoleráveis cargas: não o poupará do mal e não o protegerá – o que será vivido/sentido como desprezo, indiferença, abandono.

Estes distúrbios por parte do objeto não se limitam apenas a essas figurações espaciais (invasão e abandono), mas têm um corolário na escansão temporal: se diante das urgências do bebê haverá a resposta rápida, invasiva, sem intervalo – em virtude do ímpeto maníaco e fusional do adulto –, freia-se a criatividade e o desenvolvimento dos movimentos, estimulando a onipotência do sujeito, como ela se manifesta na drogadição que eclode pós-latência. Aqui, a falta da falta (Lacan) revela seus gritantes danos. Por outro lado, se houver demora na resposta do adulto para além do tolerável, perde-se uma grande parte do que constitui a confiança, a esperança. Ultrapassar esta resiliência, da espera, esgarça o tecido psíquico e os seus elos trançados pelos fios do binômio pulsional, o que pode resultar nas afecções-limites, de desesperança congênita (Winnicott), entre as quais as esquizoidias, as psicoses e as depressões brancas (Green & Donnet, 1973); além de poder promover esforços de remenda do desenlace pulsional mediante atuações perversas e, outras, masoquistas que se encontram, amplamente, na clínica contemporânea.

A moção negativa que caminha silenciosa, no decorrer do trabalho do objeto, para uma alucinação negativa, isto é, para a separação do objeto, para poder descobri-lo fora, e se descobrir num mundo compartilhado, num mundo terceiro (Green, 1989/2002c), denunciará aqui essas patologias, ou seja, as falhas do trabalho do objeto. Winnicott e Bion já as haviam explicitado; o primeiro em relação aos impasses no alcance da "possessão não-eu" e, em consequência disso, do "uso de objeto" (Winnicott, 1971); o segundo, no colapso da "capacidade negativa".[4] Green tem descrito várias manifestações do fracasso do negativo. Os fortes testemunhos deste encontram-se em "A mãe morta" (1980/1988a), "A analidade primária" (1993/2002a) e "A posição fóbica central" (2000/2002b). Em linhas gerais, no primeiro trabalho, a retirada abrupta do objeto de sua função enquadrante – por exemplo, em consequência de um luto agudo na mãe – equivale a sua morte repentina, deixando o bebê à sorte da ferrenha luta em seguir, sem ajuda, na costura das moções contrárias das pulsões. Uma violência que ameaça o desfazimento do tecido psíquico em suas várias regiões. No segundo, a impermeabilidade de defesa narcísica dos próprios pensamentos assemelha-se à demarcação de território nos animais mediante o resguardo dos valorizados produtos fecais e urinários. A armação em volta de um universo mínimo se deve à intrusão ameaçadora à qual foi suscetível precocemente o ambiente de origem. No terceiro, há subversão no uso das vias associativas. Em vez de aproveitá-las para o encontro, na experiência e no pensar – o que Freud designa como função de juízo –, essas vias associativas do tecido

4 Bion (1970/2004) empresta esta noção do romântico poeta J. Keats, que define tal capacidade como uma qualidade que forma as personalidades de êxito, por serem capazes de tolerar (estar no estado de) incertezas, mistérios e dúvidas sem se irritar ou recorrer a fatos e razões para se defender destes.

psíquico são rastreadas para encontrar caminhos de fuga. Uma estratégia de evitação, de fuga se instala para se poupar do reencontro dos focos traumáticos gerados junto a objetos significativos da infância.

Tais configurações clínicas atestam falhas na estrutura enquadrante do objeto, flagrando-se como tais em consequência da alucinação negativa, para a separação do objeto. Por isso, a função analítica implica a restauração desta estrutura enquadrante, o que coloca o enquadre analítico em outra perspectiva: como algo interior no analista, e desafiado continuamente pela transferência.

A seguir, trago duas vinhetas de pacientes com configurações diversas e que ilustram os fracassos do negativo.

Um jovem é acometido de um acidente cardíaco durante uma viagem a trabalho, quando a esposa perpassava o final da gravidez da segunda filha do casal. Após o susto, o médico recomenda a psicoterapia. Ele aceita, na condição da presença da esposa. Nas entrevistas, é a esposa que fala, e fico sabendo que, quando ele contava com 2 anos, sua mãe perdera um feto menina nos últimos meses de gestação. (Que o soma possa imitar um episódio cardíaco fatal no feto-irmã talvez seja o nexo possível com o acidente na véspera de nascimento de sua segunda filha.) Ele cresceu como filho único sob o mando rígido e estreito da mãe (que se agrava ao visar, inconscientemente, garantias absolutas de vida ao filho, projetando nele, em face da perda da menina, uma idealizada completeza). Rigidez à qual a esposa atribui uma revolta enquistada nele, de outrora, que vez e outra salta para fora em forma de acessos de ira. Explosões ocasionais, mas que persistem, pondo a continuação do casamento em perigo, porque apavoram a esposa pela transfiguração da pessoa introvertida do marido e de sua costumeira companhia dócil e complacente. Após um ano, a esposa, porta-voz do casal, se retira dos encontros, e ele permanece vindo duas vezes por semana. A cena muda de figura: ele fala e só ele. É só ele que pode existir, bloqueando – imagino – uma reincidência de invasões. Predomina, então, o pensamento operativo, e, ao mesmo tempo, onipotente, de arrogância onipresente e onisciente. Nenhuma possibilidade de interrompê-lo ou dele me ouvir. Assim permanece durante anos, em uma armação betonada por detrás da qual o medo – advindo da ameaça sobre sua posição no trabalho ou em reação às teimosias de sua filha primogênita – acaba sofrendo uma reversão: de um lado, transforma-se em maquinação onisciente acerca do conjunto da empresa, e de outro, na busca de princípios rígidos de conduta a impor à filha, reeditando, com esta, as de sua mãe da infância. Na terapia, era preciso que eu sobrevivesse, não reagindo a tamanha avalanche, e que essa só se amansasse pelas ameaças de rompimento após as explosões em casa ou no trabalho. Após quase nove anos, ele gera, pela primeira vez, um sonho, e de angústia. Nele, ele vinha à sessão para encontrar, em seu lugar e horário, um colega de trabalho, que na sessão anterior eu apontara como pondo em risco a posição que ele almejava conquistar. Sonho que constitui um marco de mudança que se instala, abrindo um espaço ao vislumbre da área terceira, de "eu e você". Já se passaram doze anos, e, de fato, o convívio denota a diminuição considerável da defesa onipotente inicial.

Nesse paciente a tentativa de nascer – de se botar fora do objeto, alucinando-o negativamente – fracassa em função da intrusão do objeto. A expressão somática na tentativa de se separar do objeto denuncia a inaptidão do objeto originário em reconhecer o bebê, e, portanto, em poder seduzi-lo, e derivar de seu soma pulsões, seus representantes, verdadeiros delegados (*Vorstellungtriebrepräsentanz*)[5] para sua inserção na cultura. A demanda narcísica torna-se

5 "Representantes da representação da pulsão" (Freud, 1915/1991a), ou seja, frutos do trabalho do objeto.

evidente, na onipotência e na onisciência, com uma lógica inicial "ou eu ou você", ilusão narcísica do eu-ideal que o adulto deve celebrar em pequenas crianças para lhes transmitir, "sim, é você, só você", para que, em seguida, se dê a passagem para a área terceira "eu e você". Suportar e permitir esse difícil processo, caminho, no campo da transferência significa reeditar e, de alguma forma, corrigir as funções da estrutura enquadrante do objeto de origem.

A fragilidade em sustentar o negativo, o recalcado, encontra outra modalidade em outro paciente que passo a descrever. Nesse caso, o não reconhecimento pelo objeto como futuro sujeito se deve não à intrusão, como anteriormente, mas a certa indiferença.

Neste paciente a ação – incluindo a adição a drogas e ao sexo – visa dominar e afagar francos ou iminentes mal-estares. Executivo de notáveis habilidades, ele vem esbarrando, de tempos em tempos, desde sua adolescência, em estados agudos de depressão que o levavam, de início, a planos e execuções suicidas. Itinerante, tem estudado e trabalhado em vários países de diferentes continentes. Sua filosofia de vida se resume a em nada se prender (casamento, filhos, país) e tudo aproveitar. Sente-se incapaz de manter a moderação, seja no número de relações sexuais, modalidades e pares, seja no consumo de drogas, entre outras fugas de prazer, como comida, bebida e esportes; além de, continuamente, expor-se a riscos, físicos e outros. Quanto ao nosso trabalho, iniciado há quase três anos, ele conduz nossos encontros pela fala ininterrupta sobre si, racionalizando posições ao recrutar conhecimentos gerais que vem acumulado de diversas áreas, mas com utilidade questionável. O silêncio lhe é intolerável, e, no início, qualquer intervenção de minha parte parece incomodá-lo, atropelá-lo. Só recentemente ele consegue, vez e outra, registrar algo que eu digo, sobretudo quanto aos seus sonhos. Curiosamente, acabei submetendo-me às suas imposições quanto à frequência das sessões, seus valores e forma de pagamento: ele os determinou e eu aceitei! No final de cada encontro, marca sua próxima sessão após verificar a minha disponibilidade, e paga de acordo. Aos poucos, o temor da depressão, de um lado, e sua voracidade atuada, de outro, vão se ligando ao mesmo movimento de domínio que remonta a uma vivência de infância que ele atribui às consequências do infeliz casamento e separação dos pais. A situação à qual ele se reporta, com frequência, é de a mãe nunca ter tido tempo para ele – ou passando a maior parte do tempo no trabalho ou, na volta, fixando-se na tela da televisão. Sozinho, desde pequeno, tentava ocupar-se – dominar – lendo tudo que aparecia à sua frente, desde bulas de remédios até os livros de ciência e de literatura, ensaiando experimentos com qualquer objeto disponível. A ocupação de então, de uma criança hiperativa, persiste no *modus vivendi* de seu cotidiano e na relação estabelecida com a realidade (incluindo a análise), mesmo depois de completar seus 40 anos de idade. "Viver para mim é como estar diante de uma enorme *check-list*, tanto no trabalho (*workaholic* como minha mãe) como nos prazeres (*bon-vivant* como meu pai)." É ele, não eu, quem liga o estado da solidão da criança com uma suplantação voraz e atuada. Na sua incessante autoavaliação, além da insaciabilidade, ele atribui a sua incansável entrega às tarefas, e a generosa recepção dos amigos, à inquieta busca de admiração – aqui, a palavra amor surge em mim, nunca em seu discurso (nas sessões, a docilidade nunca falta à exibição de menino prodígio e refinado). Espanta-o descobrir-se, nas suas palavras, um ser "egocentrado". A essas genéricas notas, eis uma particular: ele se indaga por que diante de notícias chocantes, como o abuso de meninas pelo pai, tio ou padrasto (como o pai austríaco que engravidou a filha e a confinou), ele fica indignado – e prestes a chorar, mas as lágrimas nunca surgem a não ser pelo nó na garganta – e, de outro lado, excita-se, identificando-se com o adulto na cena de abuso.

Não poder ficar só (falha do negativo), cujo protótipo é o estado de agonia da infância, atesta a fragilidade de sua fiação psíquica, montada junto ao objeto pela via do masoquismo erógeno. O acarretado afrouxamento no enlace pulsional prenuncia o desamparo. Um mal-estar que a hiperatividade – desesperada busca de religação – tenta aquietar, para alcançar a passividade, o masoquismo feminino (figurado no atentado a frágeis meninas), em vista da restauração da terna atenção infantil, e assim acordar o roteiro de subjetivação via universo incestuoso. Reanimação na qual Freud ressalta a incitação do masoquismo que desperta a culpa inconsciente. Culpa-se pela intolerância à árdua solidão da vida adulta, o que faz clamar pelo alívio, gozo, redenção e salvação infantil de outrora. O trabalho de negativo aqui implica a recorrência aos modos sensoriais de aquisição da ternura, em função do seu saldo deficitário nos confins do eu – herança da falha na estruturação enquadrante proporcionada pela mãe da infância.[6]

Acredito que essas vinhetas ilustram os impasses na instauração do negativo, deste pano de fundo que possibilita o juízo (Freud, 1895/1995, 1925/1991e). A invasão, de um lado, e a indiferença, de outro, dão lugar aos respectivos terrenos selvagens, destrutivos, onde a onipotência, de um lado, e a ação voraz, de outro, acordam para salvaguardar o desmantelamento do tecido psíquico: o controle, seja pela vigilância onisciente, seja pela desenfreada ação,

6 A reivindicação pela ternura infantil neste paciente não pode se valer de experiências significativas com os objetos primários. Os vestígios destes são tão escassos que se desenlaçam e se dissolvem em desamparo, e em uma alienação que desemboca em um desespero para recorrer ao socorro via voracidade indiscriminada. Por exemplo, uma despedida de uma namorada no aeroporto é insuportável a ponto de, minutos depois, dar vez a uma caça ansiosa por um envolvimento sexual. É nessa diferença, da perda da singularidade, que Freud situa em 1924 o retorno do masoquismo moral para o desamparo de origem e suas vias de busca de compensação voraz e atuada.

pretende escapar, nos dois casos, do fosso depressivo e, aquém dele, da franca insanidade.

Referências

Bion, W. R. (2004). *Attention and interpretation*. Northvale: Jason Aronson. (Trabalho original publicado em 1970)

Freud, S (1991a). The unconscious. In S. Freud, *Pelican Freud Library* (Vol. 11). London: Cox and Wyman. (Trabalho original publicado em 1915)

Freud, S. (1991b). Beyond the pleasure principle. In S. Freud, *Pelican Freud Library* (Vol. 11). London: Cox and Wyman. (Trabalho original publicado em 1920)

Freud, S. (1991c). The economic problem of masochism. In S. Freud, *Pelican Freud Library* (Vol. 11). London: Cox and Wyman. (Trabalho original publicado em 1924)

Freud, S. (1991d). The ego and the id. In S. Freud, *Pelican Freud Library* (Vol. 11). London: Cox and Wyman. (Trabalho original publicado em 1923)

Freud, S (1991e). Negation. In S. Freud, *Pelican Freud Library* (Vol. 11). London: Cox and Wyman. (Trabalho original publicado em 1925)

Freud, S. (1995). *Projeto de uma psicologia* (O. F. Gabbi Jr., trad.). Rio de Janeiro: Imago. (Trabalho original publicado em 1895)

Freud, S., & Breuer, J. (1974). Studies on hysteria. In *Pelican Freud Library* (Vol. 3). London: Cox and Wyman. (Trabalho original publicado em 1895)

Green, A. (1988a). A mãe morta. In A. Green, *Narcisismo de vida, narcisismo de morte*. São Paulo: Escuta. (Trabalho original publicado em 1980)

Green, A. (1988b). Narcisismo primário: estrutura ou estado. In A. Green, *Narcisismo de vida, narcisismo de morte*. São Paulo: Escuta. (Trabalho original publicado em 1967)

Green, A. (1990). *La folie privée*. Paris: Gallimard.

Green, A. (1993). *Le travail du négatif*. Paris: Minuit.

Green, A. (2000). Le cadre psychanalytique: son interiorization chez l'analyst et son application dans la pratique. In: A. Green, & O. F. Kernberg (Eds.), *L'avenir d'une désillusion*. Paris: PUF.

Green, A. (2002a). A analidade primária. In A. Green, *La pensée clinique*. Paris: Odile Jacob. (Trabalho original publicado em 1993)

Green, A. (2002b). A posição fóbica central. In A. Green, *La pensée clinique*. Paris: Odile Jacob. (Trabalho original publicado em 2000)

Green, A. (2002c). Da terciedade. In A. Green, *La pensée clinique*. Paris: Odile Jacob. (Trabalho original publicado em 1989)

Green, A. (2002d). Sur la discrimination et indiscrimination affect--represéntation. In A. Green, *La pensée clinique*. Paris: Odile Jacob. (Trabalho original publicado em 1998)

Green, A., & Donnet, J. L. (1973). *L'enfant de Ça*. Paris, Minuit.

Shakespeare, W. (1996). *The complete works of William Shakespeare*. Hertfordshire: Wordsworth Editions. (Trabalhos originais de 1564-1616)

Winnicott, D. W. (1971). *Playing and reality*. Harmondsworth: Penguin Books.

10. Angústia: Freud na vizinhança de Lacan[1]

Curiosamente, Freud efetua uma longa volta desde o texto sobre a neurose de angústia (1894/1993a) até "Inibição, sintoma e angústia" (1926/1993d) e a Conferência XXXII (1933/1975). A intuição de a angústia ser primária e anterior, lógica e temporalmente, à libido, e ao desejo que a mobiliza, surge na sua clínica inicial, das neuroses atuais, e é, surpreendentemente, retomada nos textos finais. A hipótese inversa, que vigora desde os "Estudos sobre a histeria" (Freud & Breuer, 1895/1974), supõe a libido ser primária, para se transformar em angústia quando impedida, na cena real ou a da fantasia, de se satisfazer junto ao objeto. A passagem entre as duas hipóteses vislumbra-se em 1916, na bela Conferência XXV (Freud, 1916-1917/1976a). Entretanto, nos históricos clínicos, desde 1892, e até os magistrais casos de Dora, Hans, Schreber, Leonardo, o Homem dos Ratos, o Homem dos Lobos, Nathanael e

1 Apresentação na mesa sobre "Angústia em Freud e Lacan" no V Encontro Latinoamericano de Lacan na International Psychoanalytical Association (IPA), na sede da Sociedade Brasileira de Psicanálise de São Paulo (SBPSP), em maio de 2014. Posteriormente, uma versão deste capítulo foi publicada em *Alter*, *34*(1), pp. 249-255, Brasília, 2016.

Christoph Haizmann etc., predomina a hipótese da eclosão da angústia como dissolução da libido quando o desejo se vê interpelado ou falece desde sua constituição. Somente em 1925 é que Freud aproxima a desorientação apavorante do sujeito na neurose de angústia – ou, na hipocondria, o pânico ante os ruídos do corpo – com o terror inapreensível da neurose traumática, transbordando o sujeito. A angústia então, originária e automática, associa-se às suas noções estéticas anteriores do *Schreck* (susto, terror) e do *Unheimliche* como vivência sinistra, de inquietação demoníaca.

Não seria difícil enxergar nessa primeira distinção entre as duas hipóteses que elas se situam em diferentes contextos: é o regime da cena, da representação, que constitui o fundo da transformação da libido em angústia. Representação, afeto, recalque, angústia e sintoma articulam-se uns aos outros. Já na segunda hipótese, o traumático da angústia se deve ao ataque vindo da realidade, ou das realidades, sobre o eu e o sujeito, arrasando o terreno psíquico da cena e da representação e flagrando sua fragilidade, senão sua precária constituição.

São distinções grosseiras que por ora nos servirão para lidar com o problema da angústia. Vale frisar que, na primeira tópica, o eu e a realidade são apenas fontes auxiliares de articulação. A representação como célula do psíquico, e mesmo como mera reprodução de situação "real", impõe à vertical partição de consciente/pré-consciente/inconsciente um espectro de cunho intrapsíquico, em que o real, substrato da percepção, fica irrelevante. A outra realidade, a da pulsão, também se configura como mero combustível da cena e da representação, sem ter uma verdadeira relevância clínica. Quanto ao eu, ele figura ser agente, seja de ligação no pré-consciente, seja de percepção e da ação no consciente, reduzido a um pressuposto, mas não se constitui – como as duas realidades mencionadas anteriormente – clínica e metapsicologicamente. Já na segunda tópica a angústia como fonte traumática primária, engendrada no eu ante as realidades exteriores ao psiquismo – seja do mundo material, seja do caldeirão do isso, que pertencem ao regime da não representação –, coaduna-se às acepções de Lacan em torno do real, do gozo e da veiculação com o objeto a.

O que está em questão é a possibilidade de existência do eu, de ele se constituir e se manter, conforme a terminologia de Freud, enquanto organização, isto é, como ser separado que agencia o pensar, ou seja, as representações ante a realidade dos outros e de outras realidades que se impõem sobre ele. Freud constata então a inadequação fundamental do ser, oriunda de sua emergência traumática, em angústia, no nascimento. Neste, instaura-se uma vaga "consciência de um vasto distúrbio na economia de sua libido narcísica" (1926/1993c, p. 291). A vivência de "situação de perigo" extremada se articula *après-coup* ao distúrbio de um estado nirvânico, de um gozo primordial – germe da condição de consciência primeira (Freud, 1924/1991e) – com a intoxicação da vida (angústia) que advém com o nascimento. A ideia aqui é a reversão do gozo da quietude (libido narcísica), matizada numa conjunção primária das pulsões, para uma disjunção das pulsões, gerando o pânico, figuração do desamparo dos inícios.

Como o desfazimento (trauma/desamparo/angústia) do nirvana, mítica vesícula dos primórdios, pode se transformar em um ser, um eu, um eu passível de separação? Pelo trabalho do próximo, do adulto. Em que consiste? Em fornecer coordenadas, restaurando o gozo na forma de referências eróticas do corpo: em um imaginário. Como? A resposta está clara desde os "Estudos..." (Freud & Breuer, 1895/1974) e o "Projeto..." (Freud, 1895/1995), ambos de 1895, e foi reiterada em 1926: constituir, a partir da angústia, afetos e estados afetivos de pensar é moldar a angústia do distúrbio originário em três vertentes – descarga (ação), percepção (representação), prazer/desprazer (sentimento). Uma definição do afeto cujas formas primárias assemelham-se aos sintomas histéricos: isto é, às figurações linguísticas conversivas do corpo. As palavras do adulto (o simbólico) plasmam a pulsação da desordem do corpo (a sua angústia – seu desamparo) em ordem imaginária, de figuras, de gozo do sentido, de afeto e do pensar. O terror dos inícios imanta a realidade confusa, de si e do mundo, de uma hostilidade; a dor do corpo torna-se predicado total da coisa, isto é, de uma realidade totalitária compacta de terror – identificação projetiva – que se abre, com essa ação do adulto. O terreno paralisante que dota o outro de um poder absoluto – obsceno, tutelar e totalitário (Lacan) – modifica-se pelos cuidados do adulto, pelas suas palavras. Inicialmente, as palavras dotam-se da lei da mãe, de uma designação totalitária, conforme a lógica especular do desamparo – impotência/onipotência –, instrumentando-se do poder de citação da mãe, de uma sustentação narcísica e especular; esta configura sementes identificatórias da idealidade superegoica para fazer face às urgências do desamparo (Morel, 2008). Mas, com a restauração do gozo pela construção sintomática do corpo (pelas palavras e ações do adulto), este se mune de imagens de movimento, de notícias de si (Freud, 1895/1995), para que essas (em forma de sintomas) se estabeleçam como futuras referências autoeróticas e afetos. O terreno inicial da hostilidade, da angústia traumática (no outro e em si) se abre, paulatinamente, ao desejo da mãe, ao mundo do mistério e de seu enigma, da sedução, da coisa (*Ding*): este que se estende, assim, aos seus infinitos lugares vazios, prontos para se tornarem predicados, referências em si e do outro, agora com condições de se diferenciarem e se distinguirem.

Vale frisar essa passagem do terror de angústia à paulatina constituição de um eu e de suas referências autoeróticas da libido, esses sim despertados por uma preparação à ação, empenhada pelo sinal da angústia. A defesa perante um real, do isso e do mundo, lança mão da história constitutiva do sujeito, mobilizando – por meio do sinal de angústia, como anticorpo deixado na lida com a experiência traumática – o pensar e suas cadeias de prazer/desprazer, veiculadas pelas representações adquiridas para ampliá-las.

Porém, aqui, é preciso destacar o trabalho especular, do duplo, do narcisismo primário, em que a angústia se fixa em símbolo sintomático, da dor de anseio, para possibilitar a separação. Algo que Freud descreve no Adendo C do livro de 1926 como o trabalho do objeto, de aparecer e desaparecer, para que haja a distinção entre ameaça de sumiço definitivo, traumático, e ausência temporária. Esse sintoma ou referência interna do amor – "vou, mas volto" – transforma a angústia originária na qual falta a falta numa dor de anseio, de saudade, na qual a dor se articula à instituição da falta. Aqui começa a costura do sinal de angústia. Grande parte do ensaio cativante de 1919, "Unheimliche", se volta para essa exigência desse trabalho do duplo quando este revela suas falhas pela emergência do susto devastador e da imersão no inquietante, *Unheimliche*. Sabemos que esse ensaio foi esboçado em 1912, logo depois do desmaio de Freud junto a Jung, quando do impacto da perda do seu duplo. Acontecimento que se desenrola no mesmo local em que experiencia algo parecido com Fliess, em 1904, com a ruptura definitiva dele. Poucos meses depois, Freud é acometido de um distúrbio de percepção em um passeio na Acrópole, com o irmão Alexandre, cuja metabolização é narrada 32 anos depois, quando Freud se reanima com a aquisição da segura companhia de Romain Roland, o duplo do irmão, outro duplo seu.

Este estágio de separação, fruto do trabalho narcísico, imprime uma condição definitiva para os estágios sucessivos dessa espiral do sinal da angústia: essa ameaça de separação evolui para a ameaça da perda de amor e, em seguida, para a ameaça de castração, para a angústia social, angústia moral e angústia de destino, da morte (Freud, 1926/1993d). Com a elaboração da castração e da passagem pela latência, os sintomas conversivos (sustentadores do eu) se transformam, com o estabelecimento seguro do terceiro – e pelo seu herdeiro, o superego, veiculador dos ideais – em verdadeiros afetos, para se colocarem a serviço da alteridade, da vida, da solidão cultural e social.

Entretanto, a escalação mencionada há pouco da constituição do sujeito em torno da angústia ou da defesa diz respeito ao desfecho inevitável da insustentabilidade do eu como tal, ou seja, no perigo de derrapar da rota da angústia sinal do desejo, do objeto alfa, para a imersão na falta da falta, do caos. A cultura, a solidão que ela impõe pela demanda sublimatória – essa que amplia a desfusão pulsional, a angústia – traz à tona a ameaça caótica sobre o eu, e este cada vez mais precisa recorrer à criação de sintomas como meios de sustentação do eu ante o vislumbre de seu desfazimento: "assim", afirma Freud (1926/1993d), "o sintoma assume, gradativamente, a representação de importantes interesses; passa a ser útil na afirmação da posição do sujeito, imerge-se mais intimamente no eu, e se torna cada vez mais indispensável para ele" (p. 251). Freud assemelha os sintomas no eu às minorias numa população sem as quais o Estado e seu regime não se sustentam. Não só sintomas e inibições, mas também cisões e rachaduras (Freud 1924/1993c, 1926/1993d, 1927/1977b, 1929/1985c, 1936/1991g, 1938/1991c e 1939/1986d) figuram indispensáveis na manutenção do eu em seu conjunto, à semelhança do que ocorre com certos vasos quando, sob a força de análogas pressões, trincam-se para não se despedaçar (Capítulo 8, "Compêndio...", 1939/1986d). Subentende-se que tais acomodações, atingindo a demografia e a topografia do eu, têm consequências sobre as metas e os alcances de uma análise. A análise não pode ter outro destino a não ser a assunção de seu sintoma pelo sujeito. Sobre este aspecto já me detive em outros trabalhos.

Quero apenas, para encerrar essas notas rápidas sobre a angústia na obra final de Freud, apontar para quadros cada vez mais frequentes na nossa clínica, entre os quais valeria destacar dois grupos. O primeiro se refere a configurações mistas que oscilam entre quadros de neurose obsessiva e neurose de angústia; o segundo configura imagem invertida do primeiro: pacientes, também jovens, com traços aparentemente histéricos e obsessivos, nos quais a angústia, que ameaçava tocar o seu solo depressivo, reverte-se em busca de gozo narcótico. Neles a imaturidade amorosa, tal como em Leonardo (Freud, 1910/1988c), revela uma fixação na "imagem primordial da mãe" (*Urzeit*).

São apenas duas configurações, entre muitas, em que a angústia ameaça deturpar as funções de pensar do eu e envolvê-lo, de um lado, nas sombras de terror, e, de outro, em outros pacientes, na busca adicta pelo gozo, numa procura frenética pela ternura, seja em amores fusionais e mães videntes, ou/e em vícios narcóticos e estéticos que os aproxima da perversão.

Em ambos os quadros é possível detectar carências nos objetos de origens que impediram um trabalho suficiente da função do objeto como mensageiro da cultura, da separação e da sustentabilidade razoável do eu.

Referências

Freud, S. (1966). Hysteria. In S. Freud, *The Standard Edition of the Complete Psychological Works of Sigmund Freud* (Vol. 1). London: Hogarth Press. (Trabalho original publicado em 1888)

Freud, S. (1975). New introductory lecture XXXII: Anxiety and instinctual life. In S. Freud, *Pelican Freud Library* (Vol. 2). London: Cox and Wyman. (Trabalho original publicado em 1933)

Freud, S. (1976a). Introductory lecture XXV: Anxiety. In S. Freud, *Pelican Freud Library* (Vol. 1). London: Cox and Wyman. (Trabalho original publicado em 1916-1917)

Freud, S. (1976b). Introductory lecture XXIII: The paths to the formation of symptoms. In S. Freud, *Pelican Freud Library* (Vol. 1). London: Cox and Wyman. (Trabalho original publicado em 1917)

Freud, S. (1977a). Three essays on the theory of sexuality. In S. Freud, *Pelican Freud Library* (Vol. 7). London: Cox and Wyman. (Trabalho original publicado em 1905)

Freud, S. (1977b). Fetishism. In S. Freud, *Pelican Freud Library* (Vol. 7). London: Cox and Wyman. (Trabalho original publicado em 1927)

Freud, S. (1985a). Group psychology and the analysis of the ego. In S. Freud, *Pelican Freud Library* (Vol. 12). London: Cox and Wyman. (Trabalho original publicado em 1921)

Freud, S. (1985b). The future of an illusion. In S. Freud, *Pelican Freud Library* (Vol. 12). London: Cox and Wyman. (Trabalho original publicado em 1927)

Freud, S. (1985c). Civilization and its discontents. In S. Freud, *Pelican Freud Library* (Vol. 12). London: Cox and Wyman. (Trabalho original publicado em 1929)

Freud, S. (1986a). Manuscrito G. In S. Freud, *Correspondência com Fliess: 1887-1904*. Rio de Janeiro: Imago. (Trabalho original de 1895)

Freud, S. (1986b). Totem and taboo. In S. Freud, *Pelican Freud Library* (Vol. 13). London: Cox and Wyman. (Trabalho original publicado em 1913)

Freud, S. (1986c). Moses and monotheism. In S. Freud, *Pelican Freud Library* (Vol. 13). London: Cox and Wyman. (Trabalho original publicado em 1938)

Freud, S. (1986d). An outline of psychoanalysis. In S. Freud, *Pelican Freud Library* (Vol. 15). London: Cox and Wyman. (Trabalho original publicado em 1939)

Freud, S. (1987). *Contribution à la conception des aphasies*. Paris: PUF. (Trabalho original publicado em 1891)

Freud, S. (1988a). The interpretation of dreams. In S. Freud, *Pelican Freud Library* (Vol. 4). London: Cox and Wyman. (Trabalho original publicado em 1900)

Freud, S. (1988b). Some character-types met with in psychoanalytic work. In S. Freud, *Pelican Freud Library* (Vol. 14). London: Cox and Wyman. (Trabalho original publicado em 1916)

Freud, S. (1988c). Leonardo da Vinci and a memory of his childhood. In S. Freud, *Pelican Freud Library* (Vol. 14). London: Cox and Wyman. (Trabalho original publicado em 1910)

Freud, S. (1991a). Formulations on the two principles of mental functioning. In S. Freud, *Pelican Freud Library* (Vol. 11). London: Cox and Wyman. (Trabalho original publicado em 1911)

Freud, S. (1991b). On narcissism: an introduction. In S. Freud, *Pelican Freud Library* (Vol. 11). London: Cox and Wyman. (Trabalho original publicado em 1914)

Freud, S. (1991c). Splitting of the ego in the process of defence. In S. Freud, *Pelican Freud Library* (Vol. 11). London: Cox and Wyman. (Trabalho original publicado em 1938)

Freud, S. (1991d). Beyond the pleasure principle. In S. Freud, *Pelican Freud Library* (Vol. 11). London: Cox and Wyman. (Trabalho original publicado em 1920)

Freud, S. (1991e). The economic problem of masochism. In S. Freud, *Pelican Freud Library* (Vol. 11). London: Cox and Wyman. (Trabalho original publicado em 1924)

Freud, S. (1991f). Instincts and their vicissitudes. In S. Freud, *Pelican Freud Library* (Vol. 11). London: Cox and Wyman. (Trabalho original publicado em 1915)

Freud, S. (1991g). A disturbance of memory on the Acropolis. In S. Freud, *Pelican Freud Library* (Vol. 11). London: Cox and Wyman. (Trabalho original publicado em 1936)

Freud, S. (1993a). On the grounds for detaching a particular syndrome from neurasthenia under the description 'Anxiety Neurosis'. In S. Freud, *Pelican Freud Library* (Vol. 10). London: Cox and Wyman. (Trabalho original publicado em 1894)

Freud, S. (1993b). Neurosis and psychosis. In S. Freud, *Pelican Freud Library* (Vol. 10). London: Cox and Wyman. (Trabalho original publicado em 1923)

Freud, S. (1993c). The loss of reality in neurosis and psychosis. In S. Freud, *Pelican Freud Library* (Vol. 10). London: Cox and Wyman. (Trabalho original publicado em 1924)

Freud, S. (1993d). Inhibition, symptom and anxiety. In S. Freud, *Pelican Freud Library* (Vol. 10). London: Cox and Wyman. (Trabalho original publicado em 1926)

Freud, S. (1995). *Projeto de uma psicologia* (O. F. Gabbi Jr., trad.). Rio de Janeiro: Imago. (Trabalho original publicado em 1895)

Freud, S. (1998). Nouvelles remarques sur les névropsychoses de défense. In S. Freud, *Oeuvres complètes* (Vol. 3). Paris: PUF. (Trabalho original publicado em 1896)

Freud, S. (2002). Mental treatment [Soul treatment]. In S. Freud, *Psychoanalytical treatment essays, 1890-1938* (pp. 59-72). Tel--Aviv: Am Oved. (Trabalho original publicado em 1890)

Freud, S., & Breuer, J. (1974). Studies on hysteria. In S. Freud, *Pelican Freud Library* (Vol. 3). London: Cox and Wyman. (Trabalho original publicado em 1895)

Lacan, J. (2004). *O seminário de Lacan. Livro 10: A angústia (1962-1963)*. Rio de Janeiro: Jorge Zahar.

Lacan. J. (2009). *O seminário de Lacan. Livro 23: O sinthoma (1975-1976)*. Rio de Janeiro: Jorge Zahar.

Morel, G. (2008). *La loi de la mère: Essai sur le sinthome sexuel.* Paris: Economica Anthropos.

11. Eu, sintoma e análise[1]

O seminário sobre o feminino, coordenado por Sandra Schaffa, que focou em 2010 o sintoma e o trabalho analítico, lançou, para mim, nova luz na indagação permanente sobre os alcances e os fins da análise. Sandra nos introduziu nessa discussão propondo-nos a visita ao livro de Genevieve Morel (2008), *A lei da mãe*, cujos ecos continuam ressoando. A clínica de cada um e os elos que ela estabelece com a própria análise e a dos colegas de nosso convívio institucional - que reverbera de vários modos em nossa alma - não cessam de aguçar a questão sobre o que afinal a análise faz, alcança ou atinge. Morel aborda o tema apresentando muitas e diferentes ilustrações clínicas, também de análises de formação, dentro da teoria e do debate em torno da obra de Lacan, sobretudo da revolução que ele efetuou na parte final de sua vida e de seu ensino. Por não estar suficientemente enfronhado do trabalho lacaniano, vou me deter em algumas ressonâncias que Morel gerou com as minhas próprias referências.

1 Trabalho inédito, apresentado na reunião cientifica da Sociedade Brasileira de Psicanálise de São Paulo (SBPSP) em agosto de 2011.

O questionamento sobre os propósitos da análise

As dúvidas quanto aos propósitos da análise motivaram e coincidiram com a travessia pelas tópicas freudianas: o narcisismo, a destruição que oculta e os desafios que ambos colocam para a organização do eu (na qual o objeto participa) impõem-se como urgências teóricas diante das dificuldades que transparecem com a ampliação do exercício da psicanálise. Assim surge, como ressalta Green, um novo alerta, na virada dos anos 1920, sobre o segundo e inelutável escolho a interpelar o trabalho do analista. Se o primeiro se refere à repreensão em reconhecer a ação da sexualidade infantil no seio do acontecer psíquico, o segundo teima em desconhecer uma fonte preponderante implícita à referida repreensão: a pulsão de morte. Por isso Freud sublinha, em 1923/2011, que "o homem normal é não só muito mais imoral do que acredita, mas também muito mais moral do que sabe" (p. 65); e acrescenta em 1926/1993d que o eu só se "sobressai" a essas pressões sob o preço de assumir em seu recinto o sintoma e sucumbir, como seu corolário, a inibições. Os sintomas se "forjam" no eu para lidar com a angústia gerada em reação à invasão do caldo agitado do isso (do qual o eu surge e no qual continua imerso); forças que também disparam dos depósitos do isso no supereu e nos objetos, pelos quais e para os quais o eu transporta-se pela via de tais potências e suas dilacerantes contrariedades. A necessidade do sintoma para o eu enuncia-se cedo no livro de 1926: "Assim, o sintoma assume gradativamente a representação de importantes interesses; passa ser útil na afirmação da posição do sujeito, imerge-se mais intimamente no eu, e se torna cada vez mais indispensável para ele" (Freud, 1926/1993d, p. 251). Os esclarecimentos sobre os limites impostos à organização do eu pelas antagônicas forças e tendências da pulsão e a insuficiência do seu manejo pelo objeto não param de mobilizar, em Freud, o reconhecimento da série de "reformas" às quais o eu precisaria se submeter para se resguardar: não só sintomas e inibições, mas também fissuras, cisões e rachaduras (1923/1993b, 1924/1993c, 1926/1993d, 1927/1977b, 1929/1985c, 1936/1991g, 1938/1991c e 1939/1986d) figuram como indispensáveis na manutenção do eu em seu conjunto, à semelhança do que ocorre com certos vasos quando, sob análogas pressões, trincam-se para não se despedaçar (sobretudo no Capítulo 8 do "Compêndio...", 1939/1986d). Subentende-se que tais acomodações, atingindo a demografia e a topografia do eu, dizem respeito às metas e aos alcances de uma análise.

Entretanto, é preciso distinguir o esboço efetuado há pouco da concepção radical em Lacan, para quem o sintoma assinala não uma necessidade de acomodação no eu, mas o advir verdadeiro do sujeito, sua saída do domínio do objeto primário – a separação da mãe –, e constitui, portanto, a meta da análise. Não obstante, uma interlocução possível entre Freud e Lacan, norteada pelo debate clínico, pode encontrar liames inusitados entre seus universos teóricos, embora a lucidez de Lacan seja marcante. Para tanto, eis uma precisão: o sintoma ao qual Lacan se refere é o sintoma separador, cuja singularidade resulta de um trabalho em que se nota sua ligação e evolução em relação aos sintomas mais clássicos. Modificação análoga à sucessão de sintomas, inibições e cisões que, segundo Freud, se propala no eu até o seu amadurecimento, e no fim da análise. Lacan distinguiu, portanto, *sinthome* de *symptôme* (sintoma). O primeiro torna-se a mola central da vida psíquica: "o *sinthome* é aquilo que enlaça e mantém junto o real (o gozo, a distribuição do prazer no corpo), o imaginário (as imagens, o sentido) e o simbólico (a linguagem, a fala), sustentando, assim, a realidade" (Morel, 2008, p. 2). "Inibição, sintoma e angústia" (Freud, 1926/1993d) fornece importantes subsídios neste diálogo: se o eu é revelado, frequentemente, pelas inibições que o acometem, e a análise pela angústia que ela mobiliza ou põe em causa, o título que escolhi – "Eu, sintoma e análise" – estaria em certa sintonia com o do denso livro de Freud.

Configurações clínicas

Fico, às vezes, perplexo com os jovens que se apresentam com um "pacote" de inibições, sintomas e angústia. A vivência do encontro analítico revela-se, durante muito tempo, paradoxal, porque parece constituir, de um lado, o ponto de fuga e, de outro, insere-nos, perpetuamente, no terreno da urgência, do desamparo, de um pânico iminente. O contato, em vez de abrir canais de transferência, de conversa, de pensamento, se deflete, como se sob ameaça de adentrar a terra de ninguém, da angústia – de um real impermeável e resistente ao furo do significante (Lacan), à falta e às silhuetas de anseios (sentidos e enigmas), da história. Essa clausura do sujeito, esse "véu que o separa do mundo" (Freud), faz suspeitar de uma neurose de coerção,[2] já que a fuga do contato se mascara por detrás da cordialidade forçada. Porém, nem esse diagnóstico e tampouco o de neurose de angústia (pânico) convencem. O relato do paciente toma o curso de um histórico médico, iniciando-se com a eclosão de angústia, o afastamento do meio e a oscilação do sujeito entre alienação insuportável (medo de enlouquecer, ficar à deriva do mundo) e certo "alívio" com o surgimento de inibições e sintomas. A busca de compreensão se esvazia na ausência de "romance" ou de narrativa com marcos traumáticos conscientes ou acontecimentos maiores.[3] A peregrinação por diversas terapias ameaça reinci-

2 Resolvi usar o termo menos usual, mas mais preciso, para aquilo que se denomina "neurose obsessiva".

3 Ironicamente, é assim que Jones caracteriza a vida de Freud, como se as instabilidades em sua vida, as guerras, a doença e a perda da filha, se ressumissem a *an uneventful life*, uma vida sem acontecimentos maiores.

dir-se. O desinvestimento fóbico do objeto, que se deflagra na interação conosco, revela suas pegadas, após certo avanço da análise, em um solo traumático de origem, inferido a partir de situações significativas: por exemplo, durante a conversa com a amiga, um cruzamento de olhar é passível de fazer surtir no paciente o terror de se descolar do campo de ligação ao outro – ele "sai do ar" e logo recorre ao socorro das medicações. Algo parecido pode ocorrer em momentos privados, quando do deleite com a leitura ou a música. O repentino abalo parece dever-se à impossibilidade de sustentar a percepção do objeto, o vislumbre da separação deste, impedindo a abertura para o campo do sentido junto ao outro e à cultura. Em vez de se instaurar no enigma, constituído na percepção da falta, o eu soçobra sob o transbordar angustiante; um desamparo que o lança no meio do nada, ou do todo, ficando à espera da salvação. Como na latência, período da primeira crise, o recuo do entorno se junta a crenças maléficas, acarretando inibições e compulsões reativas, típicas dos sintomas coercitivos. Ademais, a relação com as instituições imanta-se de temores do supereu, paralisantes. Essas reincidências durante a análise dão oportunidade a uma visada maior sobre a vida do paciente, como ao vínculo estreito, psiquicamente incestuoso, mantido com a mãe, cujo poder sobre o paciente é fortemente atrelado ao sofrimento dela e ao seu discurso sacrificial. Quanto ao pai, ele é, quase sempre, desconsiderado ou incomodante, se não francamente desdenhado, embora dê mostras de implicação com o paciente.

Este quadro se explicita com o arrefecimento da inconfiabilidade do paciente para com a análise e o analista. A interpretação começa a encontrar lugar, facilitando a conversão da atuação fóbica para o mundo dos pesadelos. Esses interrompem o sono, mas se dispõem à linguagem e à comunicação. Neles, a elaboração se dá, quase sempre, entre a angústia e o apego à figura da mãe. Por exemplo, em um sonho, o paciente presencia na lanchonete uma cena em que o dono e seus colegas zombam de uma senhora com passado célebre de cantora, mas atualmente em decadência. Ele se senta à mesa com ela e, na saída, eles decidem revidar, não pagando o preço cheio da refeição. Ao não encontrar a chave de seu carro, pega carona no carro dela, acordando assustado. A identificação de seu desamparo com a gagueira da mãe, quando ela fica insegura e aflita – "decadência do seu (en)canto" – acrescenta-se ao convívio íntimo de difícil desenlace. A busca mútua de consolo em momentos de agonia – quando o afago e a conversa, juntos numa só cama, adentram as pequenas horas da madrugada – se complementa, nas manhãs, com a vigilância sobre o cotidiano do filho. Se o horror do incesto deflagra-se no sonho, neste estágio avançado da análise, parece-me que esta saída aguarda ainda uma longa elaboração: a relação que descrevi entre mãe e filho, caçula com 26 anos de idade, se apoia em uma constelação que tenho apreendido nesse típico quadro, no qual a forte impressão da neurose atual impõe-se sobre a "malformação" da neurose de coerção. Nesses pacientes – penso em outra, também caçula e na mesma idade –, a longa tentativa mágica de dominar o terror da angústia assinala o fracasso em se servir das "instruções" fornecidas pela mãe. Essa manteve sua cria refém de uma missão antidepressiva para a restauração narcísica de seu próprio mal-estar histérico. A mãe teve, desde sempre, o maior apreço por este filho(a), coroando o seu desempenho materno – o que constatei no encontro que solicitaram –, com o consentimento do filho(a).

Em busca de uma inteligibilidade dos quadros clínicos

Evoquei, por meio deste olhar panorâmico, esses sujeitos, pela instabilidade do sintoma, de sua instauração. Pois embora haja a concomitância, no quadro clínico e na vivência analítica, das diversas vestes da angústia com as quais comparece, sucessivamente, na montagem do eu,[4] prepondera, porém, sua ação originária. Essa remonta à vaga "consciência do vasto distúrbio na economia da libido narcísica" (Freud, 1926/1993d, p. 291), embora não se possa cogitar no feto a noção da ameaça real de destruição imposta pelo desequilibro fisiológico do nascimento. Essa angústia explicita-se, diz Freud, pela empreitada do objeto para esboçar um eu que poderá sentir a perda, e reagir segundo o molde do distúrbio originário. Atentamos, então, ao fato de que Freud confere ao objeto uma ação para que o "eu-realidade primitivo" (Freud, 1911/1991a, 1915/1991f) obtenha certa "consciência" de si. Eu primitivo, definindo-se pela exasperação em expulsar, ex-corporar (Green), os afluxos de dentro e de fora do corpo, demarcando-se em relação ao "fora" ("dentro" e "fora" obviamente imaginários), mas que adquire uma noção de si pelo investimento que o objeto lhe despende. A partir de 1919, Freud enxerga no substrato deste investimento o arranjo entre moções centrífugas (urgências internas, estímulos sensoriais e objetais) e centrípetas, nirvânicas, da pulsão de morte. Como mostrei em várias ocasiões, esse arranjo dialético é tributário de a psique se tecer "à imagem de espaço" (Freud, 1939/1986d). Ao "se ver" ameaçada pela realidade de desfazer o arranjo nirvânico – que conserva a essa vesícula hipotética de origem o encolhimento numa dormência edênica – e cair no terror da angústia, o investimento do outro vem ao encontro da "esperança de restauração" (deveras revelada mítica): o bebê adere-se, então, às palavras do outro, que se impõem, portanto, como lei, com a ilusão de poderem acobertar a deturpação angustiante

4 Que Freud ordena assim em 1926: agonia psíquica dos inícios pelo despreparo em lidar com urgências internas e excitações externas; ameaça da perda do objeto; ameaça de perda de amor de objeto; medo da castração; angústia social e moral; e, por fim, angústia do destino.

na origem. Porém, já entre 1886 e 1896, surge em Freud o clarão de que o sintoma histérico descende de referências autoeróticas do sujeito; isto é, depois de Freud assistir a seus mestres da hipnose implantarem, removerem e transferirem (de uma região do corpo para outra) o sintoma por via das palavras, pelas imagens destas (Freud, 1888/1966, 1890/2002). Porém, essas referências autoeróticas, que nos dotam do corpo psíquico, instalam-se em meio à transição entre o eu-realidade primitivo e o eu-prazer purificado[5] (Freud, 1915/1991f), efetuada pelas nomeações do adulto, providenciando "imagens de movimento" na montagem do "Ψ-manto" (Freud, 1895/1995). No período abordado (1926), Freud reabilita a ideia do "Projeto...", em que essa forma da angústia, como desequilíbrio econômico na origem, formula-se como desconhecimento total (desamparo). Um precursor da dor, do terror, ante o "*Ding*", a coisa (Freud, 1895/1995), expressando-se pelo grito do bebê, a qual vem responder às palavras impostas, igualmente totalizantes do adulto, para acobertar, iludir e "conter" um "Ψ-núcleo" (eu-primitivo, narcísico). O acréscimo nos anos 1920 é que o distúrbio, gerador da angústia, é causado pelas urgências, porque estas deturpam uma mônada nirvânica, potencialidade do gozo, da qual se deriva tanto o princípio do prazer como a busca da quietude, da morte (Freud, 1924/1991e). Mônada que se deve ao entrelaçamento entre duas moções: a de excitação e a contrária, de retraimento. A ação da primeira sobre a segunda matiza o complexo do masoquismo erógeno originário. Ao velar pelo seu resguardo e, ao mesmo tempo, puxando seus fios, o adulto participa, com palavras, da constituição dos respectivos núcleo (do narcisismo) e manto (das referências autoeróticas). Assim, ao condicionar o

5 A demarcação dentro/fora empreendida pelo objeto sobre a desesperança ex--corporativa (da agressão dos estímulos) prepara o terreno de "bom sou eu; mau é o mundo", daí a purificação do eu, porém "bom" e "mau" são definidos pelas experiências, nomeações, com e do adulto.

sintoma ao efeito da palavra sobre a pulsão, modificando-a (na via entre o simbólico e o real), Lacan reitera o esquema de Freud, de 1891, sobre as afasias. Esta perpassa toda sua obra, e, como vimos, é o grito que convoca palavras do adulto para que tome partido do masoquismo primário na geração do corpo do bebê. Entretanto, Lacan se refere, na análise que faz de Joyce, a uma espécie de "correção", ou suplência, em que essa via direta entre simbólico e real se faz pelo *sinthome* para impedir que o imaginário se deslize para "fora" e escape do nó borromeano (Morel, 2008, capítulo V). Nessa formulação, a falha que Lacan encontra no imaginário de Joyce – na constituição do campo dos sentidos, do corpo e afetos – coloca em relevo a incidência das palavras primeiras sobre o desamparo – por isso, impostas – como uma garantia, ainda não de um corpo e suas imagens de movimento, mas de sua armadura primitiva, seu "núcleo".[6] A falha que Lacan aponta é de uma função do objeto. Qual seria ela? Isso nos obrigará a tratar de outro aspecto, isto é, a relação, plenamente enunciada no livro de 1926, entre a angústia, o recalque e seus afetos e sintomas.

Angústia, recalcamento, afetos e sintomas

Vimos por que a angústia estaria na ordem dos estados afetivos, no ponto de origem de sua cadeia, sobre a qual incide a palavra, traumática, do adulto, para a inscrição do corpo ao modo sintomático dos ataques histéricos. Esses seriam os protótipos da afecção,

---

6 O desenvolvimento entre 1920 e 1926, que apenas atravessei, reata, por meio dessa junção pulsional (e seu recuo para este estado nirvânico, matizado pelo masoquismo primário), as ligações entre a busca de gozo solicitado do ambiente, e que deve garanti-la inicialmente em certo grau, e ao mesmo tempo a abertura para a constituição do corpo, das referências que se poriam em causa com a assunção da falta. Freud recorre à economia articulando-a à linguagem, Lacan evita a primeira...

do afeto, dos estados afetivos. Já no fim do caso Elizabeth, ao se reportar aos sintomas de Cäcilie, Freud afirmava (Freud & Breuer, 1895/1974, p. 254) que esta simbolização pela "expressão somática da representação colorida fortemente de emoção" não é voluntária, mas se deve a um retorno duplo de recalcamentos, um embutido no outro. Há uma "re-vivência de sensações justificadas pela expressão verbal" ("apunhalado no coração", "engolindo algo" – sensações e inervações somáticas que correspondem aos traumas, de ofensa e de insulto, sofridos do outro). Estes pertencem ao universo da "expressão das emoções" que Darwin "nos mostrou consistir de ações que tinham originalmente sentido porque serviram um propósito". As ações têm a ver com o adulto, com suas palavras, respondendo à angústia, ao desamparo, para dotar o ser de um corpo, que consiste nesta forma intermediária palavra/corpo pelos símbolos mnêmicos de um traumático.[7] A nomeação é condição dessa fixação (*Prägung*), gerando o acervo do recalcado, cujo retorno é fruto de elaboração para desembocar no afeto, ou em suas formas mal digeridas ou substitutivas, os sintomas. Freud (1916/1988b, 1926/1993d) distingue, portanto, no afeto, a economia (sua quota, semente ansiosa do corpo) de sua representação, que "descreve" uma ação (do outro, calcada em moldes filogenéticos). A literalidade de origem, do soma em ato, converte-se no afeto em imagens figurativas da linguagem (assim, diz Freud, a criança pode se tornar adulta: pensar, assumir o uso da palavra). No final do texto de 1895, Freud conclui: é, portanto, possível que a histeria não lance mão de simbolização, mas que "tanto a histeria como o uso linguístico bebem de uma fonte comum" (Freud & Breuer, 1895/1974, p. 254). É apenas em 1913 que ele atribui essa fonte ao ato (final de "Totem e tabu"), porém esta se calca na combinação entre a

7 Os estados afetivos são precipitados de experiências traumáticas primitivas, despertadas pela situação atual para se constituir de símbolos mnêmicos. Os ataques histéricos são seus protótipos (Freud, 1926/1993d).

palavra do adulto e o corpo do outro; ou, na origem, entre palavra e grito, em conformidade com o esquema de 1891. Porém, a palavra cria-se no adulto convocando seu grito de outrora, na identificação, ou seja, pelo nexo estabelecido em seu próprio corpo.[8] Entretanto, essa nomeação se torna possível de acordo com o grau em que se encontra a elaboração da castração no adulto, na medida em que reconhece a criança como um ser separado dela, para ser cuidada e entregue ao enigma. Eis o largo espectro das configurações subjetivas e suas patologias. O pai de Joyce nada deixou para o filho, a não ser as palavras ascéticas dos jesuítas, diz Lacan. Sobre essa abolição do pai, o filho tenta recriar-se, resgatando seu gozo (Joyce), com as palavras impostas: a arte se faz com o seu *sinthome*. Com sua arte, ele conseguiu aplacar, e com insistência, a angústia, até o esgotamento, como assistimos na sua obra final.[9] Joyce estaria nas extremidades do espectro. Verifiquemos outras faixas deste.

Volto aos meus pacientes. Vimos por que o sintoma alivia, transforma a angústia, mas neles os sintomas, como Freud os define – símbolos mnêmicos do traumático –, não chegam a se configurar senão como medidas *ad hoc* de defesa ante o excesso pulsional. A falha é do trabalho do objeto, cuja própria demanda de consolação torna o filho refém. Por isso, não se trata, no objeto, de uma abolição da noção da castração, mas de um refúgio incestuoso deste, amarrando a cria ao seu gozo. O paciente que citei é o único entre seus irmãos, todos homens, que adotou o sobrenome

---

8 Vale averiguar a intuição de 1891 em 1923, quando Freud confere às vozes do adulto o plantio do supereu e seu mando em função do desamparo, ou seja, do poder do isso sobre um eu em via de esboço. O que submete o grito ante a angústia do desconhecido, a aderência às palavras do adulto.

9 Aludi em nota anterior à relação entre o masoquismo primário do estado nirvânico e o gozo em Lacan. Antes de trabalhá-la, remeto o leitor ao belo retrato da compensação masoquista na juventude de Joyce que Morel (2008) descobre, junto com Lacan, na personagem Stephen de sua obra.

da mãe e a religião dela, negando a do pai, essa marcada por rituais masculinos de passagens para sua entrada na cultura. Em um sonho recente, novamente com elementos orais, ele e a mãe fogem do restaurante sem pagar ("algo assim", comenta ele). Eles são perseguidos e, do carro, ele atira, mata alguém (aqui ele é viril!) e é preso (retribui o sacrifício da mãe). Entretanto, no presídio disfarça-se de louco – "aprendeu a fazê-lo" –, recebe remédios, para escapar; porém logo, nos testes de desenho e escrita, tudo se embaralha, se garatuja, sentindo, ao acordar do pesadelo, ter perdido a certeza de sua sanidade. Eis o limite... Na outra paciente, que vive o terror, na esteira de sua vida de trabalho, de não atender à expectativa e de ser demitida, essa angústia remonta aos seus 10 anos, quando, voltando das férias de Carnaval, que se estenderam ao longo de toda a semana, ela passa insone frente à iminência da catástrofe de não poder passar de ano por ter faltado à aula dois dias. Nesse período o temor escolar se estende às crises de tremores e choros por não poder concluir a tempo as provas etc. Sua mãe, hipervigilante – e conforme o quadro que desenhei para esse grupo de pacientes –, a acompanhava desde pequena nas tarefas escolares e determinava que, se não conseguisse resolver a lição, não era por preguiça ou capricho (como sua irmã mais velha), mas porque ela não entendia, atingira o seu limite. Uma fronteira do mundo do qual estava prestes a cair fora, como no desenho do universo pelos antigos feito à imagem de uma travessa redonda, fora da qual se perdia no caos e no vazio dos infernos... Na adolescência, novo terror dos buracos, desta vez no rosto, do qual é "salva" pelo acompanhamento de profissional cuja ocupação traçaria a sua própria escolha de faculdade. Esse aprisionamento nas citações ambíguas do adulto ("você *versus* sua irmã"), em seu rosto, se deve, também neste caso, ao enganche na carência depressiva da mãe (Winnicott, 1956/1975, traçou este mal em patologias mais graves).

Mudança de perspectiva em outros quadros clínicos

Em uma posição diametralmente oposta, deparamo-nos com outro grupo de jovens pacientes, que, ao contrário do precedente, não manifesta a fobia do contato, mas é de fácil interlocução. Ao contrário do regime moral e suas imposições, que assombram os membros do grupo anterior, neste é o regime estético e a busca de prazer que tornam os pacientes simpáticos e até alegres, "*gays*", porém sem serem, necessariamente, homossexuais. Aqui, não é a angústia ou a ansiedade depressiva que se manifesta, mas a sua narcotização crônica pela maconha e pela necessidade prolongada da presença "da galera", aos modos adolescentes. Uma aproximação maior revela, por detrás da festa e suas vestes fetichistas sublimadas, uma labilidade da implicação intersubjetiva, e uma série de incertezas em torno do desempenho sexual e profissional. Suas ligações amorosas são igualmente infantis e permeadas pela dependência na ternura materna. Tudo isso encobre uma depressão de base, passível de se tornar crônica. Tal inversão do quadro em relação ao anterior – que juntos formam um palíndromo – faz suspeitar que este grupo seja vítima do mesmo mal, ao qual reage em reverso, "mudando de perspectiva" (Bion). Trata-se de uma veste atenuada da recusa (*Verleugnung*), ao estilo fetichista, como aludi anteriormente. Reversão implícita ao estado nirvânico, pois passível de se prever entre as vicissitudes da junção pulsional, vertendo a balança do masoquismo erótico primário: Freud retoma o fetichismo 22 anos depois de sua inicial e brilhante formulação de 1905, ou seja, logo após o livro de 1926.[10] Diante do horror da

10 Como no grupo anterior (em relação às neuroses de coerção e de pânico), nem a perversão em torno do fetiche, tampouco a drogadição [que conta entre psicopatias, devendo-se à sobrevalorização do amor e não da pulsão, como na perversão (Freud, 1905/1977a)] se aplicam a esse grupo. Nele, a mistura de

castração, algo diferente ocorre: a angústia não desperta a busca exasperada pelas identificações, cuja implicada dessexualização, e o aumento, a partir dela, do desenlace no binômio pulsional, intensificaria as demandas de punição, do masoquismo moral, como uma espécie de esforço para barrar a referida dissolução do eu, por meio de uma gambiarra, ajustando-se à lei e ao gozo do outro para resgatar a cobertura ao eu por parte do objeto (Freud, 1923/1993b). Já na reversão ao modo fetichista, percebe-se um deslocamento regressivo – como ocorre, diz Freud (1927/1977b), na neurose traumática – para o investimento intenso de elementos parciais associados, sobrevalorizando-os (pelos, pé, sapato, no fetichista). Em analogia ao estado da paixão, admiram e rendem-se aos encantos dos atributos do corpo do objeto (formas, curvas, gestos etc.), seus pertences materiais e falas.[11] O que se revela nesse grupo de pacientes é uma reação à ameaça da perda progressiva, que lhes parece desenfreada, da felicidade infantil "de loucura pela mãe" (expressão de um desses pacientes). Como no grupo anterior, a ligação com a mãe é dominante, e a desconfiança do pai, igualmente sublinhada (como na neurose de coerção). A mãe é, semelhantemente, carente, e em busca de compensação incestuosa, de cunho histérico, junto ao filho. Entretanto, nessas mães, em vez do refúgio depressivo no ascetismo da moral e da religião, há uma superexcitação e supervalorização do "príncipe" (o destinatário dessa satisfação é, geralmente, o filho primogênito). Eis, então, outra modalidade de tornar o filho refém da lei da mãe. Este caso, de "loucura", evoca a *Urzeitlich* (imagem primordial da mãe) em Leonardo (os Leonardos se difundem por esse grupo) atrelada à carência da mãe, da qual ela busca consolo desferindo "beijos

---

traços de ambos se junta a uma estrutura predominante neurótica (de coerção, obsessiva).

11 É esta ligação com a paixão e seus elos com o julgamento estético do belo que Freud estabelece em 1905 com a ocupação exclusivista do fetichismo.

ardentes" no bebê (Freud, 1910/1988c). Um excesso que faz faltar a falta. Porém, aqui, a falta da falta não se deve à ameaça de se encontrar no meio do nada, mas à ameaça de se aferrar à promessa da conquista "do todo" e seus infinitos bens... Quero, novamente, frisar que o problema do objeto, em ambos os grupos, não é a abolição da castração, mas um refúgio histérico desta. O desejo da mãe (que contraria a sua lei) existe, mas está temido e suprimido!

Detive-me, propositadamente, em configurações mal estruturadas do sintoma, nas quais este fracassa em se constituir. A angústia ameaça irromper na sua veste de origem: eclode em um caso e, no outro, reverte-se, pervertendo-se, conforme as variações proporcionadas pelo dinamismo econômico (do balanço nirvânico da junção pulsional do masoquismo primário). Tudo em função da alma do objeto, na medida do recalque, recusa ou rejeição da castração nele. Medidas que cotejam, como vimos, as proporções entre "a lei da mãe" e o seu "desejo" para imprimir seu trabalho sobre a próxima geração. Os pacientes do primeiro grupo situam-se na região indefinida entre a neurose atual e a coercitiva; os do segundo, entre o alívio pervertido no fetiche e a neurose de coerção.

Sobre o sintoma

Voltemos para o sintoma! Na revisão de sua metapsicologia, vimos que o sintoma está nas pegadas da representação freudiana. Essa enlaça, como em Lacan, corpo e gozo (o real), imagens e sentidos (o imaginário) e palavra e fala (o simbólico). Foi Lacan quem enunciou o sintoma como via de cura, enquanto em Freud ele se encontra nas amarras do trauma e da patologia, porque é uma malformação da representação. Entretanto, a segunda tópica, em especial a sua evolução entre 1923 e 1927, prepara todo o caminho para Lacan. Vale lembrar em Freud as três demarcações sucessivas do sintoma na cura: a primeira, entre 1886 e 1897, se dedica à elucidação dos mecanismos de sua formação. O eixo, aqui, é a defesa, descrevendo suas modalidades. Uma defesa perante o corpo e seus derivados vivenciais (a representação e seu afeto), seja pelo fracasso de tal derivação (na neurose atual), seja no atentado à representação pelo recalque, perversão ou rejeição desta. Isso permite a Freud, já em 1895, diferenciar neuroses atuais de neuroses de transferência, narcísicas e das psicoses, além de outras ("Manuscrito G", 1895/1986a). Em 1897, ocorre um remanejamento fundamental quando Freud descobre (carta de 21 de setembro a Fliess) o valor universal do complexo nuclear, o Édipo e a castração, o que insere a definição do sintoma dentro do contexto estrutural, ou seja, nas modalidades da não assunção da castração. Aqui a patologia se centra sobre os modos da fuga da inserção na cultura e no seu âmbito social. Esse é o segundo capítulo sobre o sintoma, apreendido sob estrutura (casos Dora, Homem dos Ratos, Schreber etc.), no qual ainda predomina a atual concepção.

Com a introdução da pulsão de morte, a mudança é radical, algo que ainda resistimos a integrar. Pois, como discorri anteriormente, neste terceiro período de Freud em torno do sintoma o problema não se restringe à fuga da castração para prorrogar, pelo sintoma, a estada do sujeito na morada incestuosa, poupando-se de adentrar o terreno social da cultura: aqui são a cultura e suas exigências que riscam adoecer o sujeito, pois teimam avançar sobre os limites econômicos da sustentabilidade sublimatória, da capacitação psíquica do sujeito – tudo em função do teste da junção pulsional perante os ditames do objeto sobre os destinos do sujeito. As palavras finais encontram-se nos textos sobre a cultura de 1927 a 1938. Ou seja, como Lacan adverte, o sintoma como Freud o concebe neste período é indício não do fracasso em se inserir na cultura (castração, solidão e orientação pelo "nome-do-pai"), mas, ao contrário: um modo por meio do qual o sujeito sobrevive, buscando situar-se criativamente em relação às exigências da cultura que ameaçam destruir o psiquismo. Novamente, se situar não é ignorar o Édipo e a castração, pois estes permeiam a estrutura da realidade humana. Se situar implica encontrar o veio de assunção pública, se virar com ele. Esta é a saída criativa, por exemplo, de Joyce. O sintoma não é para dissolver; é sim para reconhecer-se nele, e é disto que trata o fim da análise, algo que se tenta escamotear na propaganda da "solução" da "boa análise" nas instituições de formação. O sintoma na patologia clássica de neuroses e psicoses obtém o gozo incestuoso em segredo, no regime privado, privando-se do reconhecimento próprio desse sintoma para tornar o sujeito refém dele. A cura no processo da análise visa assumi-lo dentro do eu, publicamente, para o próprio uso e cuidado de si. Seria o lugar possível para o sujeito em meio às veleidades da contemporaneidade, que Freud previu nos textos sobre a religião e a cultura entre 1925 e 1939, em paralelo à emergência da intimidade incestuosa da infância para o caminho rumo à inexorável aceitação da castração na entrada no regime público, que requer a divisão dos "bens comuns" junto aos outros no desenho da cultura clássica, como ilustram as belas descrições das análises do livro de Morel.

Metas e alcances da análise: uma vinheta clínica

Estou quase concluindo, e no ponto que me propus a focar: as metas e os alcances da análise. Finalizo, então, com o desenho de um caminho analítico.

F., um homem de 37 anos de idade assistido durante dez anos por um psiquiatra que lhe possibilitou atenuar seus ataques de pânico e suas decorrentes inibições, resolve buscar uma terapia um tempo após uma ruptura amorosa. É um trauma que o faz suspeitar de que sua crônica angústia, que o acomete desde muito cedo, tenha determinantes menos biológicos (veredito do médico) e mais relacionados à sua história. Seu modo de viver, entre a ameaça de um ataque vindouro e a busca de refúgio em meio a um cotidiano de exigências executivas (apresentações públicas, viagens etc.), o "especializou" em técnicas de alívio e de controle. Logo revelou a companhia constante de um boneco Snoopy em sua mochila, um consolador, o que o remeteu a cenas de solidão e de pânico da infância, na espera da mãe e do motorista, dos quais sobrevivera pela invenção de análogas companhias imaginárias. Aos poucos, depois de mais de cinco anos, seu pânico vai mostrar seus liames com o papel de suplência à depressão e aos desapontamentos da mãe com sua vida no casamento. Vários aspectos de seu pânico estão vinculados à história de mãe. Por exemplo, as imagens paralisantes de explosão da aeronave, que vão adentrando seus pesadelos na análise, serão logo associadas com a morte, em acidente aéreo, de um piloto pelo qual sua mãe se apaixonara na juventude. A mãe pertencia a um meio abastado, no qual pilotos particulares integravam o cotidiano transporte da família entre as propriedades rurais e a cidade (o que apoia a ideia desses supostos namoros não passarem de paixões platônicas, pueris e virginais).

Entretanto, o terror psicótico de catástrofe – física e corporal, mas também insidiosa às sombras autoritárias das imposições das instituições, empurrando-o, no imaginário, à porta da rua e demitindo-o dos enquadres humanos, já que desnudado de qualquer noção sobre seus dotes, dons e pertences culturais e técnicos – se associava à imago negativa e brutal do pai, escondida por detrás de seu *modus vivendi* enclausurado e voltado para si. O pai era tudo o que o paciente deveria evitar ser – legislação que a mãe impunha com essas palavras que ele passou a recitar para si. Caçula e temporão, entre três irmãos homens, esteve sempre grudado, escorado pela presença e corpo da mãe que assim o recrutou, como confidente, para seu gozo sacrificial e masoquista. Ele fica sabendo, aos poucos, da origem escusa do pai: nascido de mãe solteira, nativa e pobre, com seu patrão, imigrante árabe casado e bem-sucedido, que impôs ao filho, com quem teve o mínimo contato, um sobrenome falsificado que o paciente teve de herdar. Essa violência da cena primária, na qual F. é levado a se identificar, em pânico, com a mãe, se abre para algumas vias. De um lado, o cotidiano que se revestia de temores arrebatadores sobre sua exclusão do meio, da vida e do trabalho – e ao qual se anexava o disfarce ostensivo de sua homossexualidade – o impedia de sair de casa (apesar de possuir um imóvel próprio, desocupado e decorado). Aderia e necessitava da presença concreta da mãe, que se atualizava, aliás, ante qualquer estresse – ele encontrava uma desculpa e se refugiava ao canto silencioso junto a ela em casa por algumas horas antes de voltar a seu posto. Neste contexto, do ambiente sensorial materno, ele desenvolveu, quase em surdina, uma habilidade artística ímpar, relativa à decoração, coleção e negociação desses artigos: sua sensibilidade e seu tino na avaliação de seu valor lhe valeram um reconhecimento neste meio. A análise vai aos poucos voltar-se às pegadas de origem dessas ocupações, pois todas, nos seus estilos, remontavam aos anos nos quais a mãe estava ainda esperançosa e atenta a seus gostos – o que configura uma tentativa de restauração de provisões ambientais primeiras em meio ao esforço de contentar e consolar a mãe depressiva por meio de bens que costumavam animá-la.

De outro lado, embora sua sexualidade fosse permeada pelas aflições hipocondríacas de contágio, suas escolhas se dividiam entre duas companhias: de um lado, furtivamente e em segredo, de garotos humildes e, de outro, publicamente, junto à sua turma, que pertencia ao clube BBB (*bald bearded bears* – "ursos" carecas e barbudos). De aparência bastante máscula, algo comum no Oriente Médio, o paciente afirmava se posicionar sempre ativo no ato sexual. Ambas as escolhas se relacionavam a traços do pai: as relações com homens humildes, com a origem simplória do pai (a fixação fetichista em cheiros e sapatos servia de estímulo nessas atrações, bem como predominavam as excitações junto ao pai na infância e mais tarde); e a preferência por homens com traços físicos e afetivos do Oriente Médio, no mundo gay de sua classe, com a aparência do pai (de grande porte, careca e barbudo). O pai era um *self-made man*, autodidata e próspero e, apesar de sua reclusão, sua avarenta conduta e seu autoritário controle, ele sustentara a própria família e a da esposa, que decaiu e se deteriorou. Porém, o sucesso do pai se devia a uma sociedade e amizade imaculada com um imigrante árabe astuto, que o teve, ao longo de mais de cinquenta anos, como único confidente, inclusive sobre os próprios bens. F. foi o único, entre os irmãos, sob decisão do pai, a não trabalhar na empresa familiar; e, embora tivesse escolhido a profissão que a mãe lhe designou, acabou exercendo-a no meio empresarial.

Forneço esses dados porque, apesar da estrutura psicótica que dita o pânico (atribuído à brutalidade do pai pela lente e corpo da mãe, onde ele se abriga), e que o fez aderir-se à mãe, foi a assunção progressiva das ligações, com seu ranço concreto e sensorial, ao mundo do pai que lhe permitiram, ao se tornarem públicas para ele mesmo, consolidar um sintoma que o separaria da prisão materna, de seu gozo masoquista. Hoje, após sete anos de trabalho, atenuou-se, consideravelmente, o pânico claustrofóbico dos meios de transporte, bem como os seus temores hipocondríacos do contato! As viagens a trabalho não assustam, e a elas, ao contrário, somam-se agora viagens sucessivas nas férias. A noção progressiva de seus dons e contribuição na empresa e no meio social não só lhe rendeu posições de confiança como o dota de certo desprendimento das pressões e imposições, permitindo-lhe o arbítrio de aceitar ou recusar. Sua sexualidade é assumida com mais liberdade: F. não mais lança mão de disfarces para mascará-la em circunstâncias sociais. A entrega às coleções e ao comércio de artigos de decoração perdeu grande parte de seu fascínio e de sua aura aditiva e compulsiva.

São os objetos da cultura - livros, cinema, artes plásticas, clássica e contemporânea, bem como o aperfeiçoamento profissional - que se tornam objeto de interesse mais livre e menos atrelado à fissura de sobrevivência. A mãe faleceu, em grande parte por causa de seus graves descuidos e da vontade de morrer. F. atravessa esse período para logo adentrar em sonhos de separação bastante marcantes, cujos relatos ficam para outra oportunidade. Já a relação amorosa continua permeada por restrições e precauções que ainda impedem o conforto de encontro de morada própria nela.

Do oráculo e do sintoma

Em Delfos, semanas atrás, postei-me diante das ruínas do antigo templo, com sua forma retangular, para refazer em mente o trajeto do peregrino em busca da profecia do oráculo. Na entrada da cidade, pouco antes do templo, a imensa estátua da Esfinge, um rosto arcaico de mulher de expressão cerrada - ao modo das do antigo Egito - sobre um imenso corpo animal, mete mais susto do que intriga. Depois do salão de entrada do templo, caminha-se ao centro de sua via principal, passando pelo assento da sibila, mulher de falas ambíguas, para se chegar, enfim, à sala de espera da pitonisa, no canto extremo esquerdo do templo. Para se munir da palavra, essas garotas, futuras profetisas, preparavam-se enfronhando-se desde cedo no universo da filosofia, ciências, artes e arquitetura. Já seu exercício se devia a sua residência no canto direito da mesma ala, de onde exalava o oráculo: um buraco no chão do templo que liberava gases tóxicos - responsáveis pela morte precoce delas -, figurando, quem sabe, a porta de saída do útero dos deuses, já que o dia 7 de cada mês - dia do nascimento de todos os deuses gregos -, era o único dia no qual a pitonisa poderia servir de médium entre os deuses (fonte da cultura e da vida) e as demandas dos homens. Na saída, as profecias do oráculo se revestiam de desígnios ansiosos, ambíguos e enigmáticos, reforçando-se pelas imagos femininas no caminho de volta: a pitonisa, a sibila e a esfinge. Fileira feminina, cujo ponto de origem, o buraco, é a angústia do nascimento (respiração, toxicidade, cf. Freud, 1926/1993a), junto ao qual se arriscam as palavras, transitando entre o susto, a ambiguidade e o enigma, para a assunção do próprio destino.

Nos achados técnicos da segunda tópica, o sintoma tornou-se não mais passível, em todos os casos, de dissolução (*Lösung*) pela interpretação – essa orientada pela via da castração, do nome-do-pai, para recuperar a fala no afeto. Na teoria, o regime do pai teve de se reconciliar com o reino antigo, micênico-minoico da mãe, do seu regime não-todo-castrado, no qual o afeto – essa mola da dimensão intersubjetiva do humano, de seu trânsito e transação – estaria ainda preso em suas expressões traumáticas de origem, o sintoma; no qual a atuação do corpo impõe à pulsão vias de escoamento do desamparo original, capturado e plasmado nas palavras salva-vidas do adulto, de sua lei.

Referências

Freud, S. (1966). Hysteria. In S. Freud, *The Standard Edition of the Complete Psychological Works of Sigmund Freud* (Vol. I). London: Hogarth Press. (Trabalho original publicado em 1888)

Freud, S. (1976a). Introductory lecture XXV: Anxiety. In S. Freud, *Pelican Freud Library* (Vol. 1). London: Cox and Wyman. (Trabalho original publicado em 1916-1917)

Freud, S. (1976b). Introductory lecture XXIII: The paths to the formation of symptoms. In S. Freud, *Pelican Freud Library* (Vol.

1). London: Cox and Wyman. (Trabalho original publicado em 1916)

Freud, S. (1977a). Three essays on the theory of sexuality. In S. Freud, *Pelican Freud Library* (Vol. 7). London: Cox and Wyman. (Trabalho original publicado em 1905)

Freud, S. (1977b). Fetishism. In S. Freud, *Pelican Freud Library* (Vol. 7). London: Cox and Wyman. (Trabalho original publicado em 1927).

Freud, S. (1985a). Group psychology and the analysis of the ego. In S. Freud, *Pelican Freud Library* (Vol. 12). London: Cox and Wyman. (Trabalho original publicado em 1921)

Freud, S. (1985b). The future of an illusion. In S. Freud, *Pelican Freud Library* (Vol. 12). London: Cox and Wyman. (Trabalho original publicado em 1927)

Freud, S. (1985c). Civilization and its discontents. In S. Freud, *Pelican Freud Library* (Vol. 12). London: Cox and Wyman. (Trabalho original publicado em 1929)

Freud, S. (1986a) Manuscrito G. In S. Freud, *Correspondência com Fliess: 1887-1904*. Rio de Janeiro: Imago. (Trabalho original de 1895)

Freud, S. (1986b). Totem and taboo. In S. Freud, *Pelican Freud Library* (Vol. 13). London: Cox and Wyman. (Trabalho original publicado em 1913)

Freud, S. (1986c). Moses and monotheism. In S. Freud, *Pelican Freud Library* (Vol. 13). London: Cox and Wyman. (Trabalho original publicado em 1938)

Freud, S. (1986d). An outline of psychoanalysis. In S. Freud, *Pelican Freud Library* (Vol. 15). London: Cox and Wyman. (Trabalho original publicado em 1939)

Freud, S. (1987). *Contribution à la conception des aphasies*. Paris: PUF. (Trabalho original publicado em 1891)

Freud, S. (1988a). The interpretation of dreams. In S. Freud, *Pelican Freud Library* (Vol. 4). London: Cox and Wyman. (Trabalho original publicado em 1900)

Freud, S. (1988b). Some character-types met with in psychoanalytic work. In S. Freud, *Pelican Freud Library* (Vol. 14). London: Cox and Wyman. (Trabalho original publicado em 1916)

Freud, S. (1988c). Leonardo da Vinci and a memory of his childhood. In S. Freud, *Pelican Freud Library* (Vol. 14). London: Cox and Wyman. (Trabalho original publicado em 1910)

Freud, S. (1991a). Formulations on the two principles of mental functioning. In S. Freud, *Pelican Freud Library* (Vol. 11). London: Cox and Wyman. (Trabalho original publicado em 1911)

Freud, S. (1991b). On narcissism: an introduction. In S. Freud, *Pelican Freud Library* (Vol. 11). London: Cox and Wyman. (Trabalho original publicado em 1914)

Freud, S. (1991c). Splitting of the ego in the process of defence. In S. Freud, *Pelican Freud Library* (Vol. 11). London: Cox and Wyman. (Trabalho original publicado em 1938)

Freud, S. (1991d). Beyond the pleasure principle. In S. Freud, *Pelican Freud Library* (Vol. 11). London: Cox and Wyman. (Trabalho origina publicado em 1920)

Freud, S. (1991e). The economic problem of masochism. In S. Freud, *Pelican Freud Library* (Vol. 11). London: Cox and Wyman. (Trabalho original publicado em 1924)

Freud, S. (1991f). Instincts and their vicissitudes. In S. Freud, *Pelican Freud Library* (Vol. 11). London: Cox and Wyman. (Trabalho original publicado em 1915)

Freud, S. (1991g). A disturbance of memory on the Acropolis. In S. Freud, *Pelican Freud Library* (Vol. 11). London: Cox and Wyman. (Trabalho original publicado em 1936)

Freud, S. (1993a). On the grounds for detaching a particular syndrome from neurasthenia under the description 'Anxiety Neurosis'. In S. Freud, *Pelican Freud Library* (Vol. 10). London: Cox and Wyman. (Trabalho original publicado em 1894)

Freud, S. (1993b). Neurosis and psychosis. In S. Freud, *Pelican Freud Library* (Vol. 10). London: Cox and Wyman. (Trabalho original publicado em 1923)

Freud, S. (1993c). The loss of reality in neurosis and psychosis. In S. Freud, *Pelican Freud Library* (Vol. 10). London: Cox and Wyman. (Trabalho original publicado em 1924)

Freud, S. (1993d). Inhibition, symptom and anxiety. In S. Freud, *Pelican Freud Library* (Vol. 10). London: Cox and Wyman. (Trabalho original publicado em 1926)

Freud, S. (1995). *Projeto de uma psicologia* (O. F. Gabbi Jr., trad.). Rio de Janeiro: Imago. (Trabalho original publicado em 1895)

Freud, S. (1998). Nouvelles remarques sur les névropsychoses de défense. In S. Freud, *Oeuvres Complètes* (Vol. 3). Paris: PUF. (Trabalho original publicado em 1896)

Freud, S. (2002). Mental treatment [Soul treatment]. In S. Freud, *Psychoanalytical treatment essays, 1890-1938* (pp. 59-72). Tel--Aviv: Am Oved. (Trabalho original publicado em 1890)

Freud, S. (2011). O eu e o id. In S. Freud, *Obras Completas* (P. C. de Souza, trad., Vol. 16). São Paulo: Companhia das Letras. (Trabalho original publicado em 1923)

Freud, S., & Breuer, J. (1974). Studies on hysteria. In S. Freud, *Pelican Freud Library* (Vol. 3). London: Cox and Wyman. (Trabalho original publicado em 1895).

Lacan, J. (2004). *O seminário de Lacan. Livro 10: A angústia (1962-1963)*. Rio de Janeiro: J. Zahar.

Lacan, J. (2009). *O seminário de Lacan. Livro 23: O sinthoma (1975-1976)*. Rio de Janeiro, J. Zahar.

Morel, G. (2008). *La loi de la mère. Essai sur le sinthome sexuel*. Paris: Economica Anthropos.

Winnicott, D. W. (1975). Preocupação materna primária. In D. W. Winnicott, *Da pediatria à psicanálise*. São Paulo: Francisco Alves. (Trabalho original publicado em 1956)

12. Notas sobre ilusão em Freud[1]

Seguindo alguns filósofos e antropólogos, Freud sustentou a emergência sucessiva, na história da raça humana, de três sistemas de pensamento ou modos de experimentar e ver o mundo (*Weltanschauung*): o animista (o mais amplo e consistente), o religioso e o científico. Tais sistemas correspondem, *grosso modo*, aos estágios da constituição do sujeito: o narcisismo primário, a trama edípica e a aceitação da castração. Pensando a relação objetal nesses respectivos estágios, o primeiro corresponderia à dependência cega e absoluta (face ao desamparo infantil) ao ambiente; o segundo, à relativa dependência, ambivalente e conflituosa, aos pais em meio à diferenciação sexual e amorosa; e o terceiro, por fim, à saída desta trama e o engajamento no universo real, cultural (Freud, 1913/1986a).

Neste quadro, fica claro que, do mesmo modo que o narcisismo primário constitui o substrato inicial sobre o qual se desenrola a trama edípica e ergue-se o sujeito, o animismo fornece os

1 Uma versão deste capítulo foi publicada anteriormente em *Ide*, *29*(42), pp. 19-22, São Paulo, 2006.

fundamentos de todas as religiões, e estas os fundamentos da organização social e da cultura. Essa é a tese central do texto "Totem e tabu" (1913/1986a), que será ampliada e sofisticada nas obras sobre a psicologia das massas (1921/1985a) e sobre o homem, Moisés e a religião monoteísta (1938/1986b). Ainda nesse período, Freud publica, em 1927, "O futuro de uma ilusão" (1917/1985b), de cunho polêmico (raro ao seu estilo), no qual a fé religiosa figura como refúgio para uma corrente psíquica primitiva que recusa e desmente (*Verleugnung*) a realidade da castração, da solidão humana, para retroceder às garantias ilusórias da dependência absoluta do estágio inicial do desamparo infantil.

O posicionamento no terreno da religião tende a desviar a atenção, a ponto de nos fazer desconsiderar inteiramente o contexto que descrevi até este ponto e levar-nos a crer que Freud conferiu um valor negativo ao próprio universo da ilusão. Vale, portanto, recuperar o eixo central da concepção freudiana, o qual liga a ilusão com os estágios iniciais da vida, significando que ela, a ilusão, jamais poderia abrigar uma conotação negativa, mas, ao contrário, constitutiva. No próprio ensaio de 1927, Freud afirma que a ilusão não é o mesmo que um falseamento da realidade, já que sua fonte reside nos desejos infantis, ou seja, no que é mais positivo e fundamental do edifício freudiano. Clarão que potencializa uma interlocução com o aporte de Winnicott, pois foi ele quem teceu, e genialmente, os fios de ligação entre ilusão, criatividade e realidade. Uma incursão rápida pelas fontes e destinos da ilusão em Freud expõe, de fato, os verdadeiros alicerces da arrojada e arejante proposta winnicottiana. Nas notas que seguem, apenas inicio tal exposição, limitando-me a mapear, sucintamente, a trajetória freudiana na qual se implica a ideia de ilusão.

A semente de origem da ilusão, no bebê e na criança, implanta-se no estágio dominado pela onipotência, que também caracteriza o sistema do pensamento animista. Entretanto, é na reserva do mundo da fantasia e dos devaneios, circunscrito mais tarde pela aquisição progressiva do princípio da realidade, que a ilusão adquire sua identidade. Este universo, de fantasia e devaneio, constitui a área da criação, fonte da "ilusão artística" (Freud, 1913/1986a) com que alguns fabricam, graças a seu dom estético, obras que obtêm reconhecimento junto aos demais sujeitos na sociedade adulta. Tal geração e diferenciação da ilusão, desde o polo da onipotência e até o da fantasia, e a serviço da criação artística, encontra um eco (descoberto por Freud) na explicação de Wundt sobre a impressionante identidade de ideias animistas entre diferentes raças e povos: "são produtos psicológicos impostos por uma consciência mitopoética . . . , do estado natural do homem" (Freud, 1913/1986a, p. 134).

São essas as constatações mais gerais sobre a fonte e os destinos da ilusão, porém, para serem elucidados no contexto metapsicológico, é preciso expor os eixos da inelegibilidade clínica dos quais Freud os inferiu.

Os estudiosos, afirma Freud (1913/1986a), definem o sistema do pensamento animista em torno de uma confusão: uma conexão ideal é confundida com uma real. Trata-se de um princípio mágico de ação, em que uma intencionalidade, oriunda das ideias – das representações –, adquire uma prevalência sobre a realidade da percepção, esta regida pelos limites do espaço e do tempo. Freud estabelece uma analogia entre este ato mágico de influir e agir sobre seres e acontecimentos no mundo e a maneira alucinatória com que o bebê e a criança tendem a satisfazer, a realizar, seus desejos. O bebê os realiza pelas "excitações centrífugas de seus órgãos dos sentidos" (p. 134), misturadas – em função da mola do movimento pulsional que as origina – com a descarga motora (o choro e o espernear), que é desprovida de eficiência real em virtude da imaturidade muscular. No animismo, praticado pelo adulto, destaca-se a dimensão motora da realização alucinatória, contida no ato ritualístico em função da padronização estabelecida pela tradição grupal. O ato mágico lança mão de duas estratégias ou técnicas, o contágio e a imitação, que também encontram um paralelo no mundo das crianças. No ato de influência mágica, uma classe de ritos faz uso de uma parte, simbólica ou real, do ser que pretende atingir (uma efígie, relíquia, algum pertence, ou até partes de seu corpo – cabelos, orelha etc.). Essa é a influência por contágio. Outra classe visa alcançar esse objetivo pela imitação, por exemplo, quando um casal "torna" sua terra fértil realizando o ato sexual na própria terra plantada. Esses ritos evocam, claramente, o brincar das crianças, ao fazerem uso dos pertences dos adultos (contágio) ou ao adotarem os papéis dos pais no jogo (imitação).

O brincar das crianças já é um universo diferenciado. Entretanto, Freud foca esses meios técnicos, por contiguidade e por semelhança, análogos às respectivas metonímia e metáfora que regem o funcionamento inconsciente, com a pretensão de ultrapassar, onipotentemente, os respectivos limites da realidade – o espaço (distância), e o tempo (sequência cênica da ação). A excitação centrífuga dos órgãos dos sentidos é tributável do substrato alucinatório existencial-cênico (ser/fazer), pois nele reside a fonte de realização pela figurabilidade (*Darstellbarkeit*). Os três constituem, assim, os conhecidos principais processos do trabalho do sonho.

Freud se coloca, então, do lado dos estudiosos do animismo que postulam, na origem, a onipotência do indivíduo, com a transferência gradativa dessa onipotência para os espíritos e para os deuses das futuras religiões, já que este movimento se assemelha à passagem do estágio do narcisismo primário, em que predominam os investimentos autoeróticos, para o dos investimentos objetais. Freud frisa, aqui, a persistência, durante toda a vida do sujeito, de uma oscilação entre a libido do eu e a dos objetos, sendo que a primeira permanece como reservatório-fonte. Com essa configuração de vaivém, entre onipotência e geração das personagens e cenário da fantasia, Freud delineia o espaço, a dinâmica e a economia em que se desenrola o universo da ilusão.

Se o impulso ilusório provém da onipotência infantil, o enredo, a trama e a função da ilusão no brincar e na criação, ou seja, no palco das fantasias que os compõem, se situa em outro plano. O brincar e a criação, e as fantasias que põem em marcha, fazem parte, segundo Freud, de uma reserva psíquica natural. Pois nela se alojam, além da fonte "natural" da onipotência originária, as personagens e roteiros da fantasia que dela emanaram (Freud, 1911/1991a, 1916/1976, 1924/1993b, 1906/1988a, 1908/1988b, 1916/1988c). Só se pode falar de uma reserva natural quando já existe a civilização. Freud afirma explicitamente que no brincar e no fazer artístico cava-se um caminho, uma conexão e um trânsito em direção à realidade.

Antes de explicitar os pressupostos e achados conexos a essas colocações, é necessário lembrar o que se depreende dessas mesmas colocações. A fantasia, o fantasiar e o devaneio emergem como consequência de certa restrição imposta à onipotência pela progressiva conquista do princípio da realidade, e, portanto, da circunscrição do recalcado que engendra uma fonte mnêmica, de natureza edípica, para tecer as fantasias e confeccionar suas tramas no brincar e na criação artística. Como se faz este salto, do estágio de onipotência alucinatória do narcisismo primário, para um funcionamento de acordo com a percepção da realidade? Salto que lança mão de um aparelho de pensar – uma espécie de maquete dos projetos mnêmicos – que se interpõe a meio caminho entre as urgências pulsionais e a ação.

A realização alucinatória e sua onipotência são desencadeadas pelo estado de despreparo pelo qual é tragado o bebê diante da violência oriunda das urgências pulsionais e dos estímulos sensoriais e objetais do ambiente que o circunda. A alucinação, como vimos, é um ato existencial, de ser-fazer. Um palco e cenário que substituem, respectivamente, o espaço e o tempo da realidade; onipotência – estar e agir ultrapassando os limites do espaço e do tempo – para contornar o desamparo. No artigo de 1915/1991c "As pulsões e seus destinos", Freud nota que o mundo exterior é indiferente para o bebê. Trata-se de um estado narcísico autoerótico originário, em que o eu-corpo do bebê é investido pelas pulsões e se mostra, ele mesmo, como capaz de satisfazê-las: "O mundo exterior não é investido pelo interesse (no sentido mais geral do termo); é indiferente no que concerne à satisfação" (Freud, 1915/1991c, p. 133). Tal sistema, salienta Freud (1911/1991a, nota de rodapé 5), não tem nenhuma chance de existir, e só é concebível sob a condição de que nele se incluem os cuidados maternos. Ou seja, a organização narcísica autoerótica do bebê repousa sobre a ilusão de que é ele, o bebê, quem dispensa o seu próprio bem, e não a mãe que o provê de fato. Ele ignora o mundo exterior porque engloba a mãe nos efeitos de sua onipotência, já que não reconhece sua existência separada.

Winnicott destaca e distribui elogios a essa nota de Freud, por ser explícita sobre o desempenho da mãe. Assenta-se aí um dos pontos fundamentais da teoria winnicottiana. Seria interessante lançar uma luz sobre alguns pontos de intersecção entre Winnicott e Freud no que tange a nosso tema. Na linguagem de Winnicott, o caminho em direção à realidade, o sucesso da desilusão progressiva, concomitante ao advento dos fenômenos transicionais – e da possessão não eu – depende do respaldo (*holding*) dado pelo ambiente à onipotência do início da vida do bebê, em que predomina o objeto subjetivo. Na sequência, a condução (*handling*) pelo objeto, "especializada" e singular, é necessária para adentrar a área intermediária, transicional, e seguir em direção a um objeto percebido de maneira objetiva e, portanto, passível de uso. Winnicott frisou, desde seus primeiros textos, como Freud o fez, a concessão ao bebê de um direito de onipotência, também em vista da incapacidade do bebê em lidar com a própria realidade interna, o que acarreta a defesa maníaca.[2] Vale lembrar o texto precursor, por excelência, do memorável ensaio de 1951, sobre a transicionalidade (Winnicott, 1951/1975a). Trata-se da descrição, em 1941, do jogo da espátula como ferramenta de tratamento pediátrico (Winnicott, 1941/1988c). Aqui, também, o foco é na fantasia inconsciente, porém Winnicott lança luz sobre uma etapa, denominada hesitação, em que o bebê como que desperta para a realidade, buscando – pelo olhar – junto ao casal "real" (mãe e médico), uma licença para poder brincar... Há aqui uma transição, transitividade, entre as realidades interna e externa, já que obter licença para pegar a espátula significa, na linguagem kleiniana do Édipo, poder "buscar lá dentro", partilhar, o pênis do pai. Em 1951, Winnicott volta a enfatizar essa mesma ideia de concessão de direito: a área intermediária é algo que tem a ver com uma legitimação feita pelo ambiente ao bebê, e se constitui entre a criatividade primária deste e a realidade objetivamente percebida. Tal concessão refere-se, justamente, ao "uso da ilusão" (Winnicott, 1951/1975a) e, com isso, a instauração do canal, a área intermediária, de acesso à realidade que, do ponto de vista do adulto (mas não do bebê), situa-se no plano objetivo da percepção.

Não vou me deter sobre os outros aspectos da transicionalidade. O que nos interessa é apontar, em Freud inicialmente e depois em Winnicott, para a seguinte semelhança: a ilusão serve de ponte, de transição, no brincar das crianças, e na criação artística, entre

---

2 Nesses textos há uma atenção específica sobre a luta no âmbito da fantasia inconsciente, como fora entendida por Melanie Klein. Não obstante, Winnicott (1931/1988a, 1935/1988b) já está, neste estágio, atento à legitimidade concedida pelo objeto contida nos próprios cuidados e companhia à criança.

uma reserva natural (criatividade primária, onipotente, a partir da qual vicejam inicialmente os desejos e depois as fantasias) e a realidade. O ponto principal é a relação com a realidade, e essa só pode se estabelecer por uma concessão emanada do objeto. Algo que Freud descreve desde seu "Projeto de uma psicologia", de 1895/1995. Winnicott deu a isso um desenvolvimento mais específico, e em estilo linguístico próprio, a partir do trabalho com bebês e crianças. Freud, além de fornecer as bases metapsicológicas para essa construção, deteve-se na área da criação, comparando-a, persistentemente, com o mundo infantil. O artista, diz Freud, permanece imerso em suas fantasias infantis, porém encontra, ao contrário do neurótico, uma solução melhor para realizá-las na realidade, na cultura. Ele se utiliza de seus dons estéticos de apresentação para se tornar o próprio herói da fantasia, obtendo fama, dinheiro e as mulheres que deseja. Ele já tem em vista, no próprio trabalho, a concessão, torcida e companhia dos outros. Há, aqui, como no jogo da espátula, um fundo histórico, pessoal e grupal, para esta concessão. Freud (1911/1991a) afirma claramente que a mãe deve proporcionar muito cedo esse espaço necessário à ilusão. Os desdobramentos dessa concessão permeiam toda sua obra. Freud costumava dizer, em tom de carinhosa brincadeira, que os artistas, em especial os poetas, são "irresponsáveis", e se permitem sê-lo porque gozam de um privilégio, de uma licença artística. A eles é permitido brincar, botar para valer sua ilusão em marcha. Esse mimo lhes foi dado porque foram, no mito, preferidos da mãe; são os mimados caçulas das famílias originárias da humanidade (Freud, 1921/1985a). Amados, se tornam heróis, verdadeiros heróis, realizadores...

O trânsito entre civilização e reserva "natural" sofre uma catástrofe no psicótico. Ele é vítima de um "*tsunami*", de uma invasão da natureza (do isso) e destruição de sua civilização (do eu)... Em outros casos o eu, escreve Freud, sofre fissuras, pode se tornar um arquipélago; cinde-se para se defender, para manter alguma coesão diante de tamanha ameaça. Já no neurótico, o problema é com o trânsito livre... Os refúgios à reserva natural não são aproveitáveis para uso na própria cidade... proibição? Não vou me deter sobre as relações que Freud estabelece por meio desta metáfora, que enfoca a relação fantasia-artista, a respeito das configurações clínicas (Freud, 1916/1976). Winnicott demonstrou que falhas na concessão de direto à onipotência e à constituição do espaço intermediário de ilusão geram sérios problemas. Essas carências impelem ao refúgio na onipotência infantil, transformando-se em clausura, prisão do sujeito, ou seja, sem acesso à realidade. Há, em vez disso, uma imersão num tipo de fantasiar que é oposto ao sonhar e ao viver (Winnicott, 1951/1975a). Este refúgio na onipotência visa suplantar a falta de uma concessão, por parte do ambiente de origem, a um *playground* para a ilusão e o brincar, o que impede poder confrontar o mundo real. Freud (1924/1993b) está em pleno acordo, quando assinala as variações dessas medidas de se curar, pela realização, seja no fantasiar do sintoma neurótico, seja no delírio do melancólico ou no recriar implacável do mundo pelo psicótico. Algo semelhante parece ocorrer, segundo ele, no nível grupal, em relação à religião, quando esta se coloca como refúgio.

Voltando, para finalizar, à questão da companhia e da concessão de direito à ilusão, ela é bastante sugestiva no que diz respeito à função do analista, qual seja, a de concessão de direito, materializada na própria companhia, especializada, para o trabalho da ilusão daquele que o procura para ser curado.

Referências

Freud, S. (1976). Introductory lecture XXIII: The paths to the formation of symptoms. In S. Freud, *Pelican Freud Library* (Vol.

1). London: Cox and Wyman. (Trabalho original publicado em 1916)

Freud, S. (1985a). Group psychology and the analysis of the ego. In S. Freud, *Pelican Freud Library* (Vol. 12). London: Cox and Wyman. (Trabalho original publicado em 1921)

Freud, S. (1985b). The future of an illusion. In S. Freud, *Pelican Freud Library* (Vol. 12). London: Cox and Wyman. (Trabalho original publicado em 1927)

Freud, S. (1986a). Totem and taboo. In S. Freud, *Pelican Freud Library* (Vol. 13). London: Cox and Wyman. (Trabalho original publicado em 1913)

Freud, S. (1986b). Moses and monotheism. In S. Freud, *Pelican Freud Library* (Vol. 13). London: Cox and Wyman. (Trabalho original publicado em 1938)

Freud, S. (1988a). Psychopathic character-types on the stage. In S. Freud, *Pelican Freud Library* (Vol. 14). London: Cox and Wyman. (Trabalho original publicado em 1906)

Freud, S. (1988b). Creative writers and day-dreaming. In S. Freud, *Pelican Freud Library* (Vol. 14). London: Cox and Wyman. (Trabalho original publicado em 1908)

Freud. S. (1988c). Some character-types met with in psychoanalytic work. In S. Freud, *Pelican Freud Library* (Vol. 14). London: Cox and Wyman. (Trabalho original publicado em 1916)

Freud, S. (1991a). Formulations on the two principles of mental functioning. In S. Freud, *Pelican Freud Library* (Vol. 11). London: Cox and Wyman. (Trabalho original publicado em 1911)

Freud, S. (1991b). On narcissism: an introduction. In S. Freud, *Pelican Freud Library* (Vol. 11). London: Cox and Wyman. (Trabalho original publicado em 1914)

Freud, S. (1991c). Instincts and their vicissitudes. In S. Freud, *Pelican Freud Library* (Vol. 11). London: Cox and Wyman. (Trabalho original publicado em 1915)

Freud, S. (1993a). Neurosis and psychosis. In S. Freud, *Pelican Freud Library* (Vol. 10). London: Cox and Wyman. (Trabalho original publicado em 1923)

Freud, S. (1993b). The loss of reality in neurosis and psychosis. In S. Freud, *Pelican Freud Library* (Vol. 10). London: Cox and Wyman. (Trabalho original publicado em 1924)

Freud, S. (1995). *Projeto de uma psicologia* (O. F. Gabbi Jr., trad.). Rio de Janeiro: Imago. (Trabalho original publicado em 1895)

Winnicott, D. W. (1975a). Objetos transicionais e fenômenos transicionais. In D. W. Winnicott, *O brincar e a realidade* (pp. 13-44). Rio de Janeiro: Imago. (Trabalho original publicado em 1951)

Winnicott, D. W. (1975b). Sonhar, fantasiar e viver: Uma história clínica que descreve uma dissociação primária. In D. W. Winnicott, *O brincar e a realidade* (pp. 45-58). Rio de Janeiro: Imago. (Trabalho original publicado em 1968)

Winnicott, D. W. (1988a). Nota sobre normalidade e ansiedade. In D. W. Winnicott, *Da pediatria à psicanálise* (pp. 57-76). São Paulo: Francisco Alves. (Trabalho original publicado em 1931)

Winnicott, D. W. (1988b). A defesa maníaca. In D. W. Winnicott, *Da pediatria à psicanálise* (pp. 199-217). São Paulo: Francisco Alves. (Trabalho original publicado em 1935)

Winnicott, D. W. (1988c). A observação de bebês em uma situação padronizada. In D. W. Winnicott, *Da pediatria à psicanálise* (pp. 112-132). São Paulo: Francisco Alves. (Trabalho original publicado em 1941)

13. O caos, a arca e o mundo: análise, sujeição e liberdade[1]

> *Paradoxo da análise: um tempo mensurado – ritmo e duração fixa das sessões –, e um fora-de-tempo, o do inconsciente; um espaço fechado – o consultório, um enquadre imutável, segredo das trocas –, e um espaço interior aberto, sem fronteiras, uma travessia que nos faz descobrir aquilo que nos determina a nossa revelia* e um aprendizado laborioso da liberdade. *Um lugar de apego e desapego.*
>
> J.-B. Pontalis, 2012, p. 86 (grifos nossos)

Um grupo centrado na leitura, análise e escrita literária lança-me o desafio de abrir-lhe, pelo veio literário, uma janela ao fazer analítico, para poder acompanhar e, eventualmente, desfrutar da interlocução entre literatura e psicanálise. Passam-se meses e, na proximidade do encontro, dois textos – um conto de Machado de

1 Texto elaborado a partir de uma conferência realizada, a convite do grupo literário *Tantas letras*, em setembro de 2011 na Biblioteca Municipal de São Bernardo do Campo. Posteriormente, uma versão deste capítulo foi publicada em *Ide*, *35*(54), pp. 55-71, São Paulo, 2012.

Assis e um texto de Antônio Candido sobre a função da literatura – insistem em me visitar. Como outras obras, acontecimentos e vivências que trançam o fundo da rede associativa da escuta clínica, alguns trechos desses textos têm comparecido com frequência à minha mente; também, em função do debate constante sobre a natureza e os fins da análise.

Perto de completar 40 anos de idade, Machado abandonara, nas suas crônicas e contos diários, os temas de interesse da "juventude casadoura" do Rio de Janeiro, e passara a se dedicar à narrativa que explora, de forma sutilmente irônica e satírica, a complexidade da alma e suas reverberações na vida social. Assim, "Na arca" (1878/2007), conto escrito em estilo bíblico, encontra-se no início do livro *Papéis avulsos* (1882), seguido de "O alienista", "Teoria do medalhão" e "O espelho", entre outros do referido gênero. A paródia "Na arca" lança mão da disputa do Império Russo com o Otomano pelo domínio de Constantinopla – que Machado volta a cutucar em *Dom Casmurro*, uma década mais tarde – para abordar uma questão de ordem geral. O elo com a Bíblia é por esta situar o desembarque dos passageiros da arca de Noé – os seletos "clones", animais e humanos, de outrora – nos montes Ararat, no sudeste da Turquia. No conto, pouco antes de tocar os pés na terra, e com o mundo todo para repartir, dois filhos de Noé brigam, até sangrar, pela propriedade do rio que há de dividir suas futuras terras, causando grave desgosto ao bondoso pai. "Maldito seja o que não me obedecer . . . antes de descer da arca não quero nenhum ajuste a respeito do lugar em que levantareis as tendas" (p. 37), brada Noé ante a sangrenta cena. E enquanto a portinha do teto da arca abre, revelando o céu, clama com tristeza: "Eles ainda não possuem a terra e já estão brigando por causa dos limites. O que será quando vierem a Turquia e a Rússia?" (p. 37). O narrador constata que os filhos não entenderam a última frase do pai, e conclui: "a arca, porém, continuava boiando sobre as águas do abismo" (frases finais do conto, p. 37).

Os filhos não compreendem, porém Machado, com este intencional deslize do contexto bíblico, permite-nos estabelecer, por sobre a ponte de tristeza que prenuncia os destinos do homem no mundo, a relação entre a alegoria bíblica e as finalidades do trabalho analítico. O último visa não à cura, compreendida no sentido médico de restabelecer as funções e a integridade do organismo, mas sim a auxiliar o sujeito a enfrentar o desafio do exercício da liberdade. Na história bíblica, Noé não aguentara sua volta à terra: retira-se para seu vinhedo, embriaga-se dia e noite, perde a dignidade e envergonha os filhos. A história da arca de Noé continua tendo um fascínio implacável sobre os frequentadores dos jardins de infância. Isso se deve à promessa de retiro ao *resort* ou à reserva junto aos genuínos casaizinhos de animais, e sob o aconchego e a guarda dos adultos – avós (Noé e esposa), pais e tios (Cam, Sem, Jafé e respectivas famílias) –, ao abrigo do dilúvio. Tal imagem, na qual se recupera o gozo e as referências da ternura, sob a guarda e as garantias do genitor,[2] remete de imediato aos retiros civilizatórios: ao lar, ao lazer e às férias. Para explicitar minha fórmula sobre as finalidades da análise e sua ética – de acompanhar os transtornos do exercício árduo da liberdade, em contraposição à nostalgia e ao retorno à arca –, vou me deter um pouco nos bastidores do diálogo de Machado com a narrativa bíblica.

Na tradição judaica, o texto bíblico não constitui um documento histórico, não é relato de uma "realidade material" (Freud),

---

2 O adulto que viabiliza a transformação, no bebê (e também via plano especular, dual), da parte da agressividade do isso e seu caldeirão pulsional – fonte do desamparo – em um corpo habitável. Isto é, estabelecendo coordenadas autoeróticas, base da ternura e que também servirão de vias de descarga/escoamento da sexualidade junto ao corpo alheio, convertendo, assim, o dilúvio em balanço rítmico, prazeroso, sobre as águas e o abismo do isso.

mas é expressão de sua visão ética, seu projeto e o combate de sua realização (Delouya, 2000). O próprio uso dos nomes reflete tal concepção: o nome Noé (alento, conforto, gozo) foi dado, segundo o Gênesis, ao menino pelo consolo e afago da tristeza nos adultos, causada pelo malogrado trabalho da terra que deus reserva aos homens. Noé é descendente do projeto de reforma da criação: após o assassinato de Abel por Caim, do qual sucedem gerações de assassinos, deus, desapontado com sua cria humana, resolve abrir um novo ramo (Sheit) a partir de Adão e Eva. Sheit, caçula do casal, nasce e gera Enosh (ser humano), de cuja linhagem surge Noé. Porém, a nova prole frustra a expectativa divina de que seres puros e inocentes, iguais a Noé, sobrepujassem os demais. Uma depressão abate-se sobre deus e, bravo, ele decide levar a cabo seu ideal de purificação, optando por erradicar o mal pela raiz. Ele seleciona, para o futuro mundo, as melhores cepas de animais, e de humanos [as famílias de Noé e de seus filhos Cam (calor, paixão), Sem (nome, razão) e Jaffé (belo, beleza)]. E enquanto eles abrigavam-se na arca, a Terra volta a afundar-se no caos de origem. Ante tal desastre, deus faz um balanço sobre sua criação, que o leva a mudar sua concepção do homem, decidindo, após o dilúvio, declinar, para sempre, de tentar selecionar a boa e a inocente índole humana. Ele desiste do projeto de banir o mal do universo: "não mais castigarei a terra em prol do homem, pois ele se impulsiona ao mal desde a adolescência [*yetzer h´adam rá menúrav*] e, por isso, jamais voltarei a atacar os seres vivos" (Gênesis 8:21). O mundo passa às mãos dos homens. A Bíblia justifica: uma vez feito à imagem de deus, o homem terá de se responsabilizar, de agora em diante, pelos seus atos; pagará pela sua gana e o seu ímpeto de eliminar o outro. É nesse estágio que a parábola de Machado interroga o nosso ofício.

Machado enxerga o mal surgir com o vislumbre da vida no mundo: enquanto havia dilúvio lá fora, a vida na arca estava "uma delícia", "tudo de bom!", como se resume, hoje, nosso agradável tempo de lazer. Já a agressão, a rivalidade e as desculpas triviais pela posse surgem, no conto, com a expectativa de habitar o mundo. Isso ocorre mesmo e talvez justamente porque há à vista espaço que dá e sobra para todos! A partir desta constatação corriqueira, tece-se a trama machadiana, deixando aberta a questão "por que o mal?". Como mostrei há pouco, é a Bíblia que indica o caminho à questão, que a psicanálise retoma: após o dilúvio, deixa-se de conceber o bom e o mau como atributos inatos. Eles passam a se determinar em função das consequências, na adolescência, da inevitável consciência da falta, separação e existência do outro. O autor do Gênesis dota deus de *insight* sobre o homem; deste poder adquirir consciência – o juízo –, tornando-se responsável, livre, quando da travessia pela zona-limite: a adolescência. Esta demarca, concomitantemente, a vida adulta e a da infância; define a última *après-coup* em face da consciência da solidão. A adolescência vinga a fuga da noção da falta e da separação: rivalidade, agressão e posse são reações que negam – mas ao mesmo tempo elaboram – o reconhecimento da solidão, da existência do outro e, portanto, da necessidade de diálogo. Noé, o Joyce (gozo) judaico, é o ser remanescente do mítico paraíso (*gan-éden*, em hebraico, jardim do infinito tempo da ternura) e, portanto, não tolera a vida fora da arca. Adão, o primeiro morador do paraíso, não poderia ter tido infância (Herrmann, 2002), pois ela só se constitui pelo estágio posterior, do corte ou do recalque do primeiro. Hoje, a psicanálise cede a uma pesquisa da infância feita de observações desvinculadas da vida adulta, configurando o desvio do campo da transferência, mediante o qual o infantil se mostra e se deixa inferir: é um retrocesso à visão pré-psicanalítica. O achado de que a sexualidade ressurge pós-recalque e de que seu caráter se instaura em dois tempos – o segundo retoma, em outro patamar, o primeiro, para constituí-lo como infantil – é fundamental à concepção de Freud da ética e prática da psicanálise. Nessa perspectiva, não se trata de topografia que separa os períodos contíguos de infância, puberdade e vida adulta, mas, ao contrário, da dinâmica no plano transicional entre, de um lado, o mundo da falta e da alteridade e, de outro, sua fonte de sustentação: a ternura infantil e suas fontes pulsionais. A cisão entre o infantil e a vida adulta deve-se à recusa em reconhecer a falta; isto é, a liberdade em lançar mão do infantil e admitir o desconhecimento seja do mundo físico, seja do convívio e da construção junto aos outros – no trabalho – para sobreviver e criar. Trata-se de uma cisão em prol de uma sobrevalorização ou da ternura infantil, para assegurar o amor, o aconchego da arca, de outrora; ou de um conhecimento supostamente "certeiro". Em uma intuição notável, Machado trama a cena sangrenta entre Sem e Jaffé, ou seja, no plano do fascínio pelos poderes da razão e do belo, *insight* que Freud só alcança na segunda tópica.

Uma concepção positivista do bem e do mal, do certo e do errado, está fadada a buscar suas raízes em um substrato inato e aspirar ao melhoramento genético da espécie, ao qual incorrem o projeto e os feitos do herói da saga bíblica, o criador. No entanto, o salto para a concepção negativa, fundada na descoberta da falta e da solidão, estabelece o plano ético e os seus valores (bem e mal) sob os auspícios da alteridade e as consequentes redes de identificação com os outros. Tal abertura sobre o desconhecido apavora, e impele o homem a recuar – ele que foi criado à semelhança do deus que ele mesmo inventou – à certeza das origens, à obsessão pelo inato bem. Aqui reside o fascínio pelas promessas de regimes autoritários e nazistas (purificar a raça). Curiosamente, a psiquiatria moderna e seus aliados na psicologia – sob apoio de certo bando deslumbrado de jornalistas – não param de varrer clones e sítios genéticos dos desvios e das debilidades mentais e éticas do homem. Por detrás de tal afã dedetizador do mal, jaz o amor do mal, como ilustra a parábola da criação do homem no Gênesis. Todos fazem o mal, mas alguns o amam. Green, no artigo "Por que o mal?" (1988/1990), julga que amar o mal não significa só gozar com o sofrimento do outro – isto é banal –, mas é algo muito mais radical e impessoal: é adorar traçá-lo, detectá-lo, apontá-lo e localizá-lo, imaginando poder exterminá-lo e assim assegurar o triunfo definitivo do bem soberano. Desse modo aniquilam-se, em si, qualquer culpabilidade ou remorso. Positivar o mal, estar à espreita de seus rastros para flagrá-lo e dizimá-lo, é um modo de desengajamento de si; de abolir, concomitantemente, o singular pessoal em si e o singular pessoal do e no outro.

Após essas demarcações gerais, vou tentar distinguir alguns desdobramentos na prática clínica e seus elos com a teoria. Antes, uma breve nota: a revolução encontrada no Gênesis – que arquiva o projeto da detecção do mal e de seu extermínio – é tributária de uma interpretação da tradição judaica. Nessa, a autonomia da moral, isto é, a abertura sobre a liberdade e sua outorga de arbítrio, matiza-se nos ritos de passagem por meio dos quais o adolescente se torna um *bar-mitzva*, responsável pelas obrigações práticas! Nelas se sela uma marca negativa, impondo contenção à impulsionada e imediata realização em meio aos afazeres cotidianos, dando condição ao poder de juízo sobre a ação (boa ou má) mediante a noção da falta e do outro. Já a tradição cristã recua para a ideologia do tempo pré-diluviano, dos inatos bem e mal, ou, na versão do pecado original – em contraposição à aquisição judaica em relação ao luto da perda do paraíso –, à imperiosa necessidade de salvação. Os rituais de batismo os refletem (no cristianismo, com o nascimento; no judaísmo, na puberdade).

E quanto às metas da clínica psicanalítica? Embora haja diferentes idiomas reivindicando os direitos da descrição e do entendimento da vida psíquica, há consenso de que a análise visa a um tipo de ajuda em função de um predicado especificamente humano. O humano advém, por definição, graças ao desvio do regime inato da vida para o de um campo aberto à criação, à liberdade. Tal abertura, a falta, requer uma ajuda alheia, do próximo (*Nebenmensch*), para se estruturar como tal: a arca figura este tempo de provisão de subsídios e de meios sobre o fundo caótico do desamparo, para propiciar o desembarque no terreno da falta. Aqui, é a incubação primeira, na arca, que se coloca à prova da criatividade em meio à solidão, impondo-se o jogo ético, derivado da fala e do diálogo sobre a divisão dos bens do mundo. Se a liberdade – regime da falta – é tolerada, viabiliza-se a invenção de inesgotáveis e indeterminados modos de viver; ou viabiliza-se, na bela fórmula de A. Candido (1995/2004), o exercício do direito à literatura. Os idiomas da psicanálise versam sobre a construção da falta, baseando-se nos *insights* clínicos dos impasses e dos fracassos de sua constituição. A descrição do caminho da sexualidade infantil à aceitação da castração (Freud), do embate na fantasia ao reconhecimento da agressividade própria (Klein), do engodo especular à noção da falta (Lacan); da ilusão à desilusão e ao uso (Winnicott), dos alucinatórios pressupostos básicos ao enfrentamento da insegurança (Bion) obedece, entre outras fórmulas, a uma só lógica: o psíquico como abertura, graças ao meio, ao negativo da separação e da falta, propiciando o palco para a invenção de literaturas, sujeitos. Concebe-se o enquadre analítico – com sua disposição, sua aparelhagem (linguagem), seu ambiente e guardião (analista) – como potencial a dar as condições e os meios (cuidados, Winnicott) para a aquisição da tolerância à falta (castração, Freud).

No entanto, técnicas e estratégias que surgiram junto ao enquadre, explorando sua potencialidade na interpretação – inicialmente da representação, depois da resistência, seguida da transferência etc. – encontraram, em certo momento, dificuldades, trazendo dúvidas quanto às benesses da análise. O que levou, no intervalo que perpassa a Primeira Guerra, no século XX, a remanejamentos na psicanálise que confrontarão sua prática, a partir da década seguinte, a de 1920, com uma vulnerabilidade nunca antes suspeitada. Nessa travessia entre o narcisismo e a pulsão de morte, o complicador principal situa-se no âmago da cultura; no mundo, segundo Machado. A virada freudiana ocorre com a descoberta do insolúvel impasse que a vida em sociedade impõe ao sujeito e ao seu direito à literatura. Até então tudo parecia caminhar numa linha reta, da arca ao mundo, conforme a metáfora inspiradora de Machado de Assis. Porém, na nova trama econômica da vida psíquica – na qual a desesperança de subjetivação coloca-se à prova da descarga das pulsões, de seu entrelaçamento e de sua sutura masoquista de base –, a estruturação mediante a falta fica sujeita (à imagem de uma equação química) à reversão: uma vez que a cultura requer – em meio à solidão – uma sublimação progressiva, a capacidade de contenção da descarga da pulsão atinge a saturação. O sujeito protege-se então do desmantelamento – do desenlace pulsional – efetuando uma reversão (via masoquismo original) em relação à castração (Freud, 1923/2011a), como ocorre com o Noé bíblico: o mundo torna-se intolerável, e a nostalgia pela arca o leva a alcoolizar-se.

Em vista da importância da última afirmação, algumas implicações merecem destaque: a construção singular em relação à falta deve-se às "propostas" do objeto e de sua cultura – o seu inconsciente –, constituindo o terreno da sedução e do cuidado (onde se constrói, também, o narcisismo). No novo mito freudiano,[3] uma

3 Freud monta entre 1919 e 1924 um concerto formidável entre as três, até então inconciliáveis, coordenadas da metapsicologia. O elemento qualitativo, o gozo – fonte da representação – é fruto do delicado equilíbrio de enlace, dinâmico e econômico, de tendências opostas da pulsão. Essa semente corre, porém, o risco – a partir das pressões das necessidades, do meio sensório e do objeto – de se desenlaçar em morte; e/ou fortalecer, graças ao objeto, entre pressão e contenção, tal enlace de espaço de vida, distendendo a vesícula para a formação de um corpo, feito memória e experiência, passível de tolerar e tirar proveito da alteridade (ver na sequência).

vesícula hipotética de origem mantém um encolhimento numa dormência edênica - gozo da quietude -, graças a certo equilíbrio entre duas tendências: uma, excitada, visando à descarga, e a outra, à retração. A pressão da carência - oriunda do organismo e acentuada pela intrusão do mundo e do objeto - a faz acordar, desequilibra-a, dispondo-a ao cuidado e à sedução do objeto; isto é, na medida em que o adulto respeite as inerentes moções de excitação e contenção, permitindo com a sedução distender o estado de nirvana, tornando-a potencialidade de masoquismo erógeno, para ampliá-la em redes e formar um corpo passível de separação. Neste trabalho com o objeto, o masoquismo erógeno abre-se para a geração de amálgamas dos derivados do enlace dual da pulsão em trajetos criados pelas relações nas e entre as experiências: uma espécie de fiação em expansão da vida psíquica. Porém, a opressão contínua da pulsão, imposta pela cultura na vida civil, do trabalho e da educação, impede, em grande parte, as vias habituais infantis de escoamento pelo contato, corpo e afeto. A sublimação - no cerne do trabalho da cultura - acarreta, então, uma inundação interna; acúmulo de agressividade pela aceleração do desenlace entre pulsões. Configura-se, então, uma iminência regressiva ao desamparo, ou seja, uma perda da singularidade e da subjetividade. A obra de subjetivação se vê então abalada. Esta que foi fruto do empenho do objeto - para construir a fiação psíquica pela via do masoquismo erógeno, que, por sua vez, possibilita à passividade nascer como masoquismo feminino e, por meio da trama edípica, submeter-se à castração em direção à diferenciação e à alteridade - sofre uma reversão em prol da alienação gerada pela saturação dos benefícios dos ideais que regem nosso supereu, herdeiro da guarda amorosa de outrora. Reversão que expressaria uma regressão de acordo com a dialética particular do sujeito entre uma pressão do ambiente e a resistência de sua história, isto é, de sua fiação psíquica. As regressões se dão seja no retorno aos estados alucinatórios da satisfação primária da pulsão, seja na atuação reivindicada pela sexualidade perversa polimorfa, seja na generalizada animação da situação edípica para reaver a garantia amorosa, e incestuosa, da ternura infantil – o que desemboca nas respectivas adições; atuações sexuais (exuberantes ou reservadas) e/ou delinquentes, entre outras variadas compulsões; procura por religiões ou ideologias sociais de salvação; além dos refúgios nas psicopatologias. Todas expressam desespero em suturar o desenlace das pulsões pela sexualização do masoquismo moral, em que a dócil entrega, a servidão, torna-se ninho, abrigo, ante o desamparo e a extremada alienação. E mais: a escassa fiação da vida psíquica de alguns coloca em xeque a sustentação somática dos caminhos da libido. A defesa operatória no pensar e no agir recruta-se, então, em prol – na feliz fórmula winnicott-bioniana – de uma espécie de psicose da matriz somática.

Tal reviravolta, que Freud esforça-se em transmitir desde 1923 até 1930, refere-se ao recuo da cultura para a era de Noé, que articula caos e refúgio à arca. Um refúgio que compromete todo o projeto da cultura (Freud, 1924/1991d): compromete a liberdade! Em vez de esta poder lançar mão do recalcado infantil para que, em meio à falta, haja o reconhecimento dela e a livre realização junto aos outros, efetua-se uma volta, via masoquismo do eu, à reanimação e atuação do infantil em vista do ansiado gozo em ternas moradas. A submissão em favor da salvação, da "felicidade", vira a tônica da espera contemporânea pelo "futuro".

Freud combate a ilusão sobre o poder da resolução das carências, sobretudo aquela proposta pelas ideologias e religiões, pois essas acabam destruindo a árdua conquista da liberdade. Mas será que a liberdade pode ter vez face à inexorável ação destrutiva da vida em cultura? Para examinar as respostas que Freud esboça a essa questão, que continua sendo a nossa, seria preciso voltar ao campo da transferência na clínica, do qual emergem as indagações de Freud e no qual ele tem obtido os *insights* sobre a vida psíquica.

A clínica não está imune à fuga da liberdade, muito pelo contrário! A demanda pela arca é frequente, se não inerente à análise. O grande desafio é como, a partir de tal demanda, ter acesso às dificuldades do sujeito, sem precisar – o que culminaria na falência dos propósitos clínicos – entregar-se a ela.

Lembro-me, ainda, de uma longa e intensa análise, encerrada anos atrás, na qual a luta contra a tendência de nos tragar para a arca exigiu, insistentemente, um delicado e, ao mesmo tempo, bravo manejo. A paciente parecia querer transformar nosso espaço à imagem de sua lembrança, a "mais feliz da minha vida" – o que o estado de ânimo no instante de sua evocação confirmava –, quando, criança, a querida avó a transportava para uma cena em que as duas se encontravam num barco em alto mar. Deitada no divã, ela imitava as guinadas da avó, desviando o barco do abismo que se abria debaixo das ondas do tempestuoso mar. Nos primeiros anos da análise, eu atendia na minha residência, com uma evidente estrutura de apartamento de solteiro. Nessa arca de quatro encontros semanais, a restauração animada do ambiente de ternura foi tecendo-se sobre o fosso depressivo que se anunciou com o rompimento, pelo marido, de longo casamento, afundando-a no terror insone e precipitando-a numa tricotilomania. Os espaços da arca foram se ampliando. Aos poucos, ela passou, excitada, a frequentar o bairro de minha moradia, travando relações com donos e clientes da padaria, da banca de jornal, da locadora etc. – o que já denotava a defesa ante uma noção, segundo nossa metáfora, da existência do mundo. Porém, à medida que esse mundo se torna evidente, o sofrimento da descoberta dá lugar a uma forte reação; ela passaria a montar guarda sobre mim, vigiando-me, criticando as informações que colhia sobre os meus, e em tudo que dizia respeito aos terceiros – os pacientes, familiares etc. Um estado de guerra, prenhe de gozo sádico, instala-se como reação a essas frustrações e decepções. Tudo isso exigiu um delicado manejo que foi sendo atravessado, e, em meio ao luto e a transformações concretas (mudança de consultório para um comercial em outro bairro etc.), empenhou-a na elaboração histérica da sexualidade e da feminilidade, até a conclusão do trabalho que se estendeu por mais de uma década.

O recorte clínico traz, em função da lembrança evocada no interior do enquadre, o processo de vida em arca – o trabalho da ternura – sobre o fundo do dilúvio, do desamparo, o que permite o desembarque no mundo da falta. Não obstante, todo trabalho clínico coloca-nos o desafio de alcançar o terreno da liberdade, sobretudo diante de certas configurações clínicas cada vez mais evidentes e frequentes na clínica atual.

Tenho em mente um paciente cuja ação – incluindo a adição a drogas e ao sexo – visa dominar e afagar francos ou iminentes mal-estares. Executivo de notáveis habilidades – um "cabeção" –, tem esbarrado, de tempos em tempos, desde sua adolescência, com estados agudos de depressão que o levavam, de início, a planos e execuções suicidas. Itinerante, ele tem estudado e trabalhado em vários países de diferentes continentes. Sua filosofia de vida se resume a não se prender a nada (casamento, filhos, país) e a tudo aproveitar. Sente-se incapaz de manter a moderação, seja no número de relações sexuais, modalidades e pares, seja no consumo de drogas entre outros prazeres, como comida, bebida e esportes, além de, continuamente, expor-se a riscos, físicos e outros. Quanto aos nossos encontros, iniciados há dois anos, ele os conduz pela fala ininterrupta sobre si, racionalizando posições ao recrutar conhecimentos gerais que vem acumulado de diversas áreas, mas com utilidade questionável. O silêncio lhe é intolerável, e, no início, qualquer intervenção de minha parte parece incomodá-lo, atropelá-lo. Só recentemente ele consegue vez e outra registrar algo que eu disse, sobretudo quanto aos seus sonhos.

Curiosamente, acabei submetendo-me às suas imposições quanto à frequência das sessões, seus valores e forma de pagamento: ele os determinou e eu aceitei! No final de cada encontro, marca a próxima sessão após verificar minha disponibilidade, e paga de acordo. Aos poucos, o temor da depressão, de um lado, e sua voracidade atuada, de outro, vão se ligando ao mesmo movimento de domínio que remonta a uma vivência de infância que ele atribui às consequências do infeliz casamento e à separação dos pais. A vivência à qual ele se reporta, com frequência, é de a mãe nunca ter tido tempo para ele – ou passando a maior parte do tempo no trabalho ou, na volta, fixada na tela da televisão. Sozinho, desde pequeno, tentava ocupar-se – dominar – lendo tudo que aparecia à sua frente, desde bulas de remédios até livros de ciência e literatura, ensaiando experimentos com qualquer objeto disponível. A ocupação de então, de uma criança hiperativa, persiste no *modus vivendi* de seu cotidiano e na relação estabelecida com a realidade (incluindo a análise), mesmo depois de completar seus 40 anos de idade. "Viver para mim é como estar diante de uma enorme *check-list*, tanto no trabalho (*workaholic* como minha mãe) como nos prazeres (*bon-vivant* como meu pai)." É ele, não eu, quem liga o estado da solidão da criança com uma suplantação voraz e atuada. Na sua incessante autoavaliação, além da insaciabilidade, ele atribui a sua incansável entrega às tarefas, e a generosa recepção dos amigos, à inquieta busca de admiração – aqui, a palavra amor surge em mim, nunca em seu discurso (nas sessões, a docilidade nunca falta à exibição de menino prodígio e refinado). Espanta-o descobrir-se, nas suas palavras, um ser "egocentrado".

A essas genéricas notas, eis uma particular: ele se indaga por que diante de notícias chocantes, como o abuso de meninas pelo pai, tio ou padrasto (como o pai austríaco que engravidou a filha e a confinou etc.), fica indignado – fica prestes a chorar, mas as lágrimas nunca surgem, a não ser pelo nó na garganta – e, de outro lado, excita-se, identificando-se com o adulto na cena de abuso.

Não poder ficar só, cujo protótipo é o estado de agonia da infância, atesta a fragilidade de sua fiação psíquica, montada junto ao objeto pela via do masoquismo erógeno. O acarretado afrouxamento no enlace das pulsões prenuncia o desamparo. Um mal-estar que a hiperatividade – desesperada busca de religação – tenta aquietar, para alcançar a passividade, o masoquismo feminino (abuso), em vista de uma restauração da atenção terna da infância, acordando, assim, o roteiro de subjetivação via o incestuoso universo edípico. Reanimação na qual Freud ressalta a incitação do masoquismo do eu infantil para a culpa inconsciente por não ter podido lidar com a solidão da vida adulta e, portanto, pede redenção, alívio, gozo e salvação infantil de outrora.[4] Nesses casos, diz Freud, o esforço terapêutico não se garante. O que esperar, então?

> *Em primeiro lugar depende da intensidade do sentimento de culpa, a que a terapia, frequentemente, não pode opor a força contrária de igual magnitude. Talvez*

4 A exposição sumária das duas configurações clínicas não esclarece suficientemente uma diferença. Nos dois pacientes há a reivindicação pela ternura infantil, porém, no primeiro caso, esta se vale de alguns vestígios de experiências significativas com os objetos primários, por isso tende a se situar no universo da neurose, da histeria. Já no segundo caso, os vestígios são tão escassos que se desenlaçam e se dissolvem em desamparo, em uma alienação que desemboca em um desespero para recorrer ao socorro via voracidade indiscriminada. Por exemplo, uma despedida de uma namorada no aeroporto é insuportável a ponto de, minutos depois, dar vez a uma caça ansiosa por um envolvimento sexual. É nessa diferença, da perda da singularidade, que Freud (1924/1991d) situa o retorno do masoquismo moral para o desamparo de origem e suas vias de busca de compensação voraz e atuada.

> *dependa também da pessoa do analista permitir que ela seja colocada, pelo doente, no lugar de seu ideal do eu; e a isto se relaciona a tentação de desempenhar, ante o paciente, o papel de profeta, salvador de almas, redentor. Como as regras da análise se opõem resolutamente a essa utilização da personalidade médica, há que honestamente conceder que temos aí um novo limite à ação da psicanálise, que, afinal, deve proporcionar ao Eu do paciente liberdade de decidir de uma ou outra maneira, e não tornar impossíveis as reações patológicas. (Freud, 1923/2011a, p. 63)*

Freud considera que tal refúgio à arca, em função das carências no paciente e no analista, é ansiada pelo primeiro e "tentadora" para o último. E que talvez "resolva", como na hipnose, em que o médico ("profeta, salvador, redentor") passa a mensagem implícita: "não se preocupe, estás no lugar certo, o melhor; estás a salvo". Uma animação ("estou em análise") que a minha paciente transpunha do aconchegado devaneio infantil junto à avó ao nosso convívio. Neste caso, em que o analista conluia ao se colocar no lugar do eu ideal do paciente, a patologia "resolve-se" num toque de mágica tanto quanto o efeito do beijo da mãe sobre o local da dor de uma criança solitária. Efeito que assistimos produzir-se transitoriamente ao cabo de uma entrevista inicial, equivalendo-se, por vezes, às dramáticas cenas de práticas milagrosas de pastores curandeiros que a mídia divulga e propaga nos programas da madrugada. E, no entanto, Freud nos adverte: não se pode ceder a tal tentação; há limite para a nossa ação. Melhor permitir as reações patológicas do que comprometer a liberdade do sujeito (é Freud quem o sublinha), pela qual a psicanálise se caracteriza e deve velar. Eis a laboriosa ética do nosso ofício.

Considero capital a citada passagem de "O eu e o isso" (1923/2011a),[5] uma vez que rege o tom de toda a segunda tópica na insistência sobre a liberdade – separação – do sujeito. A ameaça sobre ela, na clínica e na cultura, se torna a preocupação central de Freud. "O futuro de uma ilusão" (1927/1985b) e "Mal-estar na cultura" (1929/2011b) engajam-se nessa luta tendo o foco na cultura, pois essa, como afirmamos, relança o sujeito para o desamparo do qual tenta escapar refugiando-se na arca, no gozo de atuações e na sujeição à variadas adições, em busca de alívio e salvação (em ideologias e religiões). O ideal de Noé imprime de forma crescente a alma de jovens na atualidade, alguns dos quais acabam endereçando-se à terapia. Não obstante, já em 1923, quando somos advertidos de que o próprio trabalho analítico poder vir a ser solapado e tragado pelo mesmo perigo, Freud suspeita de que talvez a liberdade possa se conservar ao preço da manutenção do sintoma. Tal suspeita abre-se logo (1924-1926) para uma nova virada na concepção de Freud sobre a liberdade do sujeito, a qual aguarda ainda maior consolidação entre nós: a separação do sujeito torna-se possível à condição da admissão do sintoma nos aposentos do eu: "Assim, o sintoma assume gradativamente a representação de importantes interesses; passa a ser útil na afirmação da posição do sujeito, imerge-se mais intimamente no eu, e se torna cada vez mais indispensável para ele" (1926/1993b, p. 251).[6] Freud retoma aqui sua antiga concepção (Freud & Breuer, 1895/1974) segundo

---

5 Preferimos a palavra "isso", mais apropriada e precisa em relação ao título original que a palavra "id", derivada do latim, que se encontra nas traduções para o inglês e o português.

6 Desde 1924 até o fim de sua vida, em 1939, Freud acrescentará aos sintomas e às inibições que eles geram no eu cisões, fissuras e rachaduras. Estas ocorrem, como assinalamos anteriormente, em função da pressão cultural sobre a fiação psíquica, e passam a constituir uma condição para a manutenção da inteireza do eu, como acontece a certos vasos que racham para que não se desmontem em pedaços (imagem de Freud).

a qual o sintoma é consequência do traumatismo ante a falta de meios para lidar com o excesso oriundo da pulsão, do mundo e do objeto. O sintoma seria o molde primeiro da representação – uma solução primária – que resulta da ajuda do outro no estado de desamparo, constituído da ação/palavra do adulto que nomeia, propicia forma: destino ao corpo em agonia. Tal transformação da pulsão – do corpo –, pela palavra do outro, tem de início o caráter absoluto, de imposição (congruente à urgência das pulsões); inocula a figura inflexível de ação e plasma a forma primitiva dos afetos (Freud,1926/1993b). Estes são, portanto, precipitados da identificação do adulto com a criança, que a dotam com isso (com as palavras) de primeiros movimentos para lidar, no futuro, com a falta: separar-se e pensar, isto é, exercer a liberdade.

Nós tratamos recentemente desse tema em um trabalho que apresentamos numa reunião científica em nossa sociedade em agosto de 2011 ("Eu, sintoma e análise"), na interlocução que travamos com G. Morel (2008). Basta, para nosso propósito, acrescentar que a passagem do desamparo ao reconhecimento da falta supõe a separação, a constituição do sujeito. A ação das palavras do adulto sobre o corpo da criança gera a sexualidade e o seu imaginário. Com eles se faz a trama do Édipo e sua elaboração para desembocar na noção da castração, da separação. Entretanto, com a pressão da cultura sobre o arranjo das pulsões, os ecos do desamparo voltam a ameaçar, gerando – em defesa ante tal violência (da angústia) e como sua salvaguarda – os sintomas (bem como inibições, cisões e fissuras) no eu. Originalmente cultivado no regime do incesto (segredo) e da indiferenciação, o sintoma não poderá mais passar pelo crivo da castração para se somar, de um lado, aos meios sensuais, e de outro, às correntes afetivas. Ficaria, então, retido (como descrito anteriormente, neste texto), e somente disponível para os diferentes modos de gozo da fábrica dos masoquismos, da sujeição. A análise consiste em transportá-lo da área do segredo para o domínio público do sujeito, ao proveito da área da alteridade. Os sintomas, como afirma Freud no livro de 1926, precisam se tornar úteis para uma "afirmação da posição do sujeito". Ou seja, o reconhecimento na análise, o público, coloca o sintoma a serviço da separação e, portanto, o dispõe ao poder criativo da troca, junto aos outros, na cultura.

Não tendo o espaço para ilustrar tais pontos, algo que fiz no citado trabalho, gostaria apenas de apontar que nesta configuração chega-se a um interessante entendimento da contemporaneidade: a pressão da cultura não libera apenas a atuação destrutiva e sua ligação em novas modalidades regressivas de fugas ao entorpecimento e no gozo de sujeição, mas abre possibilidade à diversidade em que os sintomas e os seus derivados encontram um espaço público de legitimidade criativa. A contemporaneidade testemunha essas duas faces.

Por fim, a liberdade na análise e na cultura não significa "poder fazer o que você quer", mas medir esse seu querer e sua potencialidade dentro das propostas da alteridade, face à falta e à existência do outro. Algo que é sempre temido – sujeito à reversão em via do gozo e, em prol dele, à servidão –, tornando a liberdade tarefa árdua, mas da qual não podemos prescindir.

Referências

Anônimo. Gênesis. In *O velho testamento* (edição hebraica).

Assis, M. (2007). Na arca: três capítulos inéditos de Gênese. In M. Assis, *50 Contos de Machado de Assis*. São Paulo: Companhia das Letras. (Trabalho original publicado em 1878)

Bion, W. R. (1989). *Elements of psychoanalysis*. London: Karnac. (Trabalho original publicado em 1963).

Candido, A. (2004). O direito à literatura. In A. Candido, *Vários escritos*. São Paulo: Duas Cidades. (Trabalho original publicado em 1995)

Delouya, D. (2000). *Entre Moisés e Freud: tratados de origens e desilusão de destinos*. São Paulo: Via Lettera.

Freud, S. (1977). Three essays on the theory of sexuality. In S. Freud, *Pelican Freud Library* (Vol. 7). (Trabalho original publicado em 1905)

Freud, S. (1985a). Group psychology and the analysis of the ego. In S. Freud, *Pelican Freud Library* (Vol. 12). London: Cox and Wyman. (Trabalho original publicado em 1921)

Freud, S. (1985b). The future of an illusion. In S. Freud, *Pelican Freud Library* (Vol. 12). London: Cox and Wyman. (Trabalho original publicado em 1927)

Freud, S. (1986). Totem and taboo. In S. Freud, *Pelican Freud Library* (Vol. 13). London: Cox and Wyman. (Trabalho original publicado em 1913)

Freud, S. (1991a). On narcissism: an introduction. In *Pelican Freud Library* (Vol.11). London: Cox and Wyman. (Trabalho original publicado em 1914)

Freud, S. (1991b). Splitting of the ego in the process of defence. In *Pelican Freud Library* (Vol. 11). London: Cox and Wyman. (Trabalho original publicado em 1938)

Freud, S. (1991c). Beyond the pleasure principle. In S. Freud, *Pelican Freud Library* (Vol. 11). London: Cox and Wyman. (Trabalho original publicado em 1920)

Freud, S. (1991d). The economic problem of masochism. In S. Freud, *Pelican Freud Library*, Vol. 11). London: Cox and Wyman. (Trabalho original publicado em 1924)

Freud, S. (1991e). Instincts and their vicissitudes. In S. Freud, *Pelican Freud Library* (Vol. 11). London: Cox and Wyman. (Trabalho original publicado em 1915)

Freud, S. (1993a). The loss of reality in neurosis and psychosis. In S. Freud, *Pelican Freud Library* (Vol. 10). London: Cox and Wyman. (Trabalho original publicado em 1924)

Freud, S. (1993b). Inhibition, symptom and anxiety. In S. Freud, *Pelican Freud Library*, Vol. 10). London: Cox and Wyman. (Trabalho original publicado em 1926)

Freud, S. (1995). *Projeto de uma psicologia* (O. F. Gabbi Jr., trad.). Rio de Janeiro: Imago. (Trabalho original publicado em 1895)

Freud, S. (2011a). O eu e o id. In S. Freud, *Obras Completas* (P. C. de Souza, trad., Vol. 16). São Paulo: Companhia das Letras. (Trabalho original publicado em 1923)

Freud, S. (2011b). Mal-estar na cultura. In S. Freud, *Obras Completas* (P. C. Souza, trad., Vol. 18). São Paulo: Companhia das Letras. (Trabalho original publicado em 1929)

Freud, S., & Breuer, J. (1974). Studies on hysteria. In S. Freud, *Pelican Freud Library* (Vol. 3). London: Cox and Wyman. (Trabalho original publicado em 1895)

Green, A. (1990). Pourquoi le mal? In A. Green, *La folie privée* (pp. 369-401). Paris: Gallimard. (Trabalho original publicado em 1988)

Herrmann, F. (2002). *A infância de Adão e outras ficções freudianas*. São Paulo: Casa do Psicólogo.

Klein, M. (1975). Notes on some schizoid mechanisms. In M. Klein, *Writings of Melanie Klein* (Vol. 3). London: The Hogarth Press. (Trabalho original publicado em 1946)

Lacan, J. (2004). *O seminário de Lacan. Livro 10: A angústia (1962-1963)*. Rio de Janeiro: Jorge Zahar.

Lacan, J. (2009). *O seminário de Lacan. Livro 23: O sinthoma (1975-1976)*. Rio de Janeiro, Jorge Zahar.

Morel, G. (2008). *La loi de la mère: Essai sur le sinthome sexuel.* Paris: Economica Anthropos.

Pontalis, J. B. (2012). *Avant*. Paris: Gallimard.

Winnicott, D. W. (1989). The use of an object in the context of Moses and monotheism. In D. W. Winnicott, *Psychoanlytic explorations*. London: Karnac. (Trabalho original publicado em 1969)

14. Metapsicologia: a criança ideal, a criança de nossas dores[1]

Bem lá atrás encontra-se minha criança ideal,
a de minhas dores, a metapsicologia.
Freud a Fliess, 17 de dezembro de 1896

Aliás, vou lhe perguntar seriamente se posso utilizar
o nome metapsicologia para minha psicologia que
me leva para o que está atrás da consciência.
Freud a Fliess, 10 de março de 1898

Introdução

Uma série de ensaios redigidos entre novembro de 1914 e junho de 1915 pretendia compor um livro de metapsicologia. A metapsicologia define a meta da investigação psicanalítica pela descrição de processos psíquicos sob os três aspectos: tópico, dinâmico

1 Uma versão deste capítulo foi publicada anteriormente em *Revista Brasileira de Psicanálise*, *49*(4), pp. 17-26, São Paulo, 2015.

e econômico ("O inconsciente", 1915/1991e). A incerteza gerada pela guerra deve ter motivado Freud a cogitar esse livro como espécie de extrato concentrado dos princípios da psicanálise para sua restauração em tempos de paz. Ele nunca publicou o livro com esse título, mas suas cartas atestam o esforço de redação de uma dúzia de ensaios dos quais sobraram apenas seis, um dos quais (o 12º) foi encontrado há trinta anos entre os documentos da correspondência com Ferenczi.

O termo metapsicologia aparece pela primeira vez na obra de Freud em 1901, ao se referir à psicologia dos processos de fundo da alma, jamais apreendidos diretamente (como estados subjetivos disponíveis à consciência), mas apenas inferidos, percebidos *a posteriori*. Assim, afirma Freud, a visão mitológica (e sua extensão nas religiões) nada mais é senão uma psicologia de nosso inconsciente projetada sobre o mundo exterior; e "a metafísica", sobre o surgimento do homem, sua alma e seus atributos morais, "transforma-se em metapsicologia" ("A psicopatologia da vida cotidiana", 1901/1989).

Não obstante, o termo metapsicologia surge sob a pena de Freud muito cedo, desde fevereiro de 1896, nas cartas a Fliess, como substituto mais preciso do que denomina "minha psicologia". Essa comparece pela primeira vez no final de março de 1895, quando do vislumbre do "Projeto de uma psicologia", redigido seis meses depois. A psicologia é "minha" porque se impõe, desde sempre, como "tormenta", "preocupação", e revela ser "paixão devoradora ... não reconhece moderação alguma ... um tirano, para falar com Schiller ... Ela se abateu sobre mim desde tempos imemoriáveis, e, agora, ao me deparar com as neuroses sinto-me mais perto dela" (maio de 1895, Freud, 2006, p. 167). Quatro anos depois, nas "Lembranças encobridoras", Freud concebe sua escolha da psicologia, aos 30 anos de idade (após estágio com Charcot), como fruto de trabalho de elaboração do assalto da sexualidade na adolescência, e que se impõe pela via de evocação de cenas infantis inocentes (sexuais encobertas). Não seriam esses *insights*, golpes de percepção – surgindo em cascatas *après-coup* num eixo da espiral do tempo (Freud de 44 anos capturando nele a emergência, aos 30 anos, do psicólogo, que o remete ao adolescente de 14-18 anos, cujos conflitos encontram convicção em cenas de 4-7 anos) –, tormentas do "tempo imemoriável", do recalcado, sexual e infantil, que insistem em se aperceber?

A metapsicologia, como fonte, requer geração do tempo, o depois, como condição de percepção da cena psíquica traumática. A percepção não ocorre na contemplação direta de fatos da experiência, mas em apreensão implicada, como na estética, em que a perspectiva surge pela assimetria estrutural de sua criação *a posteriori*. A cena que se articula a essa "volta do recalcado" presta-se então ao exame de sua trama tópica, dinâmica e econômica. E pode se inserir, a partir daí, em ocupações mais amplas acerca da vida psíquica. Na carta citada de maio de 1895, Freud constata que a companhia das neuroses orientou sua psicologia a se centrar em

> *dois objetivos [que] me atormentam: 1. Descobrir qual a forma que assumiria uma teoria de funcionamento psíquico caso introduzíssemos nela a abordagem quantitativa. 2. Tentar extrair da psicopatologia um ganho para a psicologia normal. Não é possível atingir uma concepção geral satisfatória de distúrbios psíquicos se ela não puder se associar a hipóteses claras sobre os processos psíquicos normais. (Freud, 2006, p. 167)*

Linhas inseridas quase literalmente quatro meses depois, na abertura de "Projeto de uma metapsicologia" (1895/1995). Mais um esboço de modelos descritivos do mundo psíquico, nesse caso o econômico, para a consolidação, três anos mais tarde, do termo metapsicologia. Nesta, articula-se o desejo do sonho ("normal") com o da economia da sexualidade infantil na fantasia, e suas veleidades ("psicopatológicas"), desde o tempo em que este desejo foi deslocado (em 21 de setembro de 1897) do plano real da sedução do adulto (perverso) para a estrutura da fantasia. Não obstante, o "Projeto..." incorpora os respectivos modelos linguístico e fisiológico ["Concepção das afasias", 1891/1983, e "O grafo da sexualidade" ("Manuscrito G-Melancolia", jan. 1895/1986a)], bem como prenuncia o modelo "semiológico" de 6 de dezembro de 1896 (carta 52/112, Freud, 2006) e sua versão publicada no Capítulo 7 da "Interpretação dos sonhos" (1900/1965).

A metapsicologia "oficial" de 1915 (e seus desdobramentos descendentes e ascendentes, entre 1908 e 1938, iniciando turnos desde os textos nodais de 1911, 1914, 1915 e até 1920, 1923, 1924, 1925, 1933 e até 1938) se coloca no mesmo eixo vertical da espiral, perpassando os mesmos pontos, embora em novas alturas, em que se tecem, a serviço da clínica e do desenho do ser psíquico, os esboços modelares mencionados anteriormente da década de 1900. Eis a insistência do trabalho psíquico *après-coup*, tempo autofigurativo da evolução da obra de Freud e, ao meu ver, também de toda produção na psicanálise inteira até hoje.

Problematizando a metapsicologia: pulsão, concepção e limite

Na seção anterior, o testemunho epistolar de Freud, bem como seu livro *princeps*, "A interpretação dos sonhos", colocam a fonte da metapsicologia na ordem dos *insights*, da percepção implicada, da rede representativa de quem os gera. O que difere da montagem de teorias, a exemplo da filosofia clássica, a partir de abstrações depuradas de experiências para a geração de definições primeiras, e seguindo, a partir daí, para postulados mais amplos etc. Freud inicia sua metapsicologia de 1915, em "As pulsões e seus destinos" (1915/2010a), distinguindo, como em 1914, a fonte de nossa ciência. Nossos conceitos, diz ele, não são definições acabadas, mas são abertos à modificação pela experiência. Como na física, os conceitos não são saturáveis, mas aguardam novidades, para se transformar em convenções, de uma para outra. Porém, a empiria e suas observação e experiência não são primárias, mas já prenhes de teoria à qual são submetidas. Novamente, a experiência, por meio do *insight*, golpes de percepção, toma partido da teoria que a permeia, *après-coup*, e transforma-se. Ou seja, não se trata de fatos empíricos, mas de algo encontrado-criado (Winnicott, 1971). Como?

O preâmbulo de Freud visa introduzir o primeiro e fundamental "conceito": *Trieb*, pulsão. A pulsão parece com o estímulo que carrega o tecido vivo de energia da qual tende a se livrar, descarregado em ato, conforme o modelo do arco-reflexo. Mas a pulsão é um estímulo peculiar, oriundo de dentro, e não esvanece pela motricidade: para que este estímulo cesse, é preciso uma ação específica. "Fácil" distinguir: um estímulo advindo da realidade externa (luz, fricção) é descarregado pela ação motora, ao passo que o ataque de dentro, como a fome, não se liquida pelo espernear do bebê e sua "expressão de (que nos parecem) emoções" (dor, raiva... Darwin citado por Freud, 1895/1995b), mas precisa de atendimento específico, proveniente de um ser experiente. Assim, distingue-se externo de interno. Freud opta então pelo verbo exigir; a pulsão pressiona, exige trabalho: de início, sobre o ambiente, gerando desenvolvimento da psique e, depois, sobre a própria psique, ampliando-a. Afirmo isso saltando sobre uma longa elaboração do texto, na qual Freud nos lembra, de um lado, que a questão das pulsões deve-se à clínica das neuroses, que não pode prescindir da premissa de haver conflito entre pulsões de autoconservação e pulsões sexuais, ou entre moções centrípetas, de defesa, e outras, centrífugas, de excitação e expansão. Em 1914/1991f, com a consideração do narcisismo como "complemento libidinal do egoísmo da pulsão de autoconservação", Freud logo confere ao adulto a promoção desse investimento, como "nova ação psíquica". Intervenção do adulto, de cuidado e sedução, que coloca em relevo as pulsões sexuais enquanto desvio de urgências vitais, de pulsões de autoconservação. Somente *a posteriori* supõe-se que a pulsão, sexual e infantil, estava outrora fundida e indistinta de outra exigência, vital, e da qual se desviou, passando a se apoiar nela. Autoconservação faz crer numa pulsão, pois a exigência parece herdeira do desespero e da urgência que o desamparo inicial deflagra. Entretanto, a pulsão, enquanto sexual e infantil, só transparece com a "nova ação psíquica", do adulto. Será desvio esculpido de uma fusão, ou desvio devido à implantação e/ou transformação? Se a pulsão é descrita pelos seus quatro componentes – força, fim, objeto e fonte –, logo, a suposta pulsão de autoconservação deve ser destituída enquanto pulsão por conta de seus fins e objetos. Na autoconservação, o objeto não pode ser contingente, se é que objeto há; e, quanto ao fim, sua satisfação não seria da mesma ordem da pulsão sexual, já que a última se realiza via o apoio, ou seja, a satisfação se dá no plano da fantasia, e tendo como substrato inicial a alucinação. E mais, somente a pulsão sexual pode sofrer nos fins de seus destinos (inibição, reação, recalque, reversão no contrário, dessexualização, sublimação, volta sobre si etc.). A "pulsão" de autoconservação não demonstra vicissitudes nos seus fins ou nos seus objetos. O instinto (*Instinkt*), este sim, tem objetos e caminhos fixos, inscritos em coordenadas prefixadas de ação. Porém, Freud insiste: a pulsão, embora ela mesma delegada de uma fonte somática, só a conhecemos pelos seus representantes, enquanto aberturas sobre o ambiente: representantes psíquicos da pulsão (*Psychichtriebrepräsentanz*), disponíveis à criação de cenas, e assim a pulsão pode se prestar, depois, a se expressar pelos seus representantes nas representações (*Vorstellungtriebrepräsentanz*) em consequência de sua transformação junto aos objetos e seus destinos.[2] É essa abertura para a representação que distingue as pulsões dos instintos.

Tais inferências e distinções que se colocam a Freud a partir de sua clínica, e a necessidade de encontrar inteligibilidade para ela no "psiquismo normal", o levam a uma definição instigante da pulsão: "a 'pulsão' nos aparece como um conceito-limite entre o somático e o psíquico, como o representante psíquico dos estímulos oriundos do interior do corpo e que atingem a alma, como uma medida do trabalho imposto à psique por sua ligação com o corpo" (1915/2010a, p. 57). Ou seja, a pulsão é um conceito-limite, está no limite em sê-lo, entre o somático e o psíquico. A pulsão é um conceber estando no limite entre um teor de observação (somático) e um vivido enquanto cena que se apercebe *après-coup*. Concebe-se, no limite, nem um nem outro, mas algo entre, como representante, de excitação, de exigência de trabalho imposto pelo corpo sobre a alma. Trabalho matizado no representante que faz suspeitar de ter emanado não diretamente do somático biológico, mas de um canal aberto neste pelo objeto/ambiente/cultura. Laplanche (2007), com sua teoria generalizada da sedução, deve ser lembrado, como Green, ao reconhecer mais tarde que a pulsão não é dada de antemão, mas é consequência de elaboração junto ao objeto. Entretanto, para avançarmos nesta direção, desde o texto de 1915, qualquer ideia de sujeição ao objeto precisa se valer dos destinos da pulsão (inibição, recalque, sublimação, dessexualização, identificação, reversão etc.). Esses resultam do efeito da

2 A distinção entre os dois representantes, um evoluindo do outro, é citada em "O inconsciente" (1915/1991e).

moção centrípeta, de retração, contrapondo-se à força motriz de estímulo que dota a pulsão de sua expansão, centrífuga! Ou seja, para que a pulsão se revele em seus destinos, como condição de possibilidade da psique, inscrevendo-se nela, o elo de ligação deve ser duplamente determinado: na ação de moções defensivas centrípetas (da autoconservação), sobre as moções centrífugas. O que se torna possível graças à "nova ação psíquica" por meio da qual o objeto propicia investimento (como complemento libidinal) de moções vitais. A distinção de pulsões sexuais, como desvio e apoio sobre outras, de autoconservação, ocorre, portanto, em concomitância com o trabalho do objeto no plano de narcisismo, dando vez à paulatina criação dos percursores do eu (eu-realidade primitiva ↔ eu-prazer purificado ↔ eu-realidade final), suas polaridades (eu-mundo, prazer-desprazer, ativo-passivo) e suas relações (indiferença ↔ ódio ↔ amor). "As pulsões e seus destinos" (Freud, 1915/2010a) aborda toda essa complexidade, mas a teoria da pulsão, como conceito-limite, manifestando-se somente por meio de seus representantes, adquire estatuto de entidade de ficção, passando a compor "nossa mitologia" (Freud, 1933/2010c). Entretanto, a permeabilidade da pulsão, sua "evolução" como diz Freud, em ondas, integrando a cada uma a passividade – contenção e ligação – pela via das moções centrípetas junto ao trabalho do objeto, e seu inconsciente, remete forçosamente à reformulação da dualidade pulsional já preconizada em 1895, em pulsões de morte e de vida. A retração, o desligamento, da pulsão de morte trabalha pela vida se o objeto a utiliza, contendo com ela as excitações em prol das ligações. Porém, muitas vezes o objeto falha em investir a ligação, deixando a pulsão solta, promovendo desligamento, em busca do anseio originário em alcançar o gozo da quietude. O texto de 1924/1991c, "O problema econômico do masoquismo", permite certamente avançar a questão, mas não sem o auxílio de nosso texto de 1915/2010a ("As pulsões e seus destinos").

Os derivados da pulsão evoluem, diz Freud, desde uma incitação em fissura, como delegados psíquicos primários abertos a propostas do mundo humano (como na oralidade primitiva e drogadição), até sua revelação através e pelas representações já constituídas. Não seria essa fissura primária, em busca de realização, já consequência de primeira diferenciação imputada ao corpo pela presença do adulto enquanto emissor de enigmas? Isto é, o estímulo não passaria então, em função de seu desespero (do fosso em que se encontra), a encontrar um gancho na brecha da assimetria do inconsciente do adulto – canal para o qual acena o infantil que compromete as mensagens do adulto? Assim, seria impulsionado a representar. É uma formulação emprestada de Laplanche, mas eu gostaria de inseri-la em um outro contexto mais preciso de Freud. Prefiro pensar que se trata aqui de uma transformação de um estímulo em representação pela via de futura fixação de uma alucinação em percepção, modo de realização primária proposta pelo objeto. A percepção é, no início, indistinguível da projeção, e da ação alucinatória que a determina, afirma Freud, como a mais fundamental e consistente base, animista, de nosso psiquismo (Freud, 1900/1965, 1914/1991f). No nível do sujeito, ela é certamente consequência de *Darstellbarkeit*, terceiro setor da fábrica dos sonhos que tece o sensório do mundo com o do corpo em figura e presença (torna figurável, segundo Botella e Botella; presentifica, segundo Laplanche), propicia condições de representação (Stratchey).

Se o estímulo se torna permeável e passível a se transformar em representante psíquico, é porque as moções retrativas que agem sobre ele o submetem a essa ligação e construção pelo objeto. É o efeito de tensão, da assimetria nas fantasias originárias [entre adultos e criança (sedução), entre gerações (cena primária) e alteridade na oposição dos sexos (castração)] da qual o objeto é porta-voz, que incita o impulso a representar, em busca de apaziguamento (promessa de nirvana, quarta fantasia, de união, à qual almeja cada eixo dissimétrico). O despertar para esse aporte é instintivo, embora seu desencadeador seja econômico. A abertura tópica a tais orientações é instintiva[3] – o bebê se identifica, "reconhece o 'pai filogenético'" (Freud, 1917/2010d), mas só o investe enquanto instrutor dessas coordenadas, em função de seu estado de desespero, em busca de representantes, matizando-se na alucinação. Apoia-se, para tanto, no aspecto negativo, na assimetria inconsciente que abrem no adulto, ao mesmo tempo que o acervo adquirido destes – simbólico, narrativo e mítico –, que permeia a presença e o enunciado do adulto, presta-se como meios de tradução, gerando representantes. Esses são passíveis de prover condições de passagem da não representação para a representação, desde sua figuração alucinatória até sua inscrição em relevo (*Prägung*), como representação – o adulto, diz Freud, providencia "imagens de movimento" para se tornarem "notícias de si" (1895/1995b), precursores autoeróticos da representação.[4]

O estímulo e seus representantes surgem, portanto, a cada passo, englobando o trabalho de objeto, em formas progressivas de ampliação dos limites da pulsão. Essa se torna concebível, desde à figuração alucinatória do terror ("objeto hostil", Freud, 1895/1995b), passando pela fissura e, de lá, apropriando-se, no limite, da fantasia que impregna a sexualidade perversa polimorfa e até sua instauração em referências autoeróticas da representação. Entretanto, o psíquico da pulsão "evolui" (Freud, 1915/2010a), se apassiva em ondas e amortece o próprio efeito traumático, que a

---

3 Os esquemas filogenéticos hereditários no homem, um tipo de conhecimento análogo aos de instintos (*Instinkts*) dos animais, se encontram nas fantasias originárias (*Urphantasien*), afirma Freud no final de seu ensaio sobre o Homem dos Lobos (análise realizada entre 1914 e 1918). Cf. Freud (1917/2010d).

4 Em Delouya (2010) desenvolvemos com mais vagar esses aspectos do trabalho do objeto – de inscrição, construção e simbolização – sobre os estímulos corporais.

projeção, construída junto ao objeto em matéria alucinatória, atende, cura, mas ainda sem instaurar um investimento propício ao golpe de percepção, como *insight* do próprio palco. A alucinação pode se restringir ao gozo de projeção *in situ*, como no entorpecer da fissura oral junto ao seio, à droga ou ao álcool - esses últimos estados encontram-se nas hibernações depressivas. E se há carência maior da presença do objeto, nem mesmo a projeção salvaria o desligamento e sua ira em se desvincular de traços de inscrição, apagando-os, ou até mal permitindo que se constituam. Mas a projeção como retorno, desde o fora, daquilo que foi abolido ou não sustentado dentro das malhas das representações do sujeito, como ocorre na recusa ou na forclusão psicóticas, pode ser vista como esforço de retorno para a esfera psíquica. Compulsão e insistência de ligação, e fixação, daquilo que mal pode se constituir autoeroticamente nas malhas das representações.

Neste sentido, outro texto de Freud (1915/2010b), também de 1915, sobre um caso de paranoia feminina, merece menção como exemplo. Uma jovem mulher move uma ação judicial contra seu amante e colega de trabalho, alegando para o advogado que o homem vem se utilizando do flerte para denunciá-la junto a sua diretora, manchando sua honra e seu pudor. O advogado, com dúvidas, recorre a Freud, levando a mulher ao seu encontro. O despudor na descrição do flerte denota ausência completa de qualquer sinal conversivo feminino de vergonha. Uma cena de cochicho, íntima, entre o amante e sua chefe, a convence da denúncia, a partir da qual passa a suspeitar de provas que ele possa apresentar, suscitadas e construídas *a posteriori*. A chefe tem a idade de sua mãe, além de apresentar feições físicas (cabelo) e psíquicas parecidas - mãe viúva a quem a única filha faz companhia –, despontando, portanto, na jovem um elo de amor homossexual maternal pela chefe. As provas remontam a uma cena de namoro no apartamento do amante, durante o intervalo de almoço: semidesnuda, entretida em carícias amorosas, parece ter ouvido um clique vindo de traz da cortina, na frente da qual fica uma mesa. Ela interrompe a cena e sai pela porta, encontrando, na escada do prédio, dois homens, um sorrindo para o outro, que carrega um objeto embalado num papel de jornal. Ao indagar o amante, talvez em outra oportunidade, sobre a origem do barulho, ele cogita que seja o clique do relógio posto sobre a mesa. Ela se convence então de que o colega aproveitou-se de seu flerte para registrar a cena (o clique, portanto, seria oriundo da câmera de um dos homens escondidos atrás da cortina) a fim de comprometê-la em seu posto e junto a sua chefe. Nem o amor e tampouco os protestos do amante, enviados em cartas, a demovem de sua convicção.

As duas cenas narradas dos dois casais (o colega e a chefe; o colega e ela) levam Freud a pensar que sua identificação e rivalidade edípica com a mãe/chefe junto ao homem com o qual tem desejo de se juntar, se tornam insustentáveis. Por isso, na segunda cena, a excitação – na sequência de envolvimento preliminar, com beijos e carícias – de seu clitóris, um "clique" de seu relógio feminino, não podia ser assumida, e passa a ser projetada na realidade como denúncia de sua infidelidade e agressão à mãe, ao ousar, na fantasia, ultrajá-la, separando-se dela e a substituindo, tomando o lugar de mulher junto a um homem. Uma histérica teria, pela mesma problemática, convertido a excitação em um mal-estar ou em frigidez; teria recalcado o desejo, que retornaria ao próprio palco de sua realidade psíquica, convertido junto a seus impasses, reforçando seu elo oral com a mãe, ou abafando seu desejo "genital". Porém, aqui, a projeção, "o recalque para fora", ou a volta desde o real – daquilo que deveria ter sido instalado enquanto apropriação autoerótica, e a serviço da elaboração edípica – encontra um impasse quase incontornável. Entretanto, a falência do trabalho do objeto – verdadeiro "perseguidor", deslocado e confundido com o objeto de amor –, como pode ser vislumbrado neste caso, aponta para falhas de elaboração dos representantes da pulsão em sujeitos cujos casos, não raro, não ultrapassam os meandros das varas de Justiça, consolidando sua paranoia em proveito de uma contemporaneidade vigilante e opressora.

Uma paciente, que encobre suas inseguranças maternas, e a dúvida de seu amor pelos filhos, com professadas ocupações na vida social em volta deles, desenvolve uma paranoia progressiva em relação ao marido. Companheira constante e admiradora irrevogável de sua própria mãe – mulher solitária e vaidosa, com dificuldades notáveis, desde sempre, no campo feminino e maternal –, ela passa a suspeitar do marido como potencial suicida, ou, alternadamente, potencial assassino, pondo-a em risco. Interessante notar que o suicida e o assassino (passional, por ciúmes de uma jovem namorada) foram os dois homens, já de prolongado convívio familiar, que sua mãe namorou após o fim de seu casamento com o pai da paciente, o qual nunca amou nem admirou, mas que a protegia e dela cuidava como verdadeira mãe. A paciente, com dificuldades sexuais consideráveis com o marido, e com os homens em geral, obteve alívio por meio de fantasias homossexuais, tendo tido, como jovem mulher, uma verdadeira paixão e envolvimento sexual com uma mulher mais velha. Suas dificuldades sexuais com homens associam-se, frequentemente, com o fato de ter sido bolinada na pré-puberdade por um parente da idade de seu pai, com cuja família passava férias e feriados.

Ademais, sua ligação visceral com sua mãe se deve ao compadecimento com a juventude sofrida desta: perdeu sua própria mãe muito cedo, passando a ser criada pela avó materna, já que o pai, autoritário, e culpado pela morte da própria esposa, era de difícil convívio. A mãe estava nos últimos meses de gestação da paciente quando essa figura importante, a bisavó, faleceu com idade avançada. Essas associações explicitam os impasses identificatórios que amarram a paciente, no plano feminino e maternal, ao destino de sua mãe. Ela passa a fazer uma verdadeira perícia para averiguar suas suspeitas sobre o marido, convidando-o para assistir filmes de arte nos quais homens aderidos às suas esposas, ou às suas namoradas, passam ao ato, seja as chantageando, a partir de qualquer mal-entendido, com ameaça de suicídio, ou partindo para a violência contra a mulher quando esta demonstra independência ou mesmo vontade de separar-se. Suicídios e assassinatos com fundo passional faziam parte de alguns desses filmes. A paciente acompanha, no escuro da sala de cinema, as expressões faciais do marido diante das cenas que se passam na tela, para, depois, trocar ideias sobre sua investigação junto a suas confidentes: uma amiga, sua mãe e o seu próprio analista. Em poucos anos, o quadro se agrava, e, agora, avançando para investigações policiais e judiciais, essas não param de alimentar seu delirante estado.

Nessa vinheta, a dificuldade da elaboração da cena primária, por meio da qual a paciente se prende aos impasses do roteiro amoroso de sua mãe junto ao pai desta ("assassino da esposa") – o avô da paciente –, aponta para os escolhos nos meios que servem ao trabalho do objeto. Os fantasmas na mãe (que fazem esta deslocar de homem materno ao suicida e depois ao assassino), e que dizem respeito às próprias elaborações das cenas edípicas, impedem o trabalho sobre os destinos da pulsão na filha, a paciente. Esses acabam se prendendo numa compulsão repetitiva do roteiro materno, tornando-se "significantes intrusivos" veiculados por um "inconsciente encravado" (Laplanche, 2007). A falha na constituição de representantes da pulsão, permeáveis à integração de referências autoeróticas para a vida de amor, flagra-se, como no caso narrado por Freud, no regime da projeção. No entanto, uma certa elaboração há, pois, na paciente, o desenvolvimento de um delírio paranoico substitui, em parte, o que na sua mãe aparece como uma verdadeira atuação de seus fantasmas primários.

Nota final

Nas pontuações acerca da metapsicologia de 1915 discutimos os limites e as expansões do conceito-limite, a pulsão, com o qual Freud abre essa série de ensaios. Tentamos situar essa contribuição dentro do método de descoberta que ele nos legou, bem como mostrar a relevância teórico-clínica da pulsão e seus destinos na clínica, a de Freud e a nossa.

Referências

Botella, C., & Botella, S. (2005). *The work of figurability*. New York: Brunner-Routledge. (Trabalho original publicado em 1995)

Delouya, D. (2010). Simbolismo e construção: o analista como porta-voz da cultura. *RBP, 44*(4), 165.

Freud, S. (1965). *The interpretation of dreams*. New York: Avon Books. (Trabalho original publicado em 1900)

Freud, S. (1983). *Contribution à la conception des aphasies*. Paris: PUF. (Trabalho original publicado 1891)

Freud, S. (1985). Group psychology and the analysis of the ego. In S. Freud, *Pelican Freud Library* (Vol. 12). London: Cox and Wyman. (Trabalho original publicado em 1921)

Freud, S. (1986a). Manuscrito G. In S. Freud, *Correspondência com Fliess: 1887-1904* (pp. 98-106). Rio de Janeiro: Imago. (Manuscrito original de 1895)

Freud, S. (1986b). Moses and monotheism. In S. Freud, *Pelican Freud Library* (Vol. 13). London: Cox and Wyman. (Trabalho original publicado em 1938)

Freud, S. (1986c). Totem and taboo. In S. Freud, *Pelican Freud Library* (Vol. 13). London: Cox and Wyman. (Trabalho original publicado em 1913)

Freud S. (1989). *The psychopathology of everyday life*. New York: WW Norton. (Trabalho original publicado 1901)

Freud, S. (1991a). Beyond the pleasure principle. In S. Freud, *Pelican Freud Library* (Vol. 11). London: Cox and Wyman. (Trabalho original publicado em 1920)

Freud, S. (1991b). Formulations on the two principles of mental functioning. In S. Freud, *Pelican Freud Library* (Vol. 11). London: Cox and Wyman. (Trabalho original publicado em 1911)

Freud, S. (1991c). The economic problem of masochism. In S. Freud, *Pelican Freud Library* (Vol. 11). London: Cox and Wyman. (Trabalho original publicado em 1924)

Freud, S. (1991d). Negation. In S. Freud, *Pelican Freud Library* (Vol. 11). London: Cox and Wyman. (Trabalho original publicado em 1925)

Freud, S. (1991e). The unconscious. In S. Freud, *Pelican Freud Library* (Vol. 11). London: Cox and Wyman. (Trabalho original publicado em 1915)

Freud, S. (1991f). On narcissism: an introduction. In S. Freud, *Pelican Freud Library* (Vol. 11). (Trabalho original publicado em 1914)

Freud, S. (1991g). The ego and the id. In S. Freud, *Pelican Freud Library* (Vol. 11). London: Cox and Wyman. (Trabalho original publicado em 1923)

Freud, S. (1995a). An outline of psycho-analysis. In S. Freud, *Pelican Freud Library* (Vol. 15). (Trabalho original publicado 1938)

Freud, S. (1995b). *Projeto de uma psicologia*. (O. F. Gabbi Jr., trad.). Rio de Janeiro: Imago. (Trabalho original em 1895)

Freud, S. (1998). Des souvenirs-couverture. In S. Freud, *Oeuvres Complètes* (Vol. III). Paris: PUF. (Trabalho original publicado em 1899)

Freud, S. (2000). *Three essays on the theory of sexuality*. New York: Basic Books. (Trabalho original publicado em 1905)

Freud, S. (2002). Constructions in analysis. In S. Freud, *Psychoanalytical treatment essays, 1890-1938* (pp. 227-235). Tel-Aviv: Am Oved. (Trabalho original publicado em 1937)

Freud, S. (2006). *Lettres à Wilhelm Fliess, 1887-1904*. Paris: PUF.

Freud, S. (2010a). Os instintos e seus destinos. In S. Freud, *Obras Completas* (P. C. de Souza, trad., Vol. 12). São Paulo: Companhia das Letras. (Trabalho original publicado em 1915)

Freud, S. (2010b). Comunicação de um caso de paranoia que contradiz a teoria psicanalítica. In S. Freud, *Obras Completas* (P. C. de Souza, trad., Vol. 12). São Paulo: Companhia das Letras. (Trabalho originalmente publicado em 1915)

Freud S. (2010c). A dissecção da personalidade psíquica. Conf. XXI. In S. Freud, *Obras Completas* (P. C. de Souza, trad., Vol. 18). São Paulo: Companhia das Letras. (Trabalho originalmente publicado em 1933)

Freud, S. (2010d). História de uma neurose infantil ("O Homem dos Lobos"). In S. Freud, *Obras Completas* (Vol. 14). São Paulo: Companhia das Letras. (Trabalho original publicado em 1917)

Freud, S. (2015). Sobre as teorias sexuais infantis. In S. Freud, *Obras Completas* (P. C. de Souza, trad., Vol. 8). São Paulo: Companhia das Letras. (Trabalho originalmente publicado em 1908)

Laplanche, J. (2007). Trois acceptions du mot 'inconscient' dans le cadre de la théorie de la séduccion généralisée. In J. Laplanche, *Sexual: la sexualité élargie au sens Freudien*. Paris: PUF.

Winnicott, D. W. (1971). *Playing and reality*. Harmondsworth: Penguin Books.

15. Masoquismo, constituição de memória e identidade cultural[1]

O mar, garantem-nos poetas e cientistas, é o lugar de origem da vida, como o é o ventre de nossa mãe. Porém, diferente de nossas mães, o mar desconhece suas crias, seus futuros e eternos visitantes, embora lhes reserve a geografia para arriscar a travessia da vida. (E, acredito, as análises não falham em mostrar que estamos fadados à perene perambulação pela geografia desconhecida de nossas mães.) Assim, entre os séculos XV e XVI, emissários do Império Português navegam no oceano Atlântico, de norte a sul, rumo ao oceano Índico, traçando em sua trajetória fronteiras de ilhas e continentes de povos que viriam a compor a comunidade da língua portuguesa. Com exceção do Brasil, somente no século XX, entre o final da década de 1960 e os meados da de 1970, assistimos aos primeiros suspiros de independência desses povos, desde Cabo Verde até Macau e o Timor Leste. Para a maioria deles tratava-se

1 Intervenção no painel "O Mar como Fronteira, a Língua como Ponte", no I Congresso de Psicanálise de Língua Portuguesa, Lisboa, em maio de 2016. Posteriormente, uma versão deste artigo foi publicada em 2017 numa edição especial da revista *Trieb* (pp. 105-113), homônima ao painel.

apenas de uma conquista temporária em meio a uma longa batalha, cujos ecos se estendem ao século XXI.

Um pouco antes, no final de século XIX, Freud nota que a emergência do mar e da mãe - a vida - é descoberta, nos inícios, em hostilidade, no grito de desespero ante o desconhecido. O desamparo configura a terra fértil para a dominação: ele a convoca. E é neste regime, do poder e de seu exercício, que a língua do adulto se superpõe ao grito de desamparo, provendo o nativo e o recém-nascido do mapa de seu corpo e sua alma: sua rede afetiva. O sujeito se transpõe, via linguagem, da hostilidade à amizade, à solidariedade e à construção do futuro junto aos outros. A língua é, portanto, uma ponte entre o objeto hostil e o objeto amigável. Porém, nessa travessia - entre o mar/mãe e a vida em terra, entre hostilidade e esperança, entre dominação e comunicação, entre desespero e futuro - tece-se e se constrói a memória, o substrato da aprendizagem: a história (Freud, 1895/1995a).

Na psicanálise, a memória se define, ainda segundo o Freud do século XIX, como "efetividade contínua de uma experiência" (p. 14): como algo que age permanentemente, no momento atual, em prol da aprendizagem, da história. As experiências se inscrevem, então, como memória no sujeito e no grupo, sobre o solo traumático do desamparo; ou seja, sob a condução do domínio. Entretanto, a memória só se instala em prol de uma história se houver respeito: isto é, quando o detentor do poder for sensível ao exasperado, propiciando-lhe figuras para os seus anseios, atentando-se a eles. O que nem sempre é o caso!

O aparelho psíquico é o aparelho de memória do indivíduo e do grupo. Memória é a inscrição dessa trama, entre a impotência e a dominação, gerando trilhas de abertura sobre a história. Freud (1900/1965, p. 578) define essas trilhas, que estabelecem as vias de investimento da libido, como "nossos verdadeiros traços de caráter". Em 1923/2011a, concede a esses precipitados da experiência o estatuto de alicerces do eu, identificações tributárias do estado de entrega e passividade, inerentes ao masoquismo primário. São pontos de apoio narcísicos para que o sujeito e o grupo definam sua identidade, emergindo como entidades históricas, como seres separados e povos independentes.

Quando a existência independente, da pessoa ou do grupo, é ameaçada, sua identidade torna-se permeável pela memória de mágoa, decepção, ressentimento e sacrifício. Como se o que se construiu nos inícios, na entrega ao outro, objeto/dominador – no trabalho de masoquismo primário (Freud, 1924/2011b) –, mostrasse ser insuficiente para poder emergir e desprender-se do objeto, e destruir a morada com ele (Winnicott, 1969/1989), o botando fora de si ou se botando fora dele. Como se vê, é o luto que se põe em questão, cujo fracasso, não raro, deve ser debitado na conta do objeto. O descuido do objeto alimenta os alertas reiterados de "lembre-se do mal que lhe fizeram" (pais, ex-marido ou ex-mulher, vizinho, povo de Amalek, alemães, portugueses, argentinos, corintianos etc.), para que a confiança, inerente à inocente entrega de origem, se precavesse do engodo, da reincidência do engano e do abuso cometidos. A represália, o ressentimento, a vitimização, a submissão, o sacrifício e o holocausto são vicissitudes do masoquismo, são reações à falência do objeto. A reivindicação de uma recompensa ou de uma restauração da liberdade implica, de fato, a retomada do trabalho originário do objeto sobre o masoquismo primário.

Ao erguer a diferenciação do sujeito (na castração) sobre o masoquismo primário, Freud apoia o trabalho do objeto – o outro, adulto dominador – sobre um substrato pulsional de duas moções contrárias, centrífuga e centrípeta (Freud, 1924/2011b). Um trabalho de ligação que permite gerar um acervo de registro de experiências crescentes, memória: uma espécie de dispensa psíquica. O que delineia algo que Green (1982/1990) denominou o *duplo limite*, entre o sujeito e sua despensa inconsciente e, por meio dela, entre o sujeito e o mundo (os outros). Trabalho de luto, de separação e diferenciação, pelo qual as moções de origem, centrífugas e centrípetas, promovem a criação de eixos verticais e horizontais: masculino/feminino, conteúdo/continente, criança/adulto, e entre uma geração e outra. Eixos de diálogo e comunicação entre sujeitos e grupos na construção de uma história.

Quero agora trazer ilustrações evocativas da força e, ao mesmo tempo, dos limites dessa dispensa psíquica nos sujeitos junto a seus grupos.

Com 26 anos, Freud escreve para sua noiva num dia de luto judaico, comemorativo da destruição do templo: "Jerusalém foi destruída e Marty e eu estamos vivos e felizes. Os historiadores dizem que se Jerusalém não tivesse sido destruída, nós judeus pereceríamos como tantas raças antes e depois de nós. O edifício invisível do judaísmo tornou-se possível somente depois do colapso do templo visível" (E. Freud, 1992, p. 19). Mais tarde, com 82 anos, Freud explicita esse trabalho de luto no seu último livro: após a destruição do templo em 70 a.C. pelo imperador romano Tito, o rabino Jochanan Ben Zakkai pediu permissão para abrir a primeira escola da Torah em Yavneh. Desde então, prática, escritos sagrados e o debate intelectual acerca deles mantiveram unido o povo disperso (Freud, 1938/1990).

A relação descrita entre o templo visível de outrora, sua destruição e sua reconstrução, no luto, pelo trabalho invisível da linguagem realça a potência da conhecida analogia que Freud estabelece entre o trabalho da análise e o da arqueologia. Um aspecto disso é o fundo de silêncio que imanta o encontro humano e o psicanalítico, bem como o ritual de homenagem com um minuto de silêncio àqueles que nos deixaram. A separação vivo/morto e os registros desse último, que nos servem para a vida, colocam em relevo o duplo limite mencionado, onde se põe em marcha a transição dialética da vida psíquica. Daí a importância da sepultaria e, por outro lado, o nosso horror ante a existência da vala comum, bem como em relação aos corpos desaparecidos. Na língua antiga hebraica, o silêncio é dom e dele se deriva o *domem*, o inanimado, o morto. O trabalho do e no silêncio é esse trabalho de luto que perfaz o traçado do duplo limite, em que o inanimado, os fósseis de nosso acervo de vivências recalcadas, acende a vida. Como na *Ilíada* de Homero, em que os mortos voltam à vida cheirando o sangue, que Freud assemelha aos restos diurnos que animam o recalcado na fabricação dos sonhos.

Entretanto, as vivências destinadas ao recalque são elas mesmas transformações de moções vivas, centrífugas e centrípetas, realizadas sob o comando e a direção dos protagonistas da cena humana, nos palcos privado e social. Uma complexidade que os sujeita a diversos destinos em função dos limites econômicos próprios do binômio pulsional, e face aos aportes singulares dos guardiões dessa trama (adulto/dominador). Razões interiores (do recalcado) e exteriores (do mundo) os expõem a rachaduras, dilacerações e até dizimação e apagamento, seja no cenário pessoal, seja no do grupo. A sua composição originária de uma matriz econômica masoquista – ou seja, de enlaces de vetores em dupla direção – os submete a uma série de reversões (vitimização, sujeição, represália...). Estas testemunham vias de retorno com várias modalidades de denegação que se evidenciam pela desorganização do eu: cisões, fragmentação, identificação projetiva... Ou seja, demostram que o trabalho da memória falhou, foi prejudicado ou até mesmo danificado de forma irreparável. Gostaríamos de permanecer, para sua ilustração, no plano coletivo da história judaica.

No exemplo que Freud evoca tanto na carta a sua noiva como 56 anos depois, em seu livro sobre Moisés, a destruição do templo lança mão da palavra hebraica *churban*, colapso que desperta o trabalho do luto, da reconstrução simbólica, e seus estágios intermediários via sintomas da vida cotidiana (lapsos, sonhos) e neuróticos (conversões, obsessões etc.), como uma reabertura para o trabalho arqueológico da memória.

Outra palavra hebraica, *pogrom*, se refere às desgraças recorrentes, pelas quais eram acometidas aldeias inteiras da comunidade judaica. Não se trata de derrotas em batalha como nas quedas do templo, mas de assaltos repentinos (apoiados pelas autoridades locais, os "gentis") sobre a inocente comunidade, liberando o vandalismo da depredação, o estupro, a matança e o atar fogo sobre bens e habitações. Algo documentado na descrição da conquista da América pelos espanhóis, nas crueldades cometidas há duas décadas na Bósnia, e no terrorismo do Daash, o Estado Islâmico. Aqui, o trabalho de luto está no limite: o estado inicial de inação é seguido de reações póstumas manifestando o masoquismo do eu (Freud, 1920), como se recorresse à reanimação primitiva da própria vida psíquica. Essa tentativa de volta, desesperada, desde o estado de inação, mistura a fustigação de si com outra moção, para fora, de revide, sobre o inimigo alheio (atar fogo, ataques suicidas), num tipo de ressexualização da passividade configurando a represália. Outras maneiras institucionalizadas, como o holocausto, os sacrifícios e o religioso cristão (e até a entrega nas câmaras de gás), novamente atestam a excitação da passividade pelo fogo como tentativa última e desesperada de reaver a vida, e seu corolário, a memória.

Existem, porém, assaltos que destroem a memória e comprometem a possibilidade de sua reconstituição, mínima que fosse. Há algumas poucas décadas, escritores, antropólogos e psicanalistas europeus apontaram a inadequação da palavra holocausto (conotação de entrega e sacrifício) para traduzir o plano e a execução de dizimação de grupos homossexuais, ciganos, judeus etc. Em vez dela, optaram pela palavra original hebraica *Shoah*, substantivo do verbo *Shaah*, que descreve o estado de estar pasmo, sem palavras, sem recursos de ação, reação ou evocação de qualquer trabalho psíquico ao se encontrar num cenário devastador, de catástrofe inominável. Este destrói e mesmo apaga os traços da memória e seus subsídios para pensar. *Shoah* esvazia o trabalho de luto levando o ser a vivências-limite de empoeiramento de si. *Shoah* pode ser o resultado de uma violência devastadora não só para o coletivo, mas também agindo sobre a tenra idade do recém-nascido, impossibilitando os meios da constituição psíquica, a memória.

A versatilidade de destinos de memória, verdadeira plasticidade deste substrato da identidade pessoal e coletiva, se deve, portanto, a uma dialética entre dois pólos, econômico e simbólico: um enlace de pulsões, de vida e morte, que no plano econômico resulta numa disjunção parcial, tornando-o aberto ao trabalho do mundo, do objeto, este sim permeado pela história e seus eixos simbólicos. O enlace pulsional original - fonte daquilo que, posteriormente, dará visibilidade ao masoquismo erógeno - é tributário de estado mítico primordial de espera, de quietude: nirvana. Freud o descreve no seu inacabado livro de 1939/1995b (*O Compêndio de Psicanálise*) como um estado primário, anterior ao recalque primário, no qual se oscila entre inconsciência, pré-consciência e consciência. Autores posteriores, como Ferenczi, Winnicott, Balint e Khan, atribuem-lhe, respectivamente, os adjetivos da inocência, de não integração (que é oposto a uma desintegração) e amorfia, de criatividade primária ou um estado de deitar-se arado (como a terra em espera da fertilização). São as inquietudes da vida, das exigências vitais interiores e exteriores (o outro/cultura/mundo), que colocam em marcha o masoquismo primário, do estado erógeno ao feminino e até o moral, englobando sucessivamente um ao outro.

Essa constituição da memória via masoquismo e seus destinos é administrada e guiada pelo objeto: adulto, dominador.

Para ilustrar a passagem do estado de inocência para o de exigência, entre nativo e dominador, trago o testemunho do Frei Bartolomé de las Casas (1552, citado em Berlinck, 2000, pp. 180-181) sobre a conquista cruel da América pelos espanhóis:

> *Chegando à aldeia, alguns soldados tiveram a ideia de verificar se as espadas estavam tão cortantes quanto pareciam. Um soldado, subitamente, desembainhou a espada (que parecia tomada pelo diabo) e imediatamente os outros fizeram o mesmo e começaram a estripar, rasgar e massacrar aquelas ovelhas e aqueles cordeiros, homens e mulheres, crianças e velhos, que estavam sentados tranquilamente, olhando espantados para os espanhóis. Num instante não restaram sobreviventes.*

E conclui: "penso não ser absolutamente exagerado que morreram mais de quinze milhões". Ao descrever os nativos das Américas, De las Casas afirma: "são gente mui simples, sem finura, sem astúcia, sem malícia, mui obedientes e mui fiéis . . . mui humildes, mui pacientes, pacíficas . . . sem ira, sem ódio e de forma alguma desejosos de vingança".

Os últimos parágrafos visam lançar a ideia de que o masoquismo originário, como motor dos destinos da vida psíquica, da memória, é, por sua vez, aquilo que de alguma maneira cria e coloca as pulsões em evidência a partir do aporte cultural, do outro. Como se a disjunção basal entre as duas tendências econômicas da vida, de expansão e retração – que configura o estado de quietude nirvânica, da inocência –, acordasse pelas exigências vitais e aquelas vindas do objeto. O enlace original, então, se obriga (traumatiza-se) a assumir essa dupla intrusão em seu interior, despertando o masoquismo primário erógeno. Assim, pulsões e memória surgem, evoluindo, traçando, entre vida e morte, os seus destinos como história.

Referências

Berlinck, M. T. (2000). *Psicopatologia fundamental.* São Paulo: Escuta.

Freud, E. L. (1992). *Letters of Sigmund Freud.* New York: Dover Books.

Freud, S. (1965). *The interpretation of dreams.* New York: Avon Books. (Trabalho original publicado em 1900)

Freud, S. (1990). *O homem Moisés e a religião monoteísta.* Lisboa: Guimarães. (Trabalho original publicado em 1938)

Freud, S. (1991). Beyond the pleasure principle. In S. Freud, *Pelican Freud Library* (Vol. 11). London: Cox and Wyman. (Trabalho original publicado em 1920)

Freud, S. (1995a). *Projeto de uma psicologia.* Rio de Janeiro: Imago. (Trabalho original publicado em 1895)

Freud, S. (1995b). An outline of psycho-analysis. In S. Freud, *Pelican Freud Library* (Vol. 15). (Trabalho original publicado em 1939)

Freud, S. (2011a). O eu e o id. In S. Freud, *Obras Completas* (P. C. de Souza, Trad., Vol. 16). São Paulo: Companhia das Letras. (Trabalho original publicado em 1923)

Freud, S. (2011b). Autobiografia. In S. Freud, *Obras Completas* (P. C. de Souza, Trad., Vol. 16). São Paulo: Companhia das Letras. (Trabalho original publicado em 1924)

Green, A. (1990). La double limite. In A. Green, *La Folie privée*. Paris: NRF. (Trabalho original publicado em 1982)

Winnicott, D. W. (1989). The Use of an Object in the Context of Moses and Monoteism. In D. W. Winnicott, *Psycho-Analytic Explorations* (C. Winnicott, R. Shepherd, & M. Davis, ed.). London: Karnac Books. (Trabalho original publicado em 1969)

16. Imigração, tempo e esperança[1]

Imigrantes na Europa, nos Estados Unidos e em toda parte. Imagens e imagens. Histórias e dramas exibidos, muitas vezes, em tempo real nos meios de comunicação. Assim, durante um ou dois anos, a massificação desse acontecimento – efeito característico de inúmeras notícias que nos acometem – vai nos embrenhar em pesadas nuvens. Abafado nelas, o tempo insiste e emerge ao encontro da lembrança, com suas dores e doçuras.

Migrar, emigrar, imigrar. Imigração, ser imigrante. E quando a emigração se faz às pressas, numa fuga ou quase, em função das circunstâncias… Migrando de uma terra a outra, de uma língua para (e com) a outra… E, às vezes, com a sorte (ou o azar) de se encontrar, no referido momento, em tenra ou latente idade. Aconteceu comigo, mas não acredito que eu soubesse disso naquele tempo… A luz da lembrança cai, de imediato e surpreendentemente, sobre a alegria. Eu me lembro, ao emigrar e ao imigrar, das alegrias, mas não só delas.

1 Uma versão deste capítulo foi publicada anteriormente em *Revista Brasileira de Psicanálise*, *51*(1), pp. 75-84, São Paulo, 2017.

Primeiro momento marcante: o sentimento de vertigem ao ser lançado ao ar e de volta pelos fortes braços do irmão, que, entre meu medo e prazer, cochicha alegre em meu ouvido: "Nós vamos para lá, vamos mudar daqui. É segredo, não conte para ninguém, ouviu, pirralho?". Ele, radiante, estava com 13 anos, e eu com 6, contagiado pela excitação e exaltado pelo privilégio de adentrar mais uma fresta do misterioso mundo das tramas dos adultos. Era domingo, e eu estava entretido, assistindo, pela janela de nossa "imensa" sala de jantar, a uma competição de ciclistas, quando fui arrancado para esse aviso sobre um futuro cujas referências me eram ainda bastante incompreensíveis.

Já éramos "estrangeiros" em Marrakesh, embora minha família paterna descendesse de refugiados da Inquisição na Espanha no final do século XIV. E isso porque pertencíamos à comunidade judaica, além de conviver no meio cultural francês. Os cuidados eram, portanto, redobrados ante o mundo muçulmano, pela hostilidade deste aos judeus e ao então jovem Estado de Israel, e também pela contestação geral à influência da França, de cuja dominação o Marrocos acabara de se livrar (em 1960). Como criança, lembro que nosso movimento, o meu e de meus irmãos, era restrito, atento, nas redondezas, a possíveis assaltos. Soube mais tarde das intensas emigrações do Marrocos nesse início dos anos 1960, sobretudo da comunidade judaica e de minha família (quase toda) rumo a Estados Unidos, Canadá, Europa e Israel. Somente anos depois dei-me conta de que, na preparação para a fuga, a casa era imantada de um ar de clandestinidade: vários móveis sendo deslocados, removidos, além de atividade intensa e silenciosa em torno de roupas de viagem aprontadas para o frio da Europa. Pois em Paris, e depois em Marselha, dinheiro francês, provavelmente adquirido no mercado negro de Marrakesh, era resgatado de dentro das dobras e botões de nossos casacos e calças. Após longos meses em Marselha, meus pais acataram a pressão de outro irmão, o primogênito, que queria, a despeito do conselho de nossos tios franceses, realizar o sonho sionista de viver no Kibutz. Partimos para Israel. De Paris e Marselha eu guardo lembranças, incidências que se embaralham com fotografias de várias paisagens e visitas a lugares e casas de familiares, mas todas tingidas de uma excitada espera de embarcação rumo ao destino tão batalhado pelos irmãos mais velhos contra os adultos, pais, tios e amigos residentes na Europa, nos Estados Unidos e no Canadá.

Segundo momento marcante: um ano mais tarde, talvez no segundo dia em terra nova, ao voltar eufórico da rua, com sentimento ímpar de liberdade, encontro, ao abrir a porta de casa, o mesmo irmão, porém triste, em lágrimas (nunca o tinha visto chorar antes). Ele, adolescente de 14 anos, estava em pé, encostado no batente da divisa entre a cozinha e a sala, conversando, sob soluços, com os pais (e os emocionando também) sobre a perda de sua terra natal, a imensa decepção com "este fim de mundo" no qual se encontrava...

Logo, e ainda criança, vou adentrando o mundo imigrante, no qual a excitação inicial (no irmão e em mim) do primeiro momento se mescla e sobrevive em meio às dores da decepção, interiores à nostalgia do segundo momento. Reproduzo a seguir uma passagem, anotada três décadas mais tarde, de minha lembrança panorâmica desse período, entre 7 e 14 anos de idade:

> *Cresci num desses bairros situados na fronteira com o inimigo e que também era afastado do centro. Nenhuma criança nascera no lugar antes de eu e a minha família ali chegarmos. Só havia imigrantes. Era um desses "paraísos" de cuja existência Deus jamais se daria o luxo de ignorar ou de se lembrar de esquecer; terra fértil para esses bandeirantes que acabam batizando as*

> *ilustres páginas da história, e em cujo sangue fervilha a ideologia que, embora sincera, torna a ser, de praxe, cega, rude, estúpida e ignorante à história, aos sonhos e às paixões – à vida, em suma – dos que pretende sacrificar para a realização da sua utopia. Criou-se ali, porém, muita vida (algo que o homem de cima não poderia prever): muitas línguas, oito ou mais, que ainda consigo identificar; cheiros, costumes e nuanças de modos de viver e de práticas religiosas, e outras diferentes, estendendo-se ao longo de um espectro curioso, desde as tradições judaicas do leste europeu até aquelas desenvolvidas nas comunidades dos países norte-africanos; sem falar dos que vinham dos nossos vizinhos – o inimigo – do outro lado da fronteira, e cujas vozes, canções, cheiros e luzes nos chegavam ao entardecer, quando a noite começava a pairar sobre essa pequena comunidade que nada sabia da ideologia que começara a traçar seu destino... Ideologia estranha essa que pretendia fazer do país um* melting pot *e que, no entanto, só fazia o oposto, ou seja, isolando, de dentro e de fora, seus imigrantes, sua geração do futuro. Tenho sido repetidas vezes imigrante (nem sempre é tão fácil renunciar a um trauma), acredito que esta minha trajetória, enquanto adulto, foi "fichinha" perto do que era a daquelas gerações... Não se reproduzem mais imigrantes como antigamente! (Delouya, 1998/2005, p. 202)*

Os dois momentos entre excitação e decepção, entre descoberta e nostalgia, definem a experiência de ser imigrante. E isso se verifica mesmo quando a articulação entre os dois estados de alma é afetada, como na lembrança que citei, pelo peso das específicas circunstâncias políticas, sociais e pessoais. A abertura sobre o estrangeiro, sob as amarras do familiar, é própria do trabalho do luto, no qual se trava a luta constante pelo acesso às promessas e aos sabores do novo ambiente. De um lado, o desejo, a excitação em face do encontro do novo mundo e da nova língua; de outro, os embates com a nostalgia, com o anelo do lugar e do tempo de outrora.

As lembranças da infância e da idade da latência, algumas encobridoras e outras infiltradas pelos ditos e testemunhos dos adultos, levaram-me a essa apreensão. Entretanto, elas surgiram *a posteriori* pela convocação e exame da experiência decorrente da minha segunda (ou seria terceira?) e última imigração, realizada há mais de trinta anos, dessa vez como jovem adulto, para o Brasil, deparando-me com uma nova língua e uma nova terra e cultura.

No Brasil e na América Latina em geral de três décadas atrás, e ainda hoje, o respeito, a curiosidade e uma certa reverência se destacam na acolhida e receptividade do estrangeiro oriundo do velho e "mais culto" continente. A consciência cultural brasileira e latino-americana e seus elos com a história colonial alinham esse gesto na identificação paradoxal com o "Primeiro Mundo" e no desprezo do "Terceiro Mundo" no qual se vive e do qual se faz parte. Não obstante, esse gesto cordial entre as anfitriãs das classes média e alta não diminui o descompasso sentido pelo imigrante em relação a seu entorno. Pois existe algo sutil nesse meio brasileiro, com o qual tive um íntimo contato, que aumenta ainda mais o trabalho psíquico do imigrante. A identificação paradoxal do latino-americano denuncia certamente o fraco elo com as próprias instituições. Questões como as instabilidades políticas na região e a corrupção edificaram identificações com elites apoiadas na reificação de nomes de família, na valorização de suas propriedades de latifúndio e outras heranças, no desprezo ao trabalho, no preconceito racial etc. Basta acompanhar as novelas de televisão das últimas décadas, que serviram de veio cultural principal das massas neste país, para averiguar esse eixo de identificação. Tudo isso cria uma discrepância que aumenta, ainda mais, a distância do estrangeiro em relação a esse meio de raízes e vícios coloniais. O que é passível de propiciar ao estrangeiro um desprendimento ainda maior na sua criatividade cultural e econômica. As sensibilidades culturais latino-americanas e, de outro lado, um certo aprisionamento em valores sociais reificados deixam um terreno mais livre para os desafios do imigrante com o novo ambiente, com a nova terra. No entanto, as mesmas condições da América Latina servem de apoio para anseios algo românticos com a "natureza", as partes "mais primitivas" e mais inocentes das regiões e frações mais "nativas" deste continente. A meu ver, esses elementos substituem, ao menos parcialmente, os elos do imigrante com o seu meio de origem; facilitam, por assim dizer, o desenlace nostálgico do trabalho de luto.

A migração, a emigração e a imigração denotam um deslocamento geográfico e demográfico, o sujeito instalando-se em um novo e diferente meio cultural. Não obstante, destacamos sobretudo uma dimensão temporal, o trabalho do tempo, ou seja, o trabalho psíquico específico ao ser imigrante. A partir de vivências próprias que remontam aos períodos de migração, com as idades de 6-7 anos e de 25-26 anos, para continentes, culturas e línguas diferentes, pude distinguir – novamente sob o prisma do tempo, no *après-coup* – um duplo movimento: um, privilegiado, o que não quer dizer que seja livre de dores, de posição de estrangeiro, de frescor de abertura sobre novas e infindáveis possibilidades de inserção; outro, mais penoso, e talvez mais duradouro, de luto, entre nostalgia e desenlace das origens. Entretanto, esse trabalho do tempo, suas características e seus destinos singulares em cada imigrante dependem e são intricados no contexto cultural particular ao qual se imigra, bem como carregam as marcas específicas de inserção no contexto cultural do meio do qual se emigrou.

O duplo movimento de ser estrangeiro, que produz, em termos gerais, o espectro de vivências do confronto do imigrante com a vida em terra nova, assemelha-se em muitos aspectos com o percurso do processo analítico. Vários autores e trabalhos detiveram-se sobre esse sítio de estrangeiro próprio à revelação do inconsciente, o que não constitui o objetivo deste pequeno comentário.

Cabe ainda retornar ao motivo e início desta escrita, que se reportava às migrações geradas em função da guerra civil na Síria. Isso obrigou o Ocidente – às voltas com instabilidades econômicas, demográficas e étnicas – a se haver com as urgências, sobretudo éticas, dessas migrações. As incidências trágicas, as condições precárias envolvidas nessa travessia dos imigrantes sempre foram, são e serão impactantes, traumáticas. As condições espetaculares do espectador atual, antenado em tempo real, ou quase, com os "acontecimentos no mundo", no palco público, massificam, ou seja, tendem a abolir de vista e de vivência o desenrolar da vida do sujeito, do nosso próximo (*Nebenmensch*), do nosso vizinho, o imigrante.

Não é demasiado lembrar aqui Freud, que sempre insistiu sobre a sorte como um fator essencial para a vida psíquica. A sorte do objeto de origem (o adulto) não diz respeito só a quem ele foi e como nos acolheu nos inícios da vida, mas ao contexto cultural do qual ele foi emissário e para o qual ele nos despacha, no qual o repertório adquirido é posto à prova e no qual se abrem novas sortes. Em toda imigração, sobretudo naquela imposta a um grupo em função de crises político-sociais e religiosas agudas, não falta a má sorte do choque abrupto nos imigrantes: uma exposição subjetiva causada pelo hiato cultural, no vazio do qual as raízes arrancadas do solo de origem encontram-se suspensas, desesperadas pelo reencontro de nova e incerta terra – exposição em que a impotência e a carência no seio do idioma e das línguas, dos valores e costumes, bem como as implicadas vergonha, humilhação e revolta, colocam em xeque a vida das primeiras gerações (cujas sombras e ecos nos visitam, intrusos incansáveis, insistindo na tormenta). Crise, instabilidade e precariedade de toda sorte são frequentes; da mesma forma, a marginalização na doença, na loucura, na dispersão e na violência nunca falta ao cenário que impregna parcela considerável da comunidade dos imigrantes. No entanto, a sorte do emigrante e do imigrante não é sempre de todo má – muitas vezes, ao contrário. A imigração, sobretudo do ponto de vista do restabelecimento geracional, é uma sorte do indivíduo, bem como o é para os coletivos, no relançamento, na renovação da vida do sujeito e das diversas culturas, das nações que o acolhem. Migrar, emigrar e imigrar é colocar a vida em marcha, é insuflar o tempo, a história do sujeito e das culturas.

Comentário sobre a literatura psicanalítica em volta da imigração

Nature's law.
That man was made to mourn.
Robert Burns, 1786

Como fui convidado para um testemunho pessoal, e não tanto para uma reflexão, não me ative a pensar, com vagar e de forma rigorosa, o tema da imigração. Por exemplo, a distinção que estabeleci entre os dois polos – desenlace das origens e excitação em investir o novo ambiente – pertence, em psicanálise, ao mesmo processo: o luto. O que Freud denomina, no trabalho de luto, de teste da realidade – a noção de perda – desencadeia, de um lado, a dor do desenlace e, de outro, a liberação da libido para reinvestimento de novos objetos. São, portanto, partes do mesmo processo. Por que separá-las no sujeito imigrante? Outra questão: é um fato histórico, quase incontestável, que a difusão da psicanálise e sua transmissão "corpo a corpo" ocorreram em meio a migrações sucessivas; de início, em grande parte, para a Inglaterra; logo depois, a partir da Europa, para os Estados Unidos (nos anos 1930 e 1940), e ao mesmo tempo, mas com pequena defasagem, para a América Latina. Com exceção de Melanie Klein, que aceitou o convite de fixar moradia em Londres, o restante de seu grupo e outros analistas, que emigraram para as Américas e instauraram aqui as forças motrizes da psicanálise, foram em grande medida obrigados a se exilar, tornando-se verdadeiros refugiados em busca de asilo. Surpreende, entretanto, a escassez de relatos e autoanálises dessa travessia, mesmo em psicanalistas com destacado talento de escrita da vida psíquica. Como um autor sensível e profícuo como Masud Khan (longe de suscitar qualquer semelhança com a figura de refugiado), por exemplo, pode não ter deixado entre seus inúmeros escritos uma palavra sequer acerca de sua condição de emigrante e imigrante? E André Green? Este sim se pronunciou sobre sua imigração, mas somente no final da vida, quando interrogado por entrevistadores. A exceção dessa curiosa falta encontra-se na obra de ninguém menos que Sigmund Freud. Seu aceso ao terreno psicanalítico ocorre não só pelo trabalho em torno da perda do pai como pelo fato de que esse trabalho, o do luto, remonta ao exílio de sua cidade natal, Freiberg (Příbor), na Morávia. Ele se identifica com o pai, Jacob, obrigado a emigrar (nas pegadas de sua extensa genealogia, de judeus errantes forçados ao exílio); no entanto, está sempre empenhado no resgate da inesgotável libido ali represada, na criança feliz de outrora, vagando e brincando pelas ruelas da cidade natal (Freud, 1924/2011a).

Considero o luto, com seus percalços, impasses e limites, o desafio central da clínica psicanalítica. As noções de patologias de luto, melancolias, lutos impossíveis ou não, ou malfeitos, as perversões etc., bem como suas variantes em outros idiomas psicanalíticos - entre as posições depressiva e esquizoparanoide, ou entre a simbolização e o gozo, ou ainda a distinção de análise pela interpretação *versus* a análise pela construção –, reportam-se, todas, de algum modo ao trabalho de luto e suas mazelas. O processo da imigração no sujeito é um desdobramento desse trabalho ante sua inserção no meio social. A dor dessa elaboração dificulta disponibilizá-la à comunicação mesmo no colega psicanalista, posição em que o poeta e escritor se veriam mais confortáveis. Não obstante, grande parte da literatura psicanalítica acerca da imigração se matiza nos interstícios do luto, ou, mais precisamente, dos impasses enfrentados nesse trabalho em função dos traumas infligidos, seja ao emigrante na terra de origem, seja ao imigrante no meio que o acolhe/rejeita. Nas palavras do poeta escocês Robert Burns (1784), já citado: "*Man's inhumanity to man/ Makes countless thousands mourn!*".

As discussões sobre exílio e repatriação vêm crescendo aceleradamente na literatura psicanalítica,[2] sobretudo em países que se encontram sob o efeito de importantes imigrações. Objeto de estudo por excelência da sociologia e da antropologia, a observação dos efeitos da imigração dispõe-se aos psicanalistas somente mais tarde, no trabalho clínico, a partir da segunda geração de imigrantes. Entretanto, na França dos anos 1960, ao se acolher os imigrantes de suas ex-colônias - sobretudo norte-africanos, mas também de outras partes da África –, cria-se uma nova abordagem,

2 Deixo em suspenso, como já assinalado, toda a importante literatura, mais profunda e ampla, que liga a imigração ao tema do estrangeiro, central para a psicanálise. A esse respeito, remeto o leitor à bela coletânea *O estrangeiro*, organizada por Caterina Koltai (1998).

a etnopsiquiatria, cujos discursos e integrantes dialogam com a psicanálise (Nathan, 1993). Nos Estados Unidos, onde, até poucos anos atrás, quase 20% da população era composta de imigrantes (e isso nas sucessivas gerações de imigrações da Europa, México, Cuba, Índia e do Oriente asiático), correntes culturalistas da psicanálise tiveram, desde os anos 1940 e 1950, uma atenção especial ao tema. Vários artigos e livros abordam aspectos diversos no universo psíquico dos imigrantes, a partir de material colhido em longas experiências clínicas na França, Inglaterra, Estados Unidos e outros países, como Austrália, Canadá e Israel, territórios de imigração e com tradição de prática e pensamento psicanalítico. Entretanto, muitos autores proeminentes se destacam nessa última década – tanto em função de seu próprio passado como em vista de imigrações e exílios forçados, motivados por conflitos e tragédias coletivas de toda sorte, em certas regiões, nos últimos anos – ao relacionar os estudos íntimos da clínica com a vivência e o ser imigrante. León Grinberg, Ricardo Ainslie, Salman Akhtar, Vamik Volkan, entre outros, são psicanalistas contemporâneos bastante citados quanto à temática da imigração.

Como indicado antes, esses trabalhos abordam, de um lado, o trauma da ruptura com as origens, com tudo que compõe os elos que os ligam à sua terra natal, sua cultura específica, seus costumes, seus laços familiares e amizades, seus bens e sua relação com a língua; de outro lado, o choque traumático com a nova cultura, que, à parte a frequente alienação e hostilidade ao estrangeiro, inclui muitas vezes o racismo (sobretudo quando a diferença racial é fisicamente aparente), entre outras dificuldades de adaptação social e econômica. Ademais, a variação nas facilidades e nos contextos de inserção do sujeito em função de sua faixa etária (criança, púbere, adolescente, jovem, adulto) torna-se, em poucos anos, uma fonte de mal-estares e conflitos entre gerações no seio da família e da comunidade dos imigrantes. O desenrolar dessa diferença afeta os graus de vergonha, culpa, marginalização e até vários tipos de adoecimento e formas de loucura pelos quais são passíveis de serem acometidas sobretudo as proles dessas famílias.

Embora grosseira, gostaria de propor, inicialmente, uma distinção entre a elaboração da ruptura com a terra de origem e aquela que implica o desafio com o novo entorno. A primeira pertence de forma mais evidente à separação no trabalho de luto; a segunda, aos impasses identificatórios desse trabalho. Uma dimensão de investimento objetal *versus* outra, de cunho narcísico. As identificações matizadas no tecido intersubjetivo do vivido cultural têm suas raízes nas identificações primárias, que se erigem no processar da constituição edípica. A distinção entre o plano de investimento e o narcísico não é de essência. O ensaio de 1915 "Luto e melancolia" (2010b) já alude a que a raiz das identificações são investimentos, o que se explicita no livro "O eu e o isso" (1923/2011): "os primeiros investimentos são identificações". As identificações que se evidenciam como tais (no regime do eu) devem-se ao luto, como investimentos (de objeto) abandonados; são aquisições – sujeitas a futuras transformações no plano intersubjetivo – em face da descoberta de objeto e da concomitante configuração do eu. Tudo isso é parte do trabalho do luto. O desenlace dos investimentos do objeto está entrelaçado ao futuro reconhecimento – a perda – do objeto e à constituição de si. Não obstante, tudo que se faz no trabalho do tempo, no destecer penelopiano, no fundo da alma do imigrante em relação aos investimentos de origem, deve-se a esses elos – o ambiente de origem com seus espaços, suas paisagens, seus sentidos e tons e o sabor de sua língua – que constituem o seu corpo, fontes essas que permitem ao imigrante lidar e se tornar criativo no embate com o novo meio. Segundo Akhtar (1999), o imigrante que sofre uma expulsão traumática de sua terra de origem fica privado da experiência de nostalgia, como se amputado de recursos defensivos – de idealização de suas vivências de origem –, para amortecer suas frustrações e combater os escolhos da imigração. Parece-me que a nostalgia e a saudade, da maneira como comparecem no plano psicológico, ofuscam o entendimento do trabalho de luto. Pois mesmo tratando-se de sobreviventes de traumas de guerra ou de campos de concentração, de refugiados em estado de choque, o trabalho de luto se faz, apesar de muito lentamente, pela abolição inicial de qualquer dimensão dizível e figurável, para em seguida emitir sinais de retorno pelos delírios, pesadelos, atuações masoquistas de toda sorte, paralisias etc. Um retorno, tentativa de cura (Freud), de reinvestimento.

Entretanto, é o plano das identificações que é o mais aparente, que grita mais em tudo que envolve os imigrantes. Em primeiro lugar, a xenofobia, com as tristes e deteriorantes consequências do racismo ativo, revela em sua contrapartida – nos próprios imigrantes – uma crise análoga: sentir-se estrangeiro consigo mesmo, reflexo da diferença cultural com o meio, ou mesmo do incômodo e da decepção com a geração dos pais, da qual "se herdou" a má sorte de ser estrangeiro, marginal; ou, outra consequência, revoltar-se contra essa humilhação, no ódio ao meio, a cujas consequências radicais, políticas, assistimos há pouco – a oposição se deteriorando em atos terroristas dos jovens, retaliando o ambiente que os rejeita, a eles, seus pais e sua raça. A descoberta do outro de nós mesmos é consequência dessa separação originária – sobre a qual fiz menção antes –, que constitui projetivamente, no ódio, o outro em sua alteridade e estrangeiridade. É ela que mobiliza, numa espécie de desespero, toda a formação desse caldeirão intersubjetivo de identificações do período de latência e que se põe à prova na violência da adolescência e do início da vida adulta. O desespero em encontrar suporte nas identificações em meio ao grupo, em torno dos ideais, substitui o apoio amoroso de outrora da vida da infância – esse *playground* que o adulto fornece em contraparte a esse vasto terreno violento de desamparo, do desconhecido, para que seja possível garantir e construir os subsídios autoeróticos, os investimentos junto aos objetos de origem. A xenofobia é o negativo, o aspecto ou espectro de miragem, das identificações.[3] Uma xenofobia apaixonada e fundamental está na origem da vida psíquica (Freud, "Luto e melancolia", 1915/2010b). Ódio e paranoia do eu, em cuja raiz habita o terror, o desamparo, e que pode encontrar um caminho de cura, parcial e progressivo, nessa emigração e imigração lenta para lidar com o estrangeiro em si em meio ao encontro e mobilização das identificações com os outros no espaço social e político. Tal embate, no plano narcísico das identificações, constitui um dos penosos e irremediáveis impasses na cultura, estando, no entanto, aberto ao trabalho de luto e esperança para o imigrante e para a vitalidade dos países que o recebem.

Para finalizar, fiquei surpreso, ao rever a literatura, com minha diferença quanto ao aspecto do tempo, da esperança, da consequência animada do luto. Uma lembrança se impõe: quando criança, jogando bola, alegre entre os meninos, eu era apelidado afavelmente de "o francês". Um amigo me explicou que, ao chegar ao grupo, eu falava, de biquinho, essa língua estrangeira... O som desse apelido nunca deixou se apagar essa fugidia recordação de fazer parte, mas não de todo, da turma – em função de ser imigrante, estrangeiro!

Referências

Akhtar, S. (1999). *Immigration and identity*. New York: Jason Aronson.

3 Vamik Volkan, psicanalista americano originário de Chipre e que se dedicou ao estudo dos conflitos entre grupos, nações, entre elas e suas minorias, com e contra os imigrantes, escreveu entre outros um livro significativo a este respeito: *Matando em nome da identidade* (2006).

Ainslie, R. C. et al. (2013). Contemporary psychoanalytic views on the experience of immigration. *Psychoanalytic Psychology, 30*(4), 663-679.

Burns, R. (1784). Man was made to mourn: a dirge. Recuperado em 18 fev. 2017, de http://www.robertburns.org/works/55.shtml.

Delouya, D. (2005). O especialista, especificidade da alma. In D. Delouya, *Torções na razão freudiana: especificidades e afinidades* (2ª ed.). São Paulo: Blucher. (Trabalho original publicado em 1998)

Freud, S. (2010a). Os instintos e seus destinos. In S. Freud, *Obras Completas* (P. C. de Souza, trad., Vol. 12). São Paulo: Companhia das Letras. (Trabalho original publicado em 1915)

Freud, S. (2010b). Luto e melancolia. In S. Freud, *Obras Completas* (P. C. de Souza, trad., Vol. 12). São Paulo: Companhia das Letras. (Trabalho original publicado em 1915)

Freud, S. (2011). O eu e o id. In S. Freud, *Obras Completas* (P. C. de Souza, trad., Vol. 16). São Paulo: Companhia das Letras. (Trabalho original publicado em 1923)

Koltai, C. (Org.). (1998). *O estrangeiro*. São Paulo: Escuta.

Nathan, T. (1993). *...Fier de n'avoir ni pays, ni amis, quelle sotise c'était*. Paris: La Pensée Sauvage.

Volkan, V. (2006). *Killing in the name of identity*. Virginia: Pitchstone Publishing.

Índice remissivo

GRÁFICA PAYM
Tel. [11] 4392-3344
paym@graficapaym.com.br